GK《ゴールキーパー》コーチ原本

“先手を取るGKマインド”の育て方

澤村公康 著　吉沢康一 構成

KANZEN

GK《ゴールキーパー》コーチ原本

〝先手を取るGKマインド〟の育て方

目次

はじめに

トップカテゴリーではウオーミングアップの最初に登場するのはゴールキーパーとゴールキーパーコーチです。おそらく世界中のすべてのスポーツの中で一番早く観客の前に姿を現すのはサッカーのゴールキーパーであり、その存在は唯一ではないでしょうか。

僕はサッカーと出会い、ゴールキーパーというポジションでプレーをして、その魅力、素晴らしさ、やりがいを覚えました。そして、今はゴールキーパーコーチとして、ゴールキーパーの魅力と素晴らしさを伝えたいと思っています。

育成年代から日本サッカーの最高峰であるJリーグの現場で指導を経験してきたことで様々な課題に直面してきました。

どうして日本ではゴールキーパーが弱点と言われるのか？

どうしてゴールキーパーをやりたがらないのか？

どうしてゴールキーパーと聞くだけでネガティブなプレーや言葉を思い浮かべるのか？

実体験することで見えたこともたくさんありました。この中で僕自身はこのポジションから、ひと言で言い表せないほど、多くのことを学びました。そして、その一つひとつが、人生を生きていく上で活かされると確信しており、多くの人にそれを伝えていきたいのです。

日本人がゴールキーパーに抱くネガティブなイメージを変えるのは容易くはありませんが、変化、進化させていかなくてはいけません。そして、ゴールキーパーコーチの存在の重要性を知ってもらいたいと日々考えています。

ピンチはチャンス。

万事は表裏一体と考えるならば、環境整備や取り組み方次第で、日本サッカーの弱点と言われるゴールキーパーを、日本サッカーのストロングポイントに変えることも十分可能と考えています。

僕自身のゴールキーパーコーチ人生を振り返りながら、そこで学び知ったことを、本書を通じて、日本中のゴールキーパーとゴールキーパーコーチに贈ります。

ゴールキーパーは言葉で変わります。

プレーやマインド、メンタルを言語化するのは、非常に難しい作業とはいえ、言葉でゴールキーパーは進化すると信じています。

ゴールキーパーコーチ　澤村公康

序章 ―

GKとは何か？
GKのマインドとは何か？
GKの文化とは何か？
GKコーチとは何か？

ゴールキーパーとは何か？

本来、シュートを正面で弾くことができれば、捕球できなくてもゴールキーパーとしてはファインプレーとなります。海外ではボールを弾くプレーはナイスジャッジと称賛されます。しかし、日本では「なんで取れなかったの？」と言われてしまいます。野球文化への造詣の深さがアダとなり、こうした固定観念として表れているのかもしれません。それゆえ日本ではボールを弾くと、「エラー」と捉えられてしまうのではないでしょうか？ひと昔前までのサッカーにおけるゴールキーパーは、

・下手な選手がやらされるポジション
・走れない選手がやらされるポジション
・運動神経の鈍い子がやらされるポジション
・意志の弱い子がやらされるポジション

こうした「やらされる」受け身の印象が強いポジションでした。得点を取る選手が花形、得点を取られるゴールキーパーはその逆に思われていました。実際はどうなのでしょうか？

ゴールキーパーとは唯一フィールドプレーヤーと違う色のユニホームを着て、グローブをはめ、チームの最後の砦となってゴールポストの前に立ち、相手の前に立ちはだかる重要なポジションです。現代ではゴールキーパーのプレーは多岐に渡り、かつてのスイーパーのような仕事もします。守備陣の背後にできるスペースのケア、セットプレーの統率、コミュニケーションスキルといったマルチな才能が要求されます。つまり、ゴールキーパーの力量ひとつで、戦術がガラリと変わるほど影響力のあるポジションなのです。さらに観察力も要求され、チームを最後方から鼓舞するリーダーシップ、責任感を持ってイニシアチブを取ることも必要とされています。こうしたことからヨーロッパ、中でもドイツではストライカーと並ぶ人気のポジションになっています。

サッカーにおけるゴールキーパーの定義付けをすれば「要」という一文字で示すことができます。ゴールキーパーは間違いなく、いや、絶対的にチームの「要」です。守備の要であり攻撃の要。なぜならゴールキーパーはサッカーには欠かすことのできないポジションだからです。攻守の要でありチームの要。そしてチームリーダーでなければなりません。この「要」＝ゴールキーパーがいないことにはサッカーを始めることはできません。ゴールキーパーをチームの「要」とまず定義付けし、さらにチームに欠かせない「リーダー」とも言い替えることができます。社会を見てもリーダーシップを発揮できる日本人は決して多いとはいえません。

サッカーとは角度を変えて見てみましょう。横並びが好まれる日本はリーダーを作りたがらない社会なのかもしれません。例えば個性を求めているのに、その個性が突出すると煙たがられる傾向にあります。一方でサッカーにおいて「要」であるゴールキーパーには当然、個性が求められます。日本社会と日本サッカー界が理想とするゴールキーパー像を重ね合わせると、その「なり手」を見つけるのは簡単ではありません。

また、ゴールキーパーは変わり者が多いと言われます。シュートブロックやセービングのように痛いプレーを好んでやるわけですから。シュートにも1対1にもクロスボールにも「自分からぶつかりにいく」のがゴールキーパー。普通の人なら「痛い」と毛嫌いします。ところが、それに逆行するのがゴールキーパーで、ゴールキーパーは「痛い」に挑んでいかなければなりません。その「痛み」や「恐怖」を好むゴールキーパーは、普通の人からすれば「変人」と見えるでしょう。

そう、ゴールキーパーは「変人」です。隠さずに言うと僕自身もそれを好むタイプで、ゴールキーパー向きの性格だと自己分析しています。ゴールキーパースクールに通っている子どもたち、それぞれのチームのゴールキーパーグループ、彼らは「変人の集まり」と言っても語弊はありません。もちろん、ただの「変人」の集まりではなく、「勇敢な心」を持った「積極的な集団」と言っていいでしょう。

ゴールキーパーのマインドとは何か？

ゴールキーパーはメンタル的な強さも必要です。日本では消極的なイメージを持たれがちですが、実際は積極的なプレーが求められます。トップカテゴリーに近づけば近づくほど際立った個性を持った人間が多くなっていきます。ロアッソ熊本のゴールキーパーコーチ時代に指導したシュミット・ダニエル選手がまさにそうでした。これまで見てきたどのゴールキーパーよりもダンは「自分はこうなりたい」という「目的達成意欲」が旺盛でした。僕と出会った頃はネガティブな考えも多かったとはいえ、マインドチェンジがあって次第に自分の思いを言葉にするようになっていきました。

ダンは高校、大学時代から恵まれた体格と身体能力を併せ持っていたので、周囲から「将来性」という言葉を使われてきました。チームではレギュラーでもないのに選抜や代表に呼ばれ、「どうして僕が？」とダンが訊くと、その時には決まって「お前には将来性があるから」と言われていたようです。大一番の試合で実戦的な選手が試合に出てレギュラーから外れる時も、「将来性があるから」という言葉が使われていたらしいのです。

ダンとは彼がベガルタ仙台の４番手の時、言ってみればどうしようもない状態の時に出会いました。それなのにダンは常に将来のことばかり言っていました。僕は目の前が整理できていなかったダンに、「将来は目に見えないから、今（見えていること）をしっかりやろう」「今足りないことと今やれていることは『これ』」と「現在」を整理していきました。するとダンは一気にマインドチェンジしていき、「目的達成意欲」がさらに増していったのです。ダンは目線を「現在」に置き、結果的に「現在」に足を着けたことで、「将来」到達するための道筋をはっきりさせていきました。それまでのダンは「3年後にはこうなっていたい」と言葉にはするのに、「次の試合はこうしたい」という具体的な部分がありませんでした。振り返れば当時のダンは公式戦に絡めない選手で、つまりプロとして「どうすればいいのか」が見えていなかったのです。

ダンが試合に絡めない原因は技術ではなくメンタルにありました。ロングキックなら左右どちらの足でも80メートルも蹴れる半面、前に飛び出していくとキャッチできるクロスボールを弾いてしまったり、シュートを防いでもキャッチができない場面が多々あったのです。僕は技術指導の前に言葉をかけました。「キャッチしないと得意のキックは披露できないよね？」とアプローチすると、「キャッチは守るためではなくボールを奪う手段」と気持ちを変えて一気にキャッチが良くなっていきました。それではダンがなぜボールをキャッチせずに弾くことを選択していたのでしょうか？　それには、はっきりとした理由がありました。理由は簡単です。ミスをしたくなかったのです。

ダンが熊本にやってきたばかりの頃、「今日の練習はどうだった？」と声をかけると答えはいつもネガティブなものでした。「今日はこれができなかった……」。あれもできない、これもできないばかりで良いことは一切言わないのです。僕は「長年ゴールキーパーコーチをしているんだからそれくらいはわかる。うまくいかないということではなくて、ダンがやろうとしたこと、トライしたことを聞きたいんだけど？」と言うと、「そういうことを初めて指導者から言われました」と驚いていました。

ダンがマインドチェンジに要した時間は約2カ月。そのわずかな時間の中で彼は劇的な変化、成長を見せていきました。そして、この劇的な変化を振り返ると「予め」の能力が最も向上しました。「予め」とは「予測」「予想」「予備」「予感」「予知」といったことができる力です。マインドがネガティブからポジティブに変わると、受け身から仕掛けていくスタイルにプレーも変わり、結果として「予め」の能力が短期間に変化していきました。その変化を目の当たりにして、僕はプロでも自分からプレーを仕掛けていけるようになると、もともと高い潜在能力を持っているだけにより大きく変わることができるんだ、と感じました。サンフレッチェ広島で指導した大迫敬介にもダンと同じことを感じました。

ゴールキーパーの文化とは何か？

僕はスクールやクリニックに来る子どもたち、悩んでいたり考え込んでいるゴールキーパーに「ゴールキーパーは後ろを向かない前向きなポジション」と話をします。この話をすると「そうなんだ！」とマインドを切り替えるゴールキーパーがほとんどです。ゴールキーパーが後ろを向いてプレーするのはゴールになりそうな時にボールを掻き出す時くらいしかありません。

「10本シュートを打たれて9本止めても、1本入れられればゴールキーパーのせいになる」という話を聞きます。それを聞いて僕は理解に苦しむ時があります。「10本シュートを打たれたら10本止めればいい」と思うからです。ゴールキーパーはこのようなマインドを持たなければいけません。例えば試合でペナルティキックを取られると相手や相手サポーターが喜びます。逆に自分たちの仲間やサポーターはガッカリします。でも、ペナルティキックを取られた時点では、ゴールキーパーもゴールキーパーコーチも「止めてやる」「入れさせない」と思っています。多くのゴールキーパーは「止めりゃいいんでしょ」という考えでゴールマウスに立っています。

保護者、ファン、サポーターといった周囲の方々もゴールキーパーの見方を変えてほしいと思います。「ゴールキーパー＝受け身」というネガティブな印象を持っているかもしれませんが、ゴールに立つということは「勇気」と「勇敢な心」が必要です。その「勇気があって勇敢な心」を持っている、その部分をリスペクトしてください。ゴールキーパーとはチームのピンチに身を挺してチャレンジする選手であって、「なかなかできないことをやっている」ポジションなのです。日本でそう思ってもらえないのはゴールキーパーを取り巻く文化に違いがあるからということは承知しています。それだけに、本書をきっかけにゴールキーパーに対して新しい感覚を持ってもらい、新たなゴールキーパー文化を浸透させていきましょう。

ゴールキーパーの保護者には「自分の息子、娘に誇りを持ってください」とよく言います。よく保護者から「ゴールキーパーはよくケガをする」と言われます。ケガをしないために練習で基本技術を高めていけばいいだけのことです。

ビッグセーブという言葉があります。ビッグセーブには2種類あって、ゴールになるかならないかのギリギリのシュートをその間際で防ぐプレー。もうひとつは明らかに入ったと思われるクリーンシュートを正面でしっかりキャッチした時です。仲間は「助かった」という大きな安堵感とゴールキーパーにリスペクトを持ち、相手は決まったと思ったシュートが正面で取られ、大きいショックとゴールキーパーへの脅威を感じます。

ゴールキーパーが「自分の正面」でボールをキャッチした時にスタジアム全体から大きな拍手が湧いてくるような環境を作っていきましょう。そのためにもっとゴールキーパーのことを知ってもらいたいのです。

ゴールキーパーコーチとは何か?

ゴールキーパーはゲーム中に5つぶつかるものがあります。

1　ボール
2　相手選手
3　味方選手
4　ゴールポスト
5　グラウンド

ゴールキーパーはこの5つのものとぶつかるので、ケガをしないためにも基本技術が重要になります。基本技術の中には当然、声を出すことも入ります。声を出して相手を近づけさせない、仲間とぶつからないためにもいいタイミングで声を出す。ゴールキーパーコーチの仕事はゴールキーパーに向かってボールを蹴り出すだけではありません。ゴールキーパーを始めたばかりの初心者はもちろん、技術や戦術の向上に加え、味方、相手、そして自分がケガをしないための知識も伝えていかなければなりません。

さらに、怖さを克服し、勇気を持って勇敢に、そしてチャレンジ精神といったメンタルの部分でもゴールキーパーにアプローチしていくことが求められます。ゴールキーパーが唯一のポジションであるように、ゴールキーパーコーチもチームの中では特別な指導者です。ビッグセーブを見せればゴールキーパーは称えられます。逆にもう少しで止められそうだったのにゴールを決められてしまえば、ゴールキーパーコーチの指導が悪いからと言われることもあります。ゴールキーパーと同様に周囲の雑音に対して強い意志を持つこともゴールキーパーコーチにとって必要なスキルのひとつだと思います。

ゴールキーパーコーチの難しさのひとつに、スタートで出るゴールキーパーと控えのゴールキーパーへの指導があります。僕自身はスターターにも2番手にも同じアプローチをしていました。とはいえ、2番手の扱いが一番難しいのです。1番手のゴールキーパーはキックオフ時間から逆算、仮にその時間を13時とします。ウオーミングアップの時間もしっかりキープされています。ボールもきれい、グラウンドも荒れていない状態で、相手も味方もフレッシュ。スコアも0対0の状況で、キックオフに合わせて身体を作ればいいので調整は簡単です。一方で2番手のゴールキーパーはもしかしたら13時1分に登場するかもしれないし、点数を取られすぎたので後半からと、どういう状況から入るのか、どういうコンディションなのか、見えないことだらけの中で準備をしなくてはいけません。これは日本に限ったことではなく、世界のどこに行っても同じです。

それだけに2番手のゴールキーパーの準備は重要です。2番手のゴールキーパーが登場する時はアウトオブプレーの時、つまり必ずセットプレーからのスタートとなります。FKなのかPKなのかCKなのか、センターからのキックオフなのか、いろいろなシチュエーションがあります。そういった見えない部分を想定して準備をするので、2番手のゴールキーパーはメンタリティも重要となります。

2010年のW杯で岡田武史さんが3番手のゴールキーパーも重要視したという有名な話があります。そのゴールキーパーはジュビロ磐田で試合に出場していなかった川口能活選手でした。ドイツW杯の時もジーコは3番手のゴールキーパー（土肥洋一）を大事にしたと言われています。3番手のゴールキーパーは試合に出場する可能性が低いので、人間力と精神力を兼ね備えていなければなりません。3番手のゴールキーパーはメンバー全員から認められた存在でないと選んでもらえない「特別な存在」なのです。

2章 — 高校編（熊本県立大津高等学校）

【熊本県立大津高等学校ゴールキーパーコーチ（1998～2002年）】

学ぶ姿勢の原点は張外龍の圧倒的な知識欲

東京で生まれ育った澤村公康にとって本来、熊本県はなんの縁《ゆかり》もないところであったが、今では第二の故郷ともいえる大切な場所になっている。

澤村と九州との出会いは仙台大学時代に遡る。北海道・東北選抜に選ばれ、チームのキャプテンとして『デンソーカップ』に出場した。澤村のプレーはＰＪＭフューチャーズ（現サガン鳥栖）の強化統括・張外龍（チャン・ウェリョン）の目に止まった。「セレクションを受けに来い」と言われ、セレクションを経てセカンドチームに合格。ゴールキーパーをやりながら、育成カテゴリーの指導者として活動するという条件付きの合格だった。ＰＪＭフューチャーズは拠点を静岡県浜松市から佐賀県鳥栖市に移すタイミングで育成カテゴリーの強化も進めていきたいと考えていた。

「これはあとで聞いた話ですが、張さんは僕を選手としてはまったく考えていなかったそうです。セレクションでの受け答え、セレクションメンバーをまとめるリーダーシップといった能力など、指導者の資質を感じてくれての評価だったようです」

張は元韓国代表のDFで韓国→日本というルートを作った先駆者として知られている。コーチ兼任としてPJMフューチャーズでもプレーをしていた。その後、ヴェルディ川崎、コンサドーレ札幌、大宮アルディージャで指揮を執り、母国の韓国はもちろん、中国でも名だたるチームの監督を歴任した。張は礼儀に厳しい敬虔なクリスチャンで勉強熱心としても知られている。

澤村は午前中はセカンドチームのフューチャーズジュニオールでトレーニングし、夕方からはアカデミーの指導者として過ごす毎日だった。選手寮で澤村は張とともに暮らしたが、張の貪欲にサッカーに取り組む姿に衝撃を覚えたという。

「朝起きて張さんに挨拶にいくと『遅いね』と言われるんです。すでに張さんはランニングを済ませて、縄跳びや体幹トレーニングをしていました。大学を出たばかりの僕は『何でこんなに早くから……』と思ったものです。今なら朝早くに身体を動かすと一日が快適に過ごせて、軽快な状態で練習に入れるとわかりますが、当時の僕はそれがわかりませんでした」

張はすでに40歳を超えていたが、選手としてたゆまぬ努力を続けていた。食事はもちろんのこと、選手が共有するリビングのテレビには、絶えずサッカーが映し出されていた。

大袈裟ではなく、24時間すべてをサッカーに捧げるプロの姿がそこにはあった。張は指導者としての能力も高く、個人、グループ、そしてチームに対しての指導も的を得ており、澤村の手本だった。こんな張に澤村が一番驚かされ、感銘を受けたことは、サッカーとは別のところにあった。

「夜になると張さんはリビングで小学校4、5年生の国語の勉強を始めるんです。『澤村、これはどういう意味?』『どんな時に使うんだ?』とよく訊かれました。本当に一生懸命、日本語の勉強をされていました。韓国代表のスター選手だった方なのに、それに驕ることなく知識を得る姿勢に大きなインパクトを受けました」

ボールが国境を越える瞬間がサッカーには存在する。現代ではメディアの発達も手伝って、世界中の情報がリアルタイムで手に取れる時代になった。しかし当時は世紀末。テクノロジーはまだ発展途上で、世界のサッカー事情は、そこに踏み入らなければわからなかった。サッカーで日本は隣国の韓国に手玉に取られていた時代だった。しかし、Jリーグのスタートが大きなうねりとなり、劇的なスピードで日本サッカーの発展は進んでいた。張はそれを冷静に受け止めて「将来は日本で監督をやりたい」という明確なヴィジョンを持っていた。そのためには日本の文化を知り、言葉を覚えることが不可欠だった。澤村はのちに張が夢を叶え、Jリーグで指揮を執る姿を見た。「すごいという感情ではなく、『やっぱりな』という感情でした。目標設定が明確な人はそれを達成するために努力をします。鳥栖時代にはアカデミーの監督をしていた鈴木伸介さん（前ヴァレンティアＦＣ代表）にも大変お世話になりました。指導者として駆け出しだった僕には、この２人との出会いが本当に大きかったと思います」と澤村は述懐している。

鳥栖フューチャーズへの在籍期間は２年半。その幕切れは想像しているものとは大きく違った。チーム解散。ＰＪＭフューチャーズは浜松から鳥栖にホームタウンを移し、チーム名も鳥栖フューチャーズに変え、Ｊリーグ入りを目指していた。ところが１９９７年１月31日に臨時株主総会が開かれ、10億４３００万円の負債を理由に解散が決議された。トップチームの解散に伴い、アカデミーも解散となった。将来のプロ選手を夢見て、福岡や唐津から時間をかけて通ってきたアカデミー生に青年・澤村はかける言葉すら見つからなかった。とにもかくにも、厳しい「プロ」の一面を澤村自身が身を持って経験することになった。アカデミー生に言葉がかけられなかったのは、あまりにも突然の出来事に澤村自身が一番ショックを受けていたからだった。

棗正志と下田昌法が繋いだ奇妙な縁

「今でも鳥栖に行けば知り合いばかりで、九州は第二の故郷です」

右も左もわからなかった九州も、今はどこに行ってもホッとするくらい、澤村にとっては安らぎの場所となっている。鳥栖フューチャーズは解散となったが、幸いなことにブレイズ熊本（当時トップチームは九州サッカーリーグに所属）が育成のゴールキーパーコーチを探していたこともあり、澤村は世話になることを決めた。

「フューチャーズは給料がよかったんです。確かに仕事量は半端なかったとはいえ、忙しくてお金を使う時間もなく貯まる一方でした。ブレイズに来たら給料は半分くらいになってしまって、今度は減っていく感じでしたけれど（笑）」

ブレイズ熊本でジュニアユース、ユースのゴールキーパーコーチを始めると、地域の指導者から打診があった。

「熊本県立大学の選手とブレイズの選手の合同練習を週1でやってもらえないか？」という申し出だった。芝生のきれいなグラウンドで週に1度の合同練習が始まった。この練習に参加していた棗《なつめ》正志（元草津）と下田昌法が、熊本県立大津高等学校の平岡和徳監督の目に留まり、2人は大津高校に進学することになった。澤村にとって人生の大きな転機となる瞬間が迫っていた。

「年度も変わって、教え子の2人がお世話になっているからと、大津高校の平岡先生のところに5月の初めに挨拶に行きました。『せっかく来たのだから、大津の練習を見ていってくれ』と言われたのでゴールキーパーの練習に参加したんです。なぜか僕のサイズのウエアも用意されていて……。ゴールキーパーは12、3人いて、当然、1年生には棗と下田もいました。練習が終わって帰ろうと挨拶をすると、『飯に行くぞ』と誘ってもらい、まず近所の銭湯に連れて行ってもらって、そのあとに食事をして、夜も更けていくと今度は『遅くなったから泊まっていけ』と。僕は素直にそのご好意に甘えさせてもらいました。翌朝、『朝練に行くぞ』と言われ練習に向かい、一緒に散歩をしている時に『(棗と下田は)2人ともよくやっている。不安定なところ（ブレイズ熊本）でやるより、うちでやらないか?』と誘ってもらったのです。断る理由もなく、『お世話になります』と二つ返事させてもらいました」

人生はどこで転機を迎えるかわからない。澤村にとっては、教え子2人が世話になっているので挨拶をしておこうと思っただけだった。電話でアポイントを取り、大津高校に平岡を訪ねた。すべてはこれが始まりだった。

現在、平岡は宇城市の教育委員会教育長で大津高校の総監督を務めている。澤村の恩人であり、師匠でもある。平岡によって全国的に知られる強豪校となった大津高校は、50人以上のJリーガーを輩出している。２００６年ドイツW杯には熊本県人として初めて、巻誠一郎が日本代表として出場を果たした。巻も平岡の教え子の１人であり、大津高校の卒業生である。

大津高校での年中無休×24時間勤務がスタート

平岡は「神童」だった。運動神経に秀でており学力も優秀、さらには書の達人であることも有名だった。中学校時代には九州選抜のキャプテンを務め、名将・古沼貞雄が惚れ込み、名門・帝京高校へ進学。インターハイ、高校選手権で日本一を経験し、筑波大学に進学後も４年生ではキャプテンを務め、関東大学リーグを制覇。多くの日本リーグのチームからオファーを受けるも、故郷の熊本に戻り教員生活をスタートさせた。赴任先の弱小だった熊本商業高校をわずかな期間で県内の上位校に育て上げると、１９９３年に大津高校に着任。瞬く間に、大津高校を全国屈指の強豪に鍛え上げ、名伯楽として知られるようになる。洗練された指導は注目を集め、多くのメディアでもその指導術が取り上げられている。

「平岡先生からは『電話だけで棗と下田がお世話になりますと済ませていたら、俺はお前には声をかけなかった。足を運んで挨拶をしに来たから、面倒を見てやろうと思ったんだ』といまだに言われます」

平岡は澤村のゴールキーパー指導に一目置いていた。当時、ブレイズ熊本は経営的に苦しい状況に追い込まれていた。県内のサッカー関係者はその状況を理解しており、平岡もその1人だった。澤村の指導は定評があった。とはいえ、良い練習をするから良い指導者とは言い切れない。平岡は澤村の人となりを見てみたかったのだ。結果は合格だった。この日から澤村の「年中無休」「24時間勤務」の怒涛の5年間が始まることになった。

３６５日×５年間で１８２５日、大津高校で過ごした日々に、その後ゴールキーパースクールの指導のために熊本に通った回数を合わせれば、澤村が熊本で修行を積んだ日数は２０００日を超える。澤村が大津で過ごした時間は、大袈裟ではなく「年中無休」「24時間勤務」だった。大学を卒業してすぐに張とともに生活をしたことで、その覚悟はできていたが、大津ではすべての時間がサッカーのために費やされた。

「僕はあの5年間をもう一度やれと言われても『やります』と言うと思います。人生で一番勉強した5年間、たくさんのことを学ばさせてもらって、人まで繋いでいただいた5年間でしたから。知らないことだらけで、新しい知識が次々と入ってくる。僕は吸収力の強いスポンジでした。こんなことを言うのはおこがましいですが、平岡先生は指導、教え方が本当にうまい。傍らで聞いていても理不尽がなくて、腑に落ちることばかり。平岡先生は『帝京で教わったことは理不尽は人を育てるということと、人間は簡単には死なないということだけ。でも理不尽は人を育てないだろう?』とおっしゃっていました」

昭和時代の部活動。理不尽を受け入れることも必要だった。社会の縮図が高校生の生活にも存在した。平岡は理不尽を受け入れるだけではなく、それを跳ね返すだけのサッカーの実力、知識、そして人間力を持っていた。強い信念を持っていたからこそ、自らが指導者になった時に『理不尽は人を育てない』と言い切ることができた。澤村は平岡の指導のその様を、日々、目の当たりにして、大きな影響を受けていった。

「振り返ると若い頃の僕は、指導の際にサッカーと人間性は切り離して考えていたと思います。ですが、鳥栖では張さん、大津に来て平岡先生に同じことを思いました。一流だった人は、素晴らしい人間性を持っている。少しずつ僕の中で考えが変わっていきました」

言葉の魔術師・平岡和徳から教わった「桶の水の法則」

「平岡先生はたくさんの言葉を持っています。選手も指導者も苦しい時がありますが、『苦しい時は前進している』とか、『やらされる100回よりやる気の1回』とか、キャッチーな言葉を使います。とにかく、たくさんの『言葉』を持たれていました。『気配り、目配り、心配り。でも一番大切なのは言葉配り。指導者は言葉が大事だから、澤村、言葉の勉強はしろよ』とよく言われました。この時の教えがあるので浜松開誠館高校の教員時代は、先生から教えてもらった数々の『言葉』を使わさせていただきました」

まさに平岡は言葉の魔術師だった。

「10回真似てもただの真似。100回やってもまだ物真似。だけど1万回やったら多分、それは澤村の指導だよ」

「習ったことを練り込む。それが練習」

毎朝5時半から7時20分まで、澤村は平岡と一緒にウオーキングをした。ゴールキーパーの朝練習は7時半から8時10分までの40分間。一緒に歩きながらとめどなく話をする。平岡はその間に、Aチームではない Bチームの中でも下にいる選手に、あちらこちらで話しかけた。それは「君たちのこともしっかり見ている」というメッセージでもあった。平岡は身体は小さくても豪傑であることは高校サッカー界では有名だ。毎夜のサッカー談議が深夜2時を回ることは珍しくなかった。酒が飲めない澤村は、平岡を自宅に送ると、最後に「澤村、じゃあ3時間半後な」と言われたものだ。

大津高校は大所帯のサッカー部だったが、すべての選手がプレーできるようにうまく時間がオーガナイズされていた。したがって、いわゆるオフは存在しなかった。澤村が印象に残っているのは、週末を利用して行われる九州の強豪チームとの練習試合だ。プリンスリーグやプレミアリーグがまだなかった時代。九州の臍《へそ》と言われる熊本に九州全土の質のいい指導者が集まってきた。毎週末、日の出から試合が始まり、陽が沈んでボールが見えなくなるまで試合は行われた。若き澤村は、昼飯を食べる時以外はレフェリーか他のチームのゴールキーパー練習をやり続けた。身体はきつかったが、大きな刺激の連続がそれを上回って、オフが欲しいと思うことはなかったという。

「大津ではたくさんエピソードがありますが、平岡先生には『桶の水法則』を教わりました。当時、僕はナショナルトレセンのコーチに選ばれたことで、トレーニングメニューばかりに気を取られる頭でっかちなコーチになっていました。コーチの僕がこんな状態だと、練習で選手はまったく躍動しません。僕自身は『良い練習をやっているのに』とか『一生懸命、選手のことを思っているのに』と『～のに』という言葉ばかりを使っていたようです。ある日、平岡先生から『桶があるので水を汲んでこい』と言われました。桶に水を汲むと、今度は『自分のほうに流れを作ってみろ』と言われたので、言われるがままに僕は自分に向かって水を掻きました。そうすると先生は『お前はだからダメなんだ』と言うんですね。一体、何を言っているのだろうと……」

平岡は二宮尊徳の「たらいの水」の話を引き合いに、澤村に実際にやらせてその教えを伝えた。水を自分のほうに引き寄せようとすれば、水はたらいの縁を伝い、向こうへ逃げてしまうが、相手にあげようと押しやれば、水はたらいの縁を伝って自分のほうに戻ってくる……。

「澤村、人生とは大きな桶なんだよ。この水の流れが自分に返ってくるのは、1年後なのか10年後なのか、あるいは死ぬ間際なのかはわからないけれど、人のために取り組めば水の流れは必ず自分に戻ってくるんだから人のために取り組め」

平岡の目には、この頃の澤村が自分のためだけに練習をやっていると映っていた。澤村自身も何か選手に違和感を覚えたが、理由がわからなかった。そんな時に平岡に教えてもらったのが二宮尊徳の「たらいの水」ならぬ、平岡の「桶の水の法則」だった。澤村はハッとしたものの、どうしていいのかわからなかった。平岡にそれを伝えると「まずは選手に謝ったらいいんじゃないか」というアドバイスをもらった。澤村には選手に謝るという考えはなく、まさに青天の霹靂だった。15、6人いたゴールキーパーを集めて、「最近の自分はメニューばかりにこだわった、独りよがりの指導をしていた」と詫びをいれると選手たちからはシンプルな反応が戻ってきた。

「最近の澤さんは澤さんじゃないと思った」「ナショナルトレセンのコーチになってから

気が付いていた。

難しいメニューが増えた」など、選手は澤村のベクトルが違う方角に向かっていることに

同じ頃、こんなこともあった。澤村は名古屋グランパスエイトの熊本キャンプを見学して、刺激を受けていた。日本代表の楢崎正剛とブラジル人のゴールキーパーコーチ、マザロッピの練習は澤村に大きな刺激を与えた。マザロッピの練習は反復練習に加え、南米特有の複雑な動きがあり、それを目の当たりにした澤村は「これはいい」と大津で試したのだった。すると中学校時代から指導している棗に吐き捨てられるように言われた。

「澤さん、悪いけど俺たちはJリーガーじゃないっす」

澤村を慕っている棗が吐き捨てるように言うのだから、相当な理由があったのだろう。その時、澤村が行った練習は、高校生レベルでは絶対にやらない高度な練習だった。それを疑いもなく行ったのである。澤村の「実験台」となった選手から不満の声が挙がったのは不思議なことではなかった。

大津に来て2年目。ナショナルトレセンコーチに選ばれた頃の澤村は浮足立っていたという。平岡の下、指導スタッフに加わったことで、澤村のゴールキーパー指導を目の当たりにする者は増えていった。本人の耳にも「澤村は良いトレーニングをする」といった声が入るようになった。「このあと（の進路）はどうするんだ?」「よそからオファーが来た

らどうする?」」。評価なのか、雑音なのかわからない囁きに澤村は自分を見失った。無我夢中、一生懸命、必死にトレーニングに取り組んでいたはずが、「自分の練習って周りからはどんな風に見られているのだろう?」「自分は指導者として周りからどう見られているのだろう?」と雑念を抱き舞い上がっていた。

ナショナルトレセンっぽい指導に激怒した松澤隆司

「完全に周りの評価、言葉に気持ち良くなっていました」

そんな澤村が目を覚ます出来事が起こった。福島県はJヴィレッジ、澤村のステップアップの舞台、ナショナルトレセンコーチのデビューとなったトレーニング初日での出来事だった。澤村のゴールキーパー指導を高く評価する指導者は多く、鹿児島実業高校の松澤隆司監督もその1人だった。

「松澤先生には気にかけていただいていました。『澤村の（ナショナルトレセンコーチ）デビューだから見に行くよ』とおっしゃってくれて、僕が初めてナショナルトレセンで指導する時に鹿児島からわざわざJヴィレッジまでいらしてくれたんです」

カテゴリーはU-16で、翌年度に鹿児島実業に入学する中学校3年生のゴールキーパー

熊本県立大津高等学校時代のコーチングスケジュール

	木	金	土	日	
	[5:30〜7:20] 平岡先生とウオーキング	[5:30〜7:20] 平岡先生とウオーキング	[終日] トレーニング or 試合 or JFA ナショナル トレセン活動 （九州担当）	[終日] トレーニング or 試合 or JFA ナショナル トレセン活動 （九州担当）	5
					6
	[7:30〜8:10] GKトレーニング	[7:30〜8:10] GKトレーニング			7
	[8:10〜9:10]グラウンド整備	[8:10〜9:10]グラウンド整備			8
	[9:10〜14:00] フリー GKスクール事務作業 GKトレーニングメニュー作成 学校訪問etc	[9:10〜16:00] フリー GKスクール事務作業 GKトレーニングメニュー作成 学校訪問etc			9
					10
					11
					12
					13
	[14:00〜16:00] 体育コーストレーニング				14
					15
	[16:00〜18:00] チームトレーニング	[16:00〜18:00] チームトレーニング			16
					17
					18
	[19:00〜] 飲みニケーション	[19:00〜21:00] 大津GKスクール			19
					20
					21
					22
					23

	月	火	水	
5	[〜15:30] フリー	[5:30〜7:20] 平岡先生とウオーキング	[5:30〜7:20] 平岡先生とウオーキング	
6				
7		[7:30〜8:10] GKトレーニング	[7:30〜8:10] GKトレーニング	
8		[8:10〜9:10]グラウンド整備	[8:10〜9:10]グラウンド整備	
9		[9:10〜14:00] フリー GKスクール事務作業 GKトレーニングメニュー作成 学校訪問etc	[9:10〜16:00] フリー GKスクール事務作業 GKトレーニングメニュー作成 学校訪問etc	
10				
11				
12				
13				
14		[14:00〜16:00] 体育コーストレーニング		
15	[15:30〜19:30] 鹿児島実業高校 トレーニング			
16		[16:00〜18:00] チームトレーニング	[16:00〜18:00] チームトレーニング	
17				
18				
19		[19:00〜21:00] 小川地区（現宇城市） GKスクール	[19:00〜] 飲みニケーション	
20				
21				
22				
23				

がこのキャンプに参加していたが、情に厚い松澤は澤村との約束を守ることが第一の目的だった。福島県のJヴィレッジで行われたナショナルトレセンのキャンプには、日本各地からその練習を見ようとグランドを囲うくらい、多くの指導者が駆けつけて指導の様子を見守っていた。加藤好男、川俣則幸、柳楽雅幸、慶越雄二と日本トップレベルのゴールキーパーコーチ陣の中に自分がいることに緊張したが、誇らしい気持ちもあった。松澤も澤村を見つけると「晴れ舞台だ。頑張れよ」と声をかけ、ピッチの入り口で握手をして、その門出を祝ってくれた。

トレーニングが始まると「言葉が適切かわかりませんが、僕は『ナショナルトレセンっぽい』指導をしていたんです。6人のグループで行ったハンドパスのトレーニングで、僕は名前を呼ばずにハンドパスをしている選手に対して、『OK、OK、次やろう』と言っていて、ポロポロとキャッチミスをする選手にも『OK、OK、次やろう』と言っていたんですね。まったくコミュニケーションが取れないまま、次はボールを2つから3つでパス交換するトレーニング。ボールがぶつかってうまくいかなくても『OK、OK、次やろう』と言っていました。最初のトレーニングが終わった時にピッチの外を見たら松澤先生がいらっしゃらないんです。『ああ、別のトレーニングを見に行かれたのかな』と。トレーニングを終えて、Jヴィレッジのホテルに戻ると、受付から『澤村コーチ、松澤先生からお手紙を預かっています』と言われました。手紙を受け取る前に、先生の部屋に挨拶に行こうと思って部屋番号を訊いたら『気分が悪くなったから帰る』とのことですでにチェックアウトされていました。体調を崩されたのかなと思って手紙を開けると、そこにはひと言『何やってるんだ、お前』とだけ書かれていました。『えっ、何だろう』と思ったので平岡先生に連絡を入れると、『わかった。キャンプが終わったら大津に戻ってこなくていいから鹿実に行け』と言われました。そこでようやく『何かやらかしてしまった』と気が付きました。2泊3日のキャンプを終えてその足で鹿実に行くと、松澤先生には2時間以上の説教を受けました」

松澤の言葉は澤村に強く刺さる愛情のある言葉だった。

「『俺は大津の澤村公康が立派な舞台に選ばれて、選手を指導する現場を見に行ったのに、お前は3本線（アディダスのウエア）を着たら、なんで（日本サッカー）協会チックな指導をするんだ？』『大津でお前はポロポロこぼす、あのハンドパスを許すのか？』。浮足立っていた部分をズバリ言われてしまいました」

松澤は話を続けた。「もし、澤村の師である平岡が裸で指導をしていたら、それは平岡ではないのか？　東福岡と国見が裸で試合をしていたとしても、どちらがどこのチームかはわかるだろう？　国見の小嶺忠敏、東海大五（現東海大福岡）の平清孝の2人が裸で指導をしていても、どちらが小嶺でどちらが平かはわかるだろう」と、九州の名将の名前を出してわかりやすく澤村に説いたのだ。

「松澤先生からは『ウエア（肩書き）が人を育てるんじゃない』と、平岡先生からは『練習メニューで選手が育つんじゃない』と教えていただきました。つまるところ、結局は『人が人を育てる』という根っこの部分、指導者が絶対に忘れてはいけないところを2人の先生から大津時代の5年間に教えていただきました」

松澤には浮足立っているところを見抜かれ、大舞台での指導も澤村にとってはほろ苦いデビューとなった。ただ、直後に松澤に大説教を食らったことで、次のキャンプでは「澤村本来の指導」を披露することができた。前回の反省を選手に素直に話し謝罪したところ、選手からも「自分も慣れるまではミスしてもいいと思っていた」「最初から勝負していかないとダメだと気が付いた」と取り組みが甘かったという反応があったのは澤村にとって幸いだった。

選手は指導者の鏡である。それは常々思っていることだったが、澤村はこの時、指導者の意識が変われば選手の意識も確実に変わると悟り確信した。「九州の翁」たちと過ごした5年間の日々は、澤村にとっては何にも変えられないかけがえのない時間だった。

ＦＢＳ福岡放送がスポンサーとなって行われていた『ＦＢＳ杯高校サッカーチャンピオ

ン大会』は、かつては春の西日本高校サッカー最大のフェスティバルだった。全国各地域の強豪に加え、九州各県のトップチーム、韓国からもチームを招いて行われたこの大会は、国内のサッカー関係者から大きな注目を集める大会だった。

大会前日には各チームの指導者が一堂に会する盛大なレセプションが行われた。大津高校のゴールキーパーコーチになったばかりの澤村は、平岡によってこの場で多くの指導者を紹介されたという。

「サッカー関係者や指導者が集まるフェスティバルに平岡先生は、僕を必ず最初から連れて行ってくださいました。ＦＢＳ杯には有名な指導者の方がたくさんいらっしゃっていて、すべてのチームの指導者に平岡先生は僕を紹介してくれました。そして最後に紹介してくれたのが鹿児島実業の松澤先生でした。『松澤先生、これから僕の下でやるゴールキーパーコーチの澤村です。じゃあ、あとは先生よろしくお願いします』と言って、平岡先生は他のテーブルに行ってしまいました。この時、松澤先生からいろいろお話をしていただいたのですが、別れ際にこんなことを言われました。『澤村、平岡は酒が好きだよな？』と訊かれたのです。2カ月前くらいから一緒にやっていたので、僕は『大好きだと思います』と答えました。『そうか。じゃあ今日、平岡は乾杯の時にビールを飲んでいたか？』と訊かれました。そこで『はっ』としました。松澤先生のところに来るまで、各席でお酒をすすめられても、平岡先生はグラスに口をつけず、一口も飲まれていませんでした。松澤先生に『何で平岡がビールを飲まないで、お前を挨拶に連れて回ったのかをよく覚えておけ』と言われたのです。平岡先生は僕を紹介することを一番に考えてくれていたのだとわかりました。最後に松澤先生のところに連れていかれたのも、松澤先生がこのような話をしてくださるとわかっていたからでしょう。節度があり、仁義をわきまえ、そして先を読まれる力に圧倒されました。平岡先生、松澤先生はもちろん、この場にいらっしゃった方々は立派な教育者の方ばかりでした。その迫力や言葉の重み、行動は、任侠の世界、渡世人の社会に身を預けるような錯覚を覚えるものでもありました」

「澤村を責めるようなことは絶対にしないでください」

澤村が在籍した5年間、大津高校は高校選手権に4回、インターハイに3回出場し、いずれも最高成績はベスト8だった。忘れることのできない悔しい思い出のひとつに2001年、地元熊本でインターハイの出場を逃した試合がある。大津は熊本国府と対戦してペナルティキック戦の末に敗れて全国大会出場を逃してしまう。大会後、保護者も交えた慰労会の席で澤村は保護者から厳しく詰め寄られることがあった。

「僕のゴールキーパースクールには、県のベスト16に入るチームのゴールキーパーはほとんど参加してくれていました。当然、決勝トーナメントに入る前には、各チームの監督からのオーダーもあります。ペナルティキック戦対策の練習もやりました。負けた試合では熊本国府のゴールキーパーが素晴らしいショットストップを見せたのです。『澤村コーチのスクールに相手のゴールキーパーも来ているんですよね?』『相手チームのゴールキーパーまで指導するのってどうなんですか?』と敗戦の矢面に立たされてしまいました。当時の僕は言い返すだけの言葉を持っていませんでした。保護者に言われるがままに頭を下げて謝る術しかありませんでした。それを見ていた平岡先生が『ちょっと待ってください。僕たちは大津から良い選手を出すのを目的としてやっています。さらに熊本から良い選手を出すことも目的です。確かに今日は澤村の指導を受けている相手チームのゴールキーパーの活躍がありました。それは熊本から良いゴールキーパーが出るひとつのきっかけを作ってくれたことでもあります。ですから、澤村を責めるようなことは絶対にしないでください』とおっしゃってくれたのです。平岡先生は負けたあとの席だけでなく、県大会に優勝したあとの夜の席でも、『その大会に勝つことだけが目的じゃない』と必ずおっしゃっていました。熊本の片田舎から50人を超えるプロ選手、Jリーガーが生まれています。それを改めて考えることがありますが、まったく不思議なことではありません。熊本を、大津を離れれば離れるほど、自分はすごい環境の中で修行させてもらえたと実感しています」

大津高校5年目、澤村にとって最後の選手権では、平岡の恩師でもある古沼が率いる帝京高校との対戦となった。雪の降る中での激闘は、スコアレスでペナルティキック戦に突入。九州No.1ゴールキーパーと言われた大津の時久省吾（元岐阜）と帝京の山下高明が連続してショットストップすると、3人目まで成功者がいない前代未聞の「ゴールキーパーのペナルティキック戦」となった。結果は0対2で大津の惜敗となってしまった。

「大津は負けましたが、最後に古沼先生と平岡先生の師弟対決に立ち会うことができたのは一生の財産です。この試合はアップの時には降っていなかった雪が試合中に降ってきたんですね。こういう展開が予想できていたので、大会前からカラーボールでも練習をやっていました。案の定、雪が強くなって試合の途中からボールはオレンジのボールに変わりました」

刻々と変わっていく試合環境、白く彩られたピッチに蛍光色のオレンジのボールが映えた。それでも大津はゴールキーパーの時久を中心に慌てることなく対応していた。それは大会前の準備にあったことは間違いなかった。試合には負けたが、平岡も澤村の入念な準備を素直に褒めた。

「ひと言で良い準備と言っても、選手と指導者の準備は違うものです。ゴールキーパーに関して言えば、スタータ―の選手と控えの選手でも準備は大きく違う。当然、エントリーから外れる3番手の準備も変わってきます。良い準備とは何ぞやであって、岡田武史さんが言う『細部に宿る』ということは、こうしたこだわりや違いを敏感に察しながら、あらかじめ備えていくことではないかと考えています」

「ザ早熟タイプ」井上敬太という師匠

「人生我以外皆師也」。これは澤村の座右の銘である。『宮本武蔵』の著者として有名な吉川英治の言葉と言われているが、澤村はこの言葉を平岡から教えてもらった。

「人生では自分以外は考え方次第ですべて師匠になるという考えです。人間もそうです。選手としての能力が高くなくても一生懸命に頑張っていた井上敬太も僕の師匠だし、教え子一人ひとりが僕の師匠なんです」

帝京とのペナルティキック戦の前年の話である。大津高校での生活は4年目になっていた。年々ゴールキーパー陣は充実し、この年もタレントは揃っていた。1番手が田中慎太郎（元岐阜）、2番手が時久。3番手が谷井健二（現熊本アカデミーゴールキーパーコーチ）、4番手だった井上は現在、柏レイソルのトップでゴールキーパーコーチを務めている。

4番手の井上は全国大会のエントリーからは漏れたものの、「チームに絶対に必要な人間」ということで、学生でありながらゴールキーパーコーチとしてスタッフ登録をしてベンチ入りしていた。のちに澤村が平岡に確認すると「井上は将来ゴールキーパーコーチとして大成するから、大舞台を経験させておいたほうがいいと思った」という返事が戻ってきた。平岡が予言したとおり、のちに井上は日本代表の中村航輔を発掘し、韓国代表のキム・スンギュを指導するなど、ゴールキーパーコーチとして高い評価を得ている。では、プロ選手の経験がない井上はいかにして、J1のゴールキーパーコーチとなっていったのだろう？

澤村と井上の出会いは井上が小学校の時まで遡る。

「敬太は小学校6年生から指導していた選手で、ゴールキーパースクールにもずっと参加していました。大津高校に入学してからもゴールキーパースクールのアシスタントとしていろいろと連れ回していました。敬太はゴールキーパーが大好きだったものの、身長が170センチちょっとしかありませんでした。少年時代は決して小さくありませんでしたが、完全に早熟なゴールキーパーで、サイズ的に考えてトップレベルで活躍するのは難しかった。でもゴールキーパーに対する取り組みは抜群で、真摯な姿勢があって周囲にも謙虚でした。トップカテゴリーでゴールキーパーコーチをやっている今も、その姿勢は高校時代からまったく変わっていません」

井上は日本体育大学のセレクションに参加するも結果は不合格だった。熊本に戻った翌日、朝練習に行くと、そこには平成国際大学の大渕龍介監督（当時）の姿があった。井上に平成国際大学に推薦で来ないかと声をかけてくれたのだ。大渕が済々黌高校出身の熊本県人だったことも何か縁があったのかもしれない。平成国際大学に入学した井上は、自らの希望で学生コーチとしてBチームのゴールキーパートレーニングのメニューを作るなど熱心に取り組んだ。井上が大学に入学してしばらくたったある日、澤村のもとに相談が舞い込んだ。ナショナルトレセンで一緒に仕事をしていた柏レイソルのアカデミーコーチだった佐々木理（現名古屋アカデミーダイレクター）が「ジュニアユースのコーチを探している」ということだった。澤村は平成国際大学の大渕に連絡を入れ了承をとりつけると井上に話をした。井上は大学1年生の終わりから週に3〜4回柏レイソルに通い、卒業と同時に柏レイソルに入り、現在ではトップチームのゴールキーパーコーチとして活躍している。つまり、井上はプロ選手にはなれなかったが、プロのゴールキーパーコーチとして夢を叶えたのだ。体格に恵まれなくても、たゆまぬ努力を続け、チャンスを掴み、夢を現実にして叶えた。中村の能力を見抜き、プロ、日本代表まで押し上げたのが井上であり、その指導力と目利きは折り紙付きだ。現在の柏レイソルのゴールキーパー育成の基盤を作ったとも言われており、澤村自身とも共通部分が多く、次世代の日本のゴールキーパー育成には欠かせないキーマンの1人である。

「敬太は早熟タイプで、早めに身体ができてしまったんですね。自分と真逆のタイプの選手の特徴をセレクションで見抜いていきます。勉強熱心な彼は、医学的、フィジカル的なところにも詳しい。その証拠に彼が選んだゴールキーパーはビッグサイズに成長することが多いんです」

中村（ポルチモネンセ・185センチ）、滝本晴彦（柏レイソル・190センチ）、小久保玲央ブライアン（ベンフィカ・191センチ）はすべて井上がピックアップした選手だ。澤村も「敬太は今、日本でトップ3に入る実力を持つゴールキーパーコーチだと思います」と太鼓判を押している。また、井上の活躍は早熟タイプで選手としての夢を絶たれたゴールキーパーにも希望を与えるはずだ。

平岡から学んだプレーヤーマネジメント

澤村が大津高校に来てショックを受けたことは数多くあるが、そのひとつに平岡のマネジメントがある。全国大会に行っても、県大会の準決勝、決勝戦の日であっても、大津では変わらずに朝練習は行われる。そして監督の平岡も特段変わったこともせず、朝の5時

30分からルーチンワークのウオーキングをする。選手たちは、朝、身体を動かして、自らの身体の良し悪しを確認することになっている。それは県大会の決勝戦の朝だった。いつもと変わらず朝練習に来る選手たち。そしてウオーキングをする平岡と澤村がいた。平岡が突然、こんなことを言った。

「澤村、3バックってどう思う?」

当時の大津高校は「1－4－4－2」のフォーメーションだった。澤村は「突然、何を言っているんだ? このチームは4バックしかやったことないじゃん」と思ったという。

「先生、今のメンバーだと3バックは厳しいのではないですか?」。そう返事をすると、意外な言葉が平岡から戻ってきた。

「いや、来年のチームのことなんだけど……」

全国大会出場がかかった県大会決勝当日の朝の出来事だった。澤村は確認のため「先生、今日は決勝戦だと思うんですけど?」と平岡に訪ねた。

「(自分が)やることはやったから。あとは選手がやること」

平岡とはそういう指揮官だった。日々の取り組み、それをいかに徹底することができるのか。すべてはその延長線上にある。勝負ごとなので思いどおりにことが進むわけではないが、だからといってじたばたして慌てる必要もない。常に先を見て、準備を進めていくのが平岡だった。全国大会のマネジメントも、選手が気分良く宿舎で過ごして、リラックスしてゲームに臨めるような環境づくりを一番に心がけていた。時に厳しく叱咤することもあったが、本気なのか演技なのかわからないほどに平岡は、実に絶妙に役者のように振る舞った。その様子を見て、澤村がフォローすることもあれば、反対に厳しく緊張感を伝える役目を買って出ることもあった。家族、家庭でいうところの父親と母親の役割が監督とコーチにはある。大津でもこうしたリレーションが存在した。これは平岡に指示を受けたことではなく、日々のコミュニケーションや活動、行動から、知らず知らずのうちに無意識にできたものだったという。

指導者に必要な選手と巡り合う「運」

「大津での5年間、平岡先生にはたくさんのことを学ばさせていただきました」

澤村は大津高校で指導した選手たちがのちにプロのゴールキーパーとなり、その後、浦和レッズでは大谷幸輝（現札幌）、川崎フロンターレでは安藤駿介がプロの世界に巣立っていった。浜松開誠館高校時代はゴールキーパーでプロになった教え子はいなかったが、ロアッソ熊本ではシュミット・ダニエル、サンフレッチェ広島では大迫敬介との出会いがあった。

澤村は「自分は相当、運の良い指導者だと思っている」と語る。育成年代からプロ選手を輩出することで、指導力が評価される風潮もあるが、「僕の指導力がどうこうではなくて、これだけの選手たちと巡り合えたからこその結果だと思います」と謙遜する。

世の中には素晴らしい能力を持つ指導者が存在する。しかし、その指導者のすべてが能力のある選手と巡り合えるかといえば、そうではない。つまり指導者としてステップアップしていくためには、選手と巡り合う「運」も必要なのだ。若いうちはそれに気が付くことがなかなかできない。選手の成長が指導者の力と錯覚してしまいがちで、澤村自身がそれに気が付いたのも、キャリアを積んでからだという。もっとも「運」は必要不可欠だが、それを手繰り寄せる行動を続けることは、メンタル的な部分では重要な要素になっている。

澤村は選手だけでなく、平岡や松澤といった素晴らしい師とも巡り会えた。こうした師匠たちとの出会いがなければ、選手たちとの出会いもなかったと思っている。

「情熱やエネルギーを持っている人のところには、同じようにたくさんの情熱やエネルギーを持っている人が集まってくると思います。僕が素晴らしい選手たちと出会えたのは、僕にエネルギーがあったからかもしれません。逆に集まってきた選手たち、彼らがエネルギーを持っていたから『澤村』が、彼らの前に現れたのかもしれません。ひとつ言えることは、日本でも世界でも相当数のチームがある中で、同じユニホーム、同じエンブレムを付けて、一緒に時間を共有して、仕事ができたというのは、まさしく出会いという『運』があったからです。僕もイキがっていた時に、早くこんな気持ちになれていれば、と思います」

手繰り寄せる「運」はゴールキーパーには必要不可欠である。だが何を基準に「持っている」「持っていない」のかは澤村にも「わからない」という。平岡の下で過ごした5年間で確信したことがある。

「24時間、1日のデザインの積み重ねの延長線上に、1年のデザインがあります。さらに数年がかりのプロジェクトのデザインがあって、人生、それがサッカー人生というところに行き着くのだと思います」

複雑に絡み合った人生の巡り合い。それが「運命」と言うならば、「運」から宿った「命」なのかもしれない。澤村はすべての教え子に感謝している。

「今までたくさんのチームからオファーをいただき、こうやって指導者として生活できています。そのすべては教え子が繋いでくれたからです。僕が良い指導ができると言っていただいても、グラウンドで戦っている教え子がエラーを連発していたら、僕たちには絶対オファーは来ません。僕たち指導者の評価とは、教え子がどう見てもらっているかなんです」

「人生我以外皆師也」。教え子は指導者の鏡であると教えてもらった大津高校での5年間だった。

マインドⅠ

自己啓発力

（勇気、集中力、気迫、自信）

「勇気」は後天的に身に付けることはできないのか？

ゴールキーパーは「自己啓発力」が大切です。ゴールキーパーは外から受けるエネルギーが大きいポジションなので、モチベーションを高く保つためにも「自己啓発力」は持っていなければなりません。「自己啓発力」を高めていくには、将来どのようなゴールキーパーになりたいのか明確な目標を立てることが重要です。ゴールキーパーコーチはこのような目標を持てるように、具体的な手法の話をし、問いかける必要があります。

書店に行けば自己啓発本のコーナーがあります。世の中に自己啓発をしたい人が多いからでしょう。藁をも掴む気持ちで本を取る——いや、書店に行っている時点で、その人はエネルギーがある証拠です。ゴールキーパーもこの意識を持っているべきでしょう。

特に「勇気」を持っていないゴールキーパーは、ゴールキーパーとしては厳しいと感じます。「勇気」が大きく変わったゴールキーパーはいなかったように思います。それだけに「勇気」は先天的な部分が大きいのかもしれません。プロへ進んだゴールキーパーは育成年代から必ず「勇気」がありました。反対に「勇気」がなかったゴールキーパーでプロになった教え子はいません。自己発信の有無に関しては保護者の影響がかなり大きいと思います。喋れないゴールキーパーは保護者が代わりに喋ってしまいます。ゴールキーパーが自己発信する必要がないのです。そのため、選手をセレクトする時には必ず保護者と話をします。身体的な特徴の確認はもちろん、パーソナリティーの部分も確認しています。

では、「勇気」は後天的に身に付けることはできないのでしょうか。僕自身もまだ「勇気の育て方」を学んでいる最中ではありますが、技術の習得が大きなカギを握っているような気がしています。「勇気」を身に付けさせるためにメンタルと技術を引き離して考えてみるのはどうでしょうか。ゴールキーパーは常にケガと隣り合わせ。ですが、正しい技術を身に付けることでケガの恐怖を小さくすることは可能です。例えば正しい技術があれば身体をグラウンドにぶつけた際の痛みを緩和することができます。不思議なもので正しい技術を覚えると、指導したゴールキーパー全員がより前でボールに飛びつくようになりました。さらにキャッチングがうまくなると「もっと難しいボールを掴みたい」と前向きな姿勢になるのがゴールキーパーの本能なのでしょう。そう考えればチャレンジする気持ちこそ「勇気」なのかもしれません。

ゴールキーパーコーチが「勇気を出せ」と言う場面を現場でよく目にします。「勇気」を出せないのは「勇気」を出す術を知らないからだと思います。小学生年代で技術を無視して、「勇気を出せ」と具体性に欠けるアプローチをすると、身体操作ができるようになる中学生になった時、やみくもにボールにアタックしてケガをすることがあります。日本代表の中村航輔選手は「勇気」が裏目に出て、相手選手と激しく交錯し、何度も脳震盪を起こしています。ゴールキーパーもゴールキーパーコーチも正しい「勇気」とは何かを改めて考えてみましょう。

トップと育成では異なる「集中力」

セットプレー時に「集中しろ」という声はよく聞かれるフレーズです。声を出し、ボディコンタクトをすることで「集中力」は増すと言われています。ゴールキーパーの「集中力」で言えば、「試合に勝ちたい」という気持ちによって、自然と「集中力」が増しているのだと思います。

ゴールキーパーはゴールキーパーコーチの鏡です。ゴールキーパーが集中できていないと思ってしまうのは、ゴールキーパーコーチの指導がそのまま映し出されているからではないでしょうか。緊張した場面で発せられる言葉は、自身の内面の気持ちを映し出していることが多分にあります。何も言わずともゴールキーパーが自分を高めようとすれば、自ずと「集中力」は増してくるのです。

逆に、育成年代で「集中力」が途切れてしまう選手は、ピッチ外の部分で集中できない何かがあるのかもしれません。Ｊクラブユースのゴールキーパーコーチ時代、学校訪問で見えてくることがありました。グラウンドでは頑張っているのに、学校での評価が低い選手が少なからずいました。昨日は元気だったのに学校で嫌なことがあったのか、今日は元気がないということもよくありました。選手たちにはサッカー以外でもいろいろな側面があります。僕自身、事情を知らないまま自分のほうを向かせていた時もありました。選手に斜眼帯を着けて無理やり集中させていたわけです。サッカーはやらせるものではなく、押さえつけて集中させても意味はまるでありません。

三菱養和ＳＣの大先輩で、ドイツ・ブンデスリーガでコーチとしても活躍された鈴木良平さんから聞いた話があります。ケルンでコーチを務めていたロルフ・ヘリングスさんは、ゴールキーパーが自らトレーニングをしようと言うまで、トレーニングをしなかったそうです。ゴールキーパーのトレーニングは無理やり行うものでなく、心身ともに吸収力がある状態でなければ効果的ではないという考えからの指導方針でした。ちなみにヘリングスさんはハラルト・シューマッハーやボド・イルクナーといった世界的なゴールキーパーを育てています。

現在、日曜日にゴールキーパースクールを開催しています。ある保護者に「午前中は練習、午後は試合、それからスクールに来ています」と言われました。その選手は疲弊していて、「やれるところまででいいよ」と声をかけると、肩の荷が下りたのか、急に元気を取り戻して楽しそうにプレーをしていました。ストレスを取り払うだけで気力が蘇り「集中力」が増していくこともあり、マインドコントロールの重要性を選手の行動が教えてくれます。「集中力」は高めるだけではなく、緩めることも重要であり、セルフコントロールを訓練することで「リフレッシュ能力」にも繋がります。

自分に迫ってくるものこそが「気迫」

「気」が付く日本語は数多くあります。それらの言葉は目には見えません。目に見えない「勇気」、そして「気迫」もゴールキーパーには欠かすことのできない要素です。常にケガと隣り合わせのゴールキーパーにはフィールドプレーヤー以上に「気迫」が必要だと考えています。対峙する相手のフォワードにも「気迫」を伝えなければならないし、トップレベルのゴールキーパーになればなるほど持っているものだと思います。かつてのドイツ代表オリヴァー・カーンは一番のファインプレーを「ゴールの前に立ち、自分は何もせずに相手がシュートを外して、触らずにゴールキックにすることだ」と語っています。これこそ「気迫」勝ちです。川島永嗣選手（ストラスブール）が世界の舞台で活躍できるのはこうした「気迫」を持っているからだと思います。

「気迫」は「勇気」と似ている要素が多く、自分が良いセーブをし自信を深めると、黙っていても「気迫」は湧いて出てくるものです。それだけに、人生を含めて経験が少ない若年層のゴールキーパーに、ゴールキーパーコーチが「気迫を出せ」と言っても簡単に出せるものではありません。小学生で「気迫」に満ち溢れているゴールキーパーを見つけられないのはそのような理由からでしょう。つまり、「気迫」とは「勇気」の先にあるもので、「勇気」がにじみ出たもの。「勇気」がにじみ出て、迫ってくるものが「気迫」です。にじみ出た「気迫」は味方や相手だけではなく、自分自身に迫ってくるものなのかもしれません。

「自信を持て」と言っても「自信にはならない」

トップカテゴリーで指導をする際に、「自信を持て」というフレーズを使うことはほとんどなくなりました。思えば育成年代の指導をしている頃は、頻繁に「自信を持て」と言っていました。自分の指導に「自信」が持てない時こそ、「自信を持て」とゴールキーパーに言っていたような気がします。スクールや大学での指導でも今はこのフレーズを使うことはありません。なぜなら「自信」とは自分を信じることで、人から「自信を持て」と言われてもそれは「自信」にはならないからです。

本人が「自信」に気が付いていないこともあります。ロアッソ熊本時代のシュミット・ダニエル選手は「過信するなよ」というくらい1試合ごとに成長していきました。「自信」には「過信」「慢心」があるので、間違うと大変なことになります。「自信」が過ぎれば「過信」となり、「慢心」となってしまうと、もう伸びしろは期待できません。引き出しが空っぽになった「過信」した選手をさらに厳しく指導をしてしまうと、さらに伸びしろを抑えつけることになります。

「自信」も目に見えるものではありません。「自信」を「過信」させない、さらに「慢心」させないようにするには、ゴールキーパーコーチが論理的な分析を絶えず行うことが必要不可欠です。周囲の評価を客観的に伝達することも手法のひとつで、「自信」がない選手には「自分が思っている以上に認められているよ」と伝え、「過信」している選手にはその逆を伝えること。プラス（「自信」に気が付かせる）にもマイナス（「過信」を見つめ直す）にも大きく響くものだと思います。振り返れば、人間としての修行の場だった大津高校時代、平岡先生から「澤村、自信を持て」と声をかけられたことは一度もありません。それは多くの手法を持っていたからに違いありません。今もゴールキーパーコーチをやれているのは、指導者、選手たちから多くのことを教えてもらい、「自信」がついたからなのでしょう。

3章 ― Jクラブユース編

（浦和レッドダイヤモンズユース）

【浦和レッドダイヤモンズユースゴールキーパーコーチ（2003～2007年）】

Jクラブでの最初の指導は自転車と靴の整理

大津高校では遮二無二なり、馬車馬のようにサッカーと向き合った。気が付けば5年の時が流れていた。本人の知らないところで、澤村の指導は高く評価され、Jリーグクラブや高校など、7チームからオファーを受けるほどになっていた。その中から澤村は浦和レッドダイヤモンズを〝次の住処〟として選んだ。

「たくさんのチームから声をかけていただいたのですが、（出身の）三菱養和にいらっしゃった坂庭泉さん（現埼玉県サッカー協会専務理事）からの紹介で浦和レッズと話をしました。他のチームからはサッカーの話しか出なかった中で、森（孝慈GM）さんと落合（弘強化部長）さんの2人からは、『人間性の部分の教育も含めて、ゴールキーパーの育成に携わってもらいたい』という話がありました。平岡先生のところで修行をして、サッカー以外の部分の指導に関してもノウハウを学んでいたので、僕自身、その部分が一番活かせるのがレッズだと思ってお世話になることを決めました」

当時はJリーグブームも沈静化し、どのクラブもようやく育成に力を注ぎ始めたタイミングだった。クラブOBが指導者として増え始めたのもこの頃だったが、森と落合の2人は高体連での指導経験、実績のある指導者をチームに取り込むことで、育成強化を図ろうという狙いがあった。それが澤村の考えともマッチした。

大津からレッズに移る直前に高校選抜のヨーロッパ遠征があり、澤村は高校選抜に初めてゴールキーパーコーチとして参加していた。四日市中央工業の樋口士郎（現ヴィアティン三重アカデミーダイレクター）が監督、滝川第二の黒田和生がコーチ、主務兼コーチに砂金伸（八千代。現幕張総合）、オブザーバーで帝京の古沼、鹿児島実業の松澤という錚々たる指導陣でデュッセルドルフ国際ユースサッカー大会に臨み、3位という成績を残すことができた。

帰国後、澤村はレッズに加わり、新天地での仕事がスタートを切った。レッズユースの監督はクラブOBで元日本代表の名取篤。名取もまた帝京高校出身だったが、大津の平岡とはまったく違うタイプだった。

「名取さんは優しくて、何に関しても『OK、OK』と選手を見守るタイプの方でした。ですから、僕は役割としてその反対をやっていました。レッズに来て最初にした指導は練習場の自転車置き場と靴の整理でした」

三々五々に自転車に乗って練習場に集まってくる選手たちを観察すると、乗ってきた自転車を整理するわけでもなく、自分の都合よく乗り捨てられていた。こんな状況なのだからクラブハウスの更衣室前の靴が散らかっていても何ら不思議ではなかった。

「自分だけ良ければ良いが当たり前になっていました。だから『サッカーという競技は全員が同じ目的のベクトルに向かってプレーするんだから、自転車も靴も自分勝手ではなく同じベクトルにしよう』と言いました。これまでもいろいろなコーチが自転車も靴も整理するように言っていたようです。意外なことにこの表現が良かったのか、1回言っただけで自転車も靴もしっかり整理されるようになりました」

この指導力こそ森と落合が澤村にオファーを出した一番の理由だったのかもしれない。外部からクラブOBではない澤村を招いたことで、選手には予想以上の緊張感があった。5年前と違って、澤村には「ナショナルトレセン」「なでしこジャパン」「高校選抜」のゴールキーパーコーチという肩書きがついていた。時としてその肩書きが仕事をスムーズにしてくれることがあった。だからといって驕り高ぶることはできない。指導は肩書きではなく〝裸の澤村〟でなければならなかった。もっとも、そう思っていても気持ちが緩むことはあった。そして、それを強く感じさせられる出来事があった。

レッズとJFAの名刺を破り捨てられた理由

大津を離れたあとも熊本でのゴールキーパースクールは月1回で継続していた。レッズとの契約には熊本でのゴールキーパースクールが継続できることが盛り込まれていた。レッズは月曜日がオフだったので、日曜日の公式戦が終わると夜、飛行機で羽田から熊本に向かって、月曜日に大津高校の朝練習に参加して、午後、練習が終わったあとにゴールキーパースクールで指導。火曜日の朝練習に参加して昼に飛行機で羽田に向かい、レッズの夕方の練習に合流する。レッズ在籍中はこれを続けた。かかる費用は澤村が自分で捻出した。

忘れられない出来事は、澤村が浦和から大津に向かった最初のゴールキーパースクールの日に起こった。予定した時間より早く大津高校に到着した澤村は、職員室で平岡を待っていた。外部コーチとはいえ、5年間通い続けた学校である。澤村を見つけると何人かの顔見知りの先生が寄ってきて、最近の活躍を一緒に喜んでくれた。

「レッズに行ったことや、なでしこのコーチになったことを『すごい』と喜んでくれたんです。あの頃の僕は気分が良くなっていたというか、まさに鼻が伸びた天狗でした。それで平岡先生が職員室に戻ってこられたんです……」

久しぶりの再会にも、平岡はいつもと変わることはなかった。

「そうか、今日は月1のゴールキーパースクールの日だったな」

これまでどおり2人で練習の打ち合わせをした。そしてグラウンドに出る直前に、忘れられない出来事が起こった。

「僕は大津高校時代、名刺を持っていませんでした。レッズに立派な名刺を作っていただき、JFAからも女子代表ゴールキーパーコーチという名刺をいただいて、正直うれしかった。それで平岡先生に2枚の名刺を差し出したんですね。先生は名刺を受け取ると両手で2枚の名刺を上にして透かして見たんです。僕はどう褒めてもらえるのか楽しみにしていました」

平岡は2枚の名刺を見比べるとそれを重ね合わせた。そして澤村の目の前で重ね合わせた2枚の名刺を粉々に引きちぎると、「なんだこんなもの」と言って職員室に撒いてしまった。ほんの少し前に澤村と談笑していた教員は凍りつき、その様子を見つめた。予想もしていなかった平岡の行動に、澤村も呆気に取られてしまった。平岡は厳しい目をして澤村に言った。

「よく覚えておけ。レッズのゴールキーパーコーチ澤村公康、女子日本代表ゴールキーパーコーチ澤村公康と、お前の名前の前にはすべて肩書きがある。周りはその肩書きに『すごい』と言っているんだぞ。一番良い名刺は名前だけが書いてある名刺だ」

職員室に散乱した粉々に引きちぎられた名刺。

「早くこんなゴミは片付けろ」

その声に慌てて澤村は掃除用具箱に向かおうとした。間髪入れず「そんなものは素手で拾うんだ」という平岡の言葉が澤村に突き刺さった。急いで破れた名刺を掻き集める澤村。平岡は畳みかけるように厳しい言葉を浴びせた。

「調子に乗ってるんじゃないぞ」

澤村はすべてを見透かされていると悟った。この人にはすべてを見透かされている。

「澤村、自分の名前を言うだけで、相手が『どこの誰さんですね』と言われるようになれ。肩書きではなく自分の名前で勝負しろ」

最後に言われた言葉がすべてだった。レッズで指導を始めたばかりの大津高校職員室での出来事は今でも澤村の中で教訓として生きている。それでも2、3年とレッズでの生活に慣れていくと気が緩むことはあった。

「大津では平岡先生以外にも自分にダメを出してくれる方がいましたが、レッズでは褒め称えられることはあっても、意見されることはなくなっていました。あと、レッズのエンブレムを付けているだけで、浦和は気持ち良くなるというか、気持ち良くしてもらえる街なんです。人は良い意味、悪い意味を含めて環境に染まります。大津でたくさんのことを教えていただいたのに、途中それがぼやけてしまう時もありました。それだけに、月1回大津に戻る時は、自分を見つめ直す良い機会になっていました」

Jクラブと高体連の決定的な違い

クラブユースの本大会は8月に行われ、レッズユースは決勝戦に進出するもサンフレッチェ広島ユースに敗れて準優勝に終わった。澤村の印象に残ったのは、決勝トーナメントの初戦で戦った鹿島アントラーズユースだった。試合後に挨拶に来た選手たちからは、悔しいという感じをまったく受けなかった。聞き耳を立てると選手たちは「次、次」と話をしていた。たった今、クラブユースの大会が終わったばかりなのに、すぐに「次の試合」と話し、サバサバしている様子に驚いた。

高体連とクラブ。どちらが良い悪いではない。鹿島の関係者から「クラブユースでタイトルを取ることが一番の目的ではなくて、この大会は個々がプロになるためのひとつの通過点」という話を聞き、そういう考えもあることを澤村は知った。チームが勝った喜びよりも、負けてもクールに振る舞う鹿島の選手たちにショックを受けた。当時はプリンスリーグもなく、高校サッカーの主要大会はすべてが一発勝負、ノックアウト方式のトーナメントだったため、トーナメントで負けてもサバサバしている姿は澤村の知らない世界だった。

「試合に負けたあとの鹿島の選手を見て、この1試合をもっと情熱的に戦ったら選手としても伸びるんじゃないかと感じました。同時にこれまで一緒に汗を流してきた高体連の選手たちがJクラブの選手のように、プレッシャーを感じず心に余裕を持ってプレーをしたら、もっともっと伸びると思ったのもこの時でした」

高体連とJクラブを比較する時、指導現場そのものにも大きなギャップがあった。大津は土のグラウンドで、レッズは人工芝。イレギュラーがないグラウンドでプレーする選手に、悪いピッチをイメージさせることは容易ではない。そして人数。高体連の強豪チームは大所帯が多い。大津も例に漏れず大所帯だった。

「選手は監督やコーチからアドバイスを受けたいので、アイデアを出してアピールしてきます。レッズは人数が少ない上に指導者の人数も揃っている。選手が自己発信する前に周りが声をかけてしまう。それが常態化していたのか、レッズの選手は指導者から何か言ってもらえると思って自己発信することはありませんでした」

ゴールキーパーの指導も明らかに違いがあった。大津では常時15、6人のゴールキーパーがいたため、ゴールキーパーコーチこそ忙しかったが、ゴールキーパーは1本1本を大切にプレーするだけでなく、適度なレスト（休憩）も取ることが可能だった。一方、レッズではゴールキーパーは学年1人、多くても2人。もし大津と同じメニューでトレーニングを進めたら、1回の練習で何日分ものトレーニング量になってしまう。全体練習が1時間後となるとエネルギーを維持させるのもひと苦労だった。

「少人数の指導は初めてだったので難しかった。15人いれば15回に1回ですが、4人だったらすぐに順番が回ってきてしまうわけです。だからといって、テンポを落としても意味がないトレーニングもありますから」

少人数だから練習をすればいいと思うかもしれないが、必ずしもそれは正解ではない。ゴールキーパーの動作の一つひとつはフィジカルトレーニングをしているのと同じと言われている。少人数で大所帯と同じトレーニングをすれば、肉体的な負荷が大きくなってしまうため、エネルギーと緊張感を維持しつつ、効果を出すには指導者の腕がものをいう。

「レッズのゴールキーパーは技術的にはうまかったですが、ゴールキーパーに対しての考えが受け身で、フィールドの選手と同じでコーチから教わるものだとほとんどのゴールキーパーが思っていました。それだけに意識改革が必要でした。『ゴールキーパーの目的』『将来の目標』『日々の取り組み』といったことをよく話しました。大津ではチームとしてインターハイ、高校選手権の試合に勝つ、大会に勝つという目標設定が明確になっていました。試合前も『絶対勝つぞ』と全員で言っていましたから。でも『どうやって勝つ』という話はしていません。プロでもよく『自分たちのサッカーをしよう』と言っていますが、サッカーは相手がいるので、自分たちのサッカーをしても相手のほうが良かったら試合には勝てません。本当に『自分たちのサッカーをしよう』という言葉は現場に溢れすぎていると感じます」

レッズではゴールキーパーコーチだけでなく、高校1年生と守備陣の指導も担当していた。当時の高校1年生には宇賀神友弥（浦和）、堤俊輔（元福岡など）、西澤代志也（沖縄ＳＶ）、小池純輝（東京Ｖ）らがいた。ちなみに澤村が在籍した5年間に携わった選手の中から22人がプロ選手となっている。中村祐人のようにポルトガル、香港（帰化して香港代表としてもプレー）でプロとしてプレーした選手もいる。「アカデミー出身者が活躍していない」と嘆くサポーターも少なくないが、Ｊリーグ全体で見た時、レッズの育成が劣っているとは思わない。さらに澤村の指導を受けたゴールキーパーは3人がプロ選手となっている（ジュニアユースで指導を受けた富居大樹＝湘南を加えれば4人）。澤村がレッズを去ったあと、その後9年間、石井僚（山口へレンタル中）がトップ昇格するまで、ゴールキーパーにはアカデミー出身選手はいなかった。浦和に限らずＪリーグの育成組織から純粋な生え抜き選手でトップチームの中心選手、日本代表の中心という選手はなかなか出現していないのが現実なのだ。

「過去」しか話さない杉尾一憲に放った言葉

「大谷幸輝は小学校5年生からゴールキーパースクールで見ていましたが、平岡先生には選手に声をかけるなと言われていました。『高校生活3年間の約千日は人に言われたエネルギーで頑張れる日数じゃない』、それが理由です。実際、大津高校は『自分がここでやりたい』『この人に教えてもらいたい』という生徒が集まっている集団でした。だから僕から幸輝には『レッズにおいで』とは言えませんでした。当の本人は複数のJクラブ、高体連から話があったので、『どこどこの練習に参加します』という報告はもらっていました。どこを選ぶのかと思っていましたが、蓋を開けたら『澤さん、僕はレッズに行きたい』と言われたんです」

ユースに加入後、ラージキーパーであり高いポテンシャルを持っていた大谷は、トップのゴールキーパーコーチ土田尚史がいち早くその素材を見抜き、高校2年生でトップ登録される。ちなみに大谷の同期には富居がいる。澤村は富居をジュニアユース時代に指導していて、「富居には幸輝と一騎打ちをしてもらいたかった」と思わせる逸材だった。だが富居はユースではなく県内の強豪・武南高校でのプレーを選んだ。その後、大学を経てプロ選手として活躍する夢を叶えている。一方、大谷もまた九州から離れ、埼玉にプロサッカー選手になるためにやってきてその夢を叶えている。選ぶ道は違っても指導した選手が目指すところに辿り着くことは指導者冥利に尽きる。あの時、富居が大谷とともにプレーをしていたらその夢は叶わなかったかもしれない。選手たちもまた15歳にして大事な人生の選択をしているのだった。

「今、レッズジュニアユースのゴールキーパーコーチをしている杉尾一憲も忘れられない選手です。中学校時代にU15クラブユースに優勝して、埼玉県選抜にも選ばれていました。当時も今も身長は172、3センチ。完全に早熟なゴールキーパーでした。サイズ的にも肉体的にも身体は出来上がっていました。なので中学生の時は反射神経も良く、身体も強い。早熟なのでパワーもあって、ジャンプ力もありました。ところが高校1、2年生になると他の選手もサイズが大きくなっていきます。彼が中学校時代にやってきたプレーでは高校生になるとまったく通用しなくなってしまったのです。その頃に僕は杉尾と出会いました」

澤村は指導する選手に「今までのサッカー人生で一番良かった時期はいつ?」と質問をすることがある。将来的に活躍している選手からは、ほとんど「今」という答えが返ってくる。杉尾にこの質問をしたところ、返ってきた言葉は「中3」だった。さらに突っ込んで話を訊いていくと、杉尾は中学校3年時の話ばかりをしてきたという。澤村は「やっぱ

浦和レッドダイヤモンズ時代のコーチングスケジュール

	木	金	土	日	
			[終日] トレーニング or 練習試合 or 公式戦 or JFA ナショナル トレセン活動	[終日] トレーニング or 練習試合 or 公式戦 or JFA ナショナル トレセン活動 or なでしこ ジャパン	5
					6
					7
					8
					9
	[10:00〜12:30] トップチーム トレーニング視察	[10:00〜12:30] トップチーム トレーニング視察			10
					11
	[12:30〜14:00] 昼食	[12:30〜14:00] 昼食			12
					13
	[14:00〜16:30] スタッフミーティング 事務作業 GKトレーニングメニュー作成 学校訪問 etc	[14:00〜16:30] スタッフミーティング 事務作業 GKトレーニングメニュー作成 学校訪問 etc			14
					15
	[16:30〜18:00] トレーニング準備	[16:30〜18:00] トレーニング準備			16
					17
	[18:00〜20:30] チームトレーニング	[18:00〜20:30] チームトレーニング			18
					19
	[20:30〜21:00] 片付け・洗濯	[20:30〜21:00] 片付け・洗濯			20
					21
					22
					23

	月	火	水
5	[〜16:30] フリー		
6			
7			
8			
9			
10		[10:00〜12:30] トレーニングメニュー作成	[10:00〜12:30] トップチーム トレーニング視察
11			
12		[12:30〜14:00] 昼食	[12:30〜14:00] 昼食
13			
14		[14:00〜16:30] スタッフミーティング 事務作業 GKトレーニングメニュー作成 学校訪問etc	[14:00〜16:30] スタッフミーティング 事務作業 GKトレーニングメニュー作成 学校訪問etc
15			
16	[16:30〜18:30] トレセンスタッフミーティング	[16:30〜18:00] トレーニング準備	[16:30〜18:00] トレーニング準備
17			
18	[18:30〜21:00] 埼玉県GKトレセン トレーニング	[18:00〜20:30] チームトレーニング	[18:00〜20:30] チームトレーニング
19			
20		[20:30〜21:00] 片付け・洗濯	[20:30〜21:00] 片付け・洗濯
21			
22			
23			

※月曜日の『埼玉県GKトレセン』は東南、西北と分かれており、東南地区は駒場競技場のサブグラウンド（人工芝）、西北はリコー研修センター（人工芝）で行われていた

り」と思った。過去の話をする選手にはある傾向があった。杉尾が中学校3年生の話をするのは「優勝した」「トレセンに入った」からという理由だった。まるで過去の栄光を背負い、それが重荷になっていると感じさせる答えしか杉尾からは戻ってこなかった。試合でうまくいかないことがあれば「本当は取れた」と言い訳することも多く、澤村が業を煮やして「いい加減、現実を見たほうがいいんじゃないか」と話をすることも多くなっていた。杉尾のそれは明らかに言い訳だった。無論、それは杉尾だけの責任とも言い切れなかった。

「最初に杉尾を見た時にJクラブでこんなに小柄なゴールキーパーがいるんだという印象を持ちました。おそらく幸輝が来るまでは、ユースには180センチオーバーのゴールキーパーはいなかったと思います。ゴールキーパーのピックアップの仕方も『?』という感じでした」

サイズとは能力でもある。それは鍛えることのできない生まれ持って携えられた能力なのだ。レッズに限らず他のJクラブもゴールキーパーのセレクションに苦労している。それが現実である。澤村がレッズに在籍していた頃は、粗削りでも可能性を秘めたゴールキーパーがJクラブからはなかなか登場してこなかった。ラージキーパーが登場するのは、パイの多い高体連のほうが多いと言われている。それは間違ってはいないが、違う理由もあると澤村自身が思うこともあるという。

澤村は杉尾と膝を突き合わせてじっくりと話し合った。

「いつまで後ろ（過去）を見ているんだ」

難しい年頃だけに打ち解けるまで時間は少しかかったが、杉尾は現状を受け入れると劇的な変化を見せていった。素直で吸収力も高かった。そして自らのウイークポイントを見つめ直し、考え方を改めて新しいヴィジョンを描いた。

「いつまでも過去にしがみついている。そういう選手はたくさん見てきました。実は今も見ています。本当に『サイズは能力』です。それはどうにもならないところなのです。では、どうにかなるところはどこなのか？　そうやってマインドチェンジができるかできないかというのは、選手の成長にとって大きな差、違いとなっていくと思います。マインドチェンジだけでも技術は向上します。『できないこと』を『できない』としっかり言えるようになる。『ハイボールはここまでは出られるけど、ここまでは出られないから（DF）助けて』と自分の中でできることとできないことがしっかりと整理されて、それを周りに発信できるようになるんです。ここまで来れば意地を張っていた時と違ってすごくリラックスしてプレーできます。こうした現実を見つめてマインドチェンジできる能力は、ゴールキーパーにとって本当に大事なものだと思います」

「僕は生まれつき親指がありません」

レッズで指導を始めて2年目のことだった。澤村は沖縄で開催されたウールシュポルト主催のワンデークリニックにコーチとして参加したことがあった。参加者の中に190センチ近い長身で見栄えの良いゴールキーパーを見つけた。真新しいグローブを嵌めてウオーミングアップをする姿もひと際目を引いた。そう思っていると、そのゴールキーパーが目を輝かせて澤村のところに近寄ってきた。

「今日は澤村コーチと一緒に練習できるのをすごく楽しみにしています」

見栄えに加え、コミュニケーション能力の高さも感じた。澤村は声さえかけなかったが、このゴールキーパーは絶対に将来出てくると予感させる雰囲気を持っていた。ところが、いざトレーニングが始まるとどうしたことか、そのゴールキーパーはキャッチングフォームが悪いわけではないのに、ポロポロとキャッチミスを繰り返していた。その後もキャッチミスは繰り返された。澤村は練習を中断して、50人の参加者全員を集めた。ポロポロとボールをこぼすそのゴールキーパーに対して「君、ちょっとグラブを外してキャッチングの練習をやってみて」と全員の前に呼び出すと、そのゴールキーパー以外の49人がザワザワとなる気配を感じた。だからといって澤村は特別気にはならなかった。「よくあること」。

それは何気ないひと言で、悪気のないひと言だ。いつものスクールでもこれまでのワンデークリニックでも、澤村はボールをこぼすゴールキーパーにはそうやって指導をしてきた。

「僕はこれまで指導者としていろいろな過ちをしてきたと思います。ですが、この時の過ちは僕が指導者として犯したワースト3にランクインする大変なミスでした」

長身のそのゴールキーパーがグローブを外してアシスタントコーチと素手でキャッチングを始めた時だった。澤村はようやく様子がおかしいことに気が付いた。

「そのゴールキーパーは、両手の親指がありませんでした。生まれつき親指がなかったらしいのです……」

血の気が引く思いがするとはこういうことだった。「やってしまった」という思いと、何と話かけたらよいのか、すぐに言葉は見つからなかった。その時だった。

「澤村コーチ、僕は生まれつき親指がないので、どうやったらキャッチングがうまくなれますか？」

そのゴールキーパーが明るく澤村に訊ねてきた。あとで聞いたところ、クリニックの参加者のほとんどが、そのゴールキーパーが生まれつき親指がないことを知っていた。知らなかったのは澤村だけだった。「僕はこのゴールキーパーに助けられました。みんなの前でつらい思いをさせてしまったのに、『どうやったらうまくなるのか』と聞いてきてくれた。

僕は彼にキャッチングを教えるどころか、たくさんのことを一瞬にして教えてもらいました」

この出来事がきっかけで、澤村は初めて会ったゴールキーパーとトレーニングをする時には、足の指も含めて必ず五指があるか、既往歴はないか、アレルギーがないか、場合にもよるが家族構成も含めてしっかりと見聞きするようになった。ちなみにこの時のゴールキーパーは現在も沖縄に暮らし、教員となりゴールキーパーの育成に携わっている。

ラージキーパーでも五体満足でないこともある。身長に恵まれずとも五体満足でプレーできるゴールキーパーはたくさんいる。指導者としてトップレベルのゴールキーパーを育てるだけでなく、障害なくプレーできる喜びもしっかり伝える必要がある。ハンディキャップがあったとしても、それを乗り越えられる取り組みや指導も必要だと考えなければならない。

日常のトレーニングでは環境に慣れて、指導者として忘れてはならない安全管理、安全確認を怠ってしまうことがしばしば見受けられる。ピッチに出るにあたって、危険箇所がないかの確認は指導者として欠かしてはならない。ゴールキーパーコーチならばなおさらである。クレーのグラウンドしかり、これが沖縄だとグラウンドに珊瑚が転がっていることもある。非常に危険な場合もあるのだ。

この出来事を教訓に、失敗した時は人前でダメ出しはしないと心がけている。万が一ダメ出しをする時は、個別に呼んで指導をするようになった。ゴールキーパーが失敗した時は、当事者が理解しているケースがほとんどだ。しかし、ゴールキーパーの指導とは、時に「傷口に塩を塗る作業」が多いことも確か。澤村はその傷口にさらに塩を塗る作業をいたずらにする必要はないと考えている。これは澤村自身の経験に基づいた結論でもある。

「以前の僕は選手にダメ出しばかりしていました。レッズ時代の僕はセルフコントロールができない時もありました。杉尾、大橋基史（元金沢）に関しては、かなり厳しく言ったこともあります。彼らとは今、同じ指導者という立場になって話しをする機会があります。『当時は言いすぎてしまった』と話すと、彼らは『澤さんは僕らのために必死でしたから』と言ってくれます。２人は僕の指導を情熱的な部分、信頼関係で乗り越えてくれたのかな、と。とはいえ、当時の僕は怒っていました。叱っていたというより感情的になって怒っていました」

振り返れば何に怒っているのかというくらい、うまくいかないことがあれば怒っていたという。

「選手の気持ちを汲み取ってあげられませんでした。だから言葉の端々に『何で』が多かった。『何でできないんだ』『何でわからないんだ』という具合です。選手たちは『うるせぇ』

と思っていたはずです。選手はグラウンドに話を聞きに来るのではなく、プレーを楽しみに来るのに、僕はそれを脱線させていました。そして話が長かった。名取さんの話も長かったので選手は大変だったと思います」

澤村は大津高校の時と違って「Jクラブの澤村」になっていた。結果を求め、トップチームに選手を昇格させなければという気持ちが心から余裕を奪っていた。「今思えば、育成の結果って何だよ、って。自分自身で笑っちゃいますけど」

「杉尾、大橋、幸輝にしろ富居も含めて、今もサッカー界で一緒に仕事ができています。彼らは多分、ゴールキーパーが好きだったと思いますが、自分と一緒に過ごしてきた時間の中で、もっとゴールキーパーを大好きにさせられたとは思います。彼らの言葉を借りるわけではありませんが、レッズ時代は目の前にいる選手に必死になっていたことは確かです。これは大事なことだと改めて思います。理想のゴールキーパーというのは、自己発信ができて受信力も持っているゴールキーパー。ゴールキーピングは当たり前で、リーダーシップがあって、自分から仕掛けて、自分からボールを奪いにいく能動的なゴールキーパーは大津時代から理想像としてあって、それは今も変わっていません。もちろん、レッズ時代もそう思って毎日指導していました。大津からレッズに来て感じたことは、高校サッカーには高校サッカーの良い面も良くない面もあるということ。名取さん、土田さん、広瀬治さんと、クラブハウスに行けば周りの方たちはみんなプロ。その環境の中でもこれまで自分がやってきたことは間違っていないと思ってはいました。ですが、そうではないところにも目が向き始めました。例えばうるさく大きな声で言わない。でも、しっかり伝えるべきことは伝える。こうしたものはレッズで学べたと思います」

それは澤村自身を見つめ直す時間でもあった。また、澤村が挑戦することをレッズはダメ出しをせず認めた。

「『こんなことをやりたい』と言っていざチャレンジすると、反応が良い時もあればそうではない時もありました。それでも、落合さんは頭ごなしにダメ出しをすることはありませんでした。もしダメを出されていたら縮こまってしまっていたかもしれません」

こんなチャレンジ精神旺盛な澤村に、ＪＦＡの田嶋幸三会長をはじめ多くの日本代表を育てたかつての浦和南高校監督、松本暁司（故人）から「熊本ではゴールキーパースクールをやっているのに、埼玉ではどうしてやらないんだ」と言われ、レッズ加入1年目から埼玉県ゴールキーパートレセンの活動が始まった。埼玉県がゴールキーパートレセンを立ち上げるきっかけを作ったのは澤村の遺産といってもよいだろう。

山郷のぞみに教わった「人のために蹴る」

浦和レッズレディースにはなでしこジャパンの守護神、山郷のぞみが在籍していた。

「山郷と出会い、僕はショックを受けました。彼女とはなでしこジャパンでも一緒でしたが、中学校時代はバレーボールをやっていて、高校からサッカーを始めてゴールキーパーとして日本代表になった素晴らしい選手でした。当時、僕は練習は量より質だと思っていたんですが、『澤さん、シュートを打ってください』と彼女は練習が終わると必ずボールケースを持ってきたのです」

山郷は練習の虫だった。通常練習が終わったあとに1～1時間半、澤村は山郷にシュートを放った。山郷の口癖は、「澤さん、もう一丁」。シュートが決まれば、澤村にもう一度シュートを打ってくれと催促するようにお願いをしてきた。経験不足を練習量で補って、なでしこジャパンまでのし上がってくるだけのことはあった。

澤村は「山郷、試合でもう一丁はないから、シュート本数を決めたトレーニングをやろう」と話をすることもあった。それでも山郷は決まって「それは私もわかります。だけど、とにかく私はヘタクソだから練習をしたい」と言い合いになることもあった。山郷が考えを曲げることはなく、折れるのは澤村のほうだった。次第に山郷の言うことに澤村も「そうだな」と理解できるようになっていった。

「今思うことがあります。なぜ、彼女がこれほど練習ができたのかというと、しっかりとした理由がありました。それは基本技術が高かったからです。山郷は何十回、何百回とダイビングキャッチやローリングダウンを繰り返してもケガをしない選手でした。しっかりした基本技術を若いうちに習得していたからでしょう」

女子選手はサイズ、スピード、力強さという運動能力こそ男子選手と比較すると劣るものの、それを除いたテクニックの部分で比較した場合、遜色のないレベルにある。山郷の基本技術は本庄第一高校を卒業後にプレーしたプリマハムで身に付けたものだった。宮内聡監督（現ちふれASエルフェン埼玉代表取締役会長）とゴールキーパーコーチの浜口和義に鍛えられ、山郷は高い基本技術を習得していた。澤村が山郷から質、量ともに大切であり、それはケースバイケースで場面、場面で指導者、そして選手が考え、プレーの引き出し、奥行きを増やせるか、にあることを学んだ。

「1時間蹴り続けるのは本当に大変でした。カウンターを使って数えてやろうというくらい蹴り込みましたから。ただ、山郷のおかげで良い意味で身体を使った手抜きのキックを覚えました（笑）。でも一番学んだのは『人のために蹴る』ということです。自分の欲求を満たすためにシュートを蹴っているゴールキーパーコーチは多くいますが、選手が取れるか取れないかのところに、ボールをちゃんとサーブできるように蹴る、選手を見てボールが蹴れることや、指導者が引き出したいプレーのシーンを逆算して蹴れるか？　というのは本当に難しいと思います」

山郷との出会いは澤村のゴールキーパーコーチとしての技術を向上させるとともに、分析能力、意識改革を進めるきっかけとなった。また、レッズ時代にはなでしこジャパンのスタッフとして帯同したことで、Ｊクラブはもとよりアカデミー、協会所属のゴールキーパーコーチとも情報交換をするようになり人脈も広がっていった。これは澤村の財産となっている。

ゴールキーパーはキャッチャーではなくバッターである

「レッズ時代はギド・ブッフバルトさんにもいろいろ教えていただきました。宇賀神が高１の夏、ユースがシュトゥットガルトの大会に出場させてもらい、現地でお世話になりました。ギドさんと通訳の山内直さんと一緒に試合を観ている時に、日本人が言う『負けず嫌い』の意味を聞かれました。僕は『とにかく負けることが嫌い』的なことを熱く語りました。ギドさんに『日本人は負けることが嫌い？　負けなければ引き分けでもいいのか？』

と言われたのです。僕の中で負けず嫌いはそれまで美化された言葉だったのですが、ギドさんの話を聞いてショックを受けたのを覚えています」

ドイツと言えば「ゲルマン魂」を思いだす人は多いはずだ。ところがドイツには「ゲルマン魂」という言葉はない。では「ゲルマン魂」とは何なのか？　ドイツ人は「勝負する＝勝つこと」と考える。つまり最初からそこには負けが存在しない。これはドイツ人に限ったことではなく、ヨーロッパの文化ではこの感性が一般的だ。日本の指導現場では「勝っても負けてもいいから」というエクスキューズがあるフレーズを聞くことがあるが、試合は勝利を目指すのが当たり前であって、そこに負けは存在しない。ブッフバルトのひと言に「負けず嫌い」の考え方を澤村は根底からひっくり返された。勝つために試合をするから最後まであきらめない。つまりそれが「ゲルマン魂」なのだ。

反対にドイツ遠征では、自らのゴールキーパーの指導に確信を持てる出来事もあった。ブッフバルトが観戦した試合で大橋が良いプレーを見せ、高く評価をしてもらうことがあった。プレーの特徴を訊かれたので「アグレッシブで攻撃的」と答えると「自分からボールにぶつかっていけるすごく良いプレーヤーだね」という返事が戻ってきた。

ブッフバルトは野球を例に出してドイツ人のゴールキーパーに対しての考えを澤村に説明した。日本では野球のポジションにゴールキーパーをあてはめたら、ほとんどの人がキャッチャーと考える。ところがドイツではバッターと考えるというのだ。プレーする中で唯一、ボールにぶつかり（打ち）にいくのはバッターだが、ゴールキーパーはシュート、クロスボール、対人にぶつかりにいくポジションであり、ゴールキーパーは野球で考えればバッターしか考えられないというシンプルな理由だった。

サッカーと同じくゴールキーパーがいるスポーツにハンドボールがある。澤村は熊本時代、日本リーグに所属する本田技研の練習を平岡と見学に行くことがあった。のちに34歳でドイツに渡りブンデスリーガでプレーしたハンドボール日本代表の橋本行弘は「ボールにぶつかりにいく」と澤村に話をしてくれたことがある。ハンドボールのゴールキーパーはまさにぶつけられるのではなく、自分からボールにぶつかりにいく。日本でもハンドボール界に限れば、ゴールキーパーを野球で例えるとバッターと言われているという。

ゴールキーパー先進国にして、ゴールキーパー大国のドイツ。この時、ブッフバルトが説いてくれた理由は、すでに世界的に知られたオリヴァー・カーン、のちに出現する超現代的ゴールキーパーのマヌエル・ノイアーにも見ることができる。

「日本ではゴールキーパーはキャッチという感覚が強すぎます。世界的にはボールを弾く。自分からボールにぶつかっていき、弾くのがゴールキーパーです。ギドさんから教えてもらったことは指導現場で本当に役立っています」

GKコーチ原本

マインド Ⅱ

決断力・判断力

「決断」はゴールキーパー自身がするもの

ゴールキーパーには白か黒のプレーで、灰色のプレーはＮＧと指導しています。ゴールを飛び出すなら飛び出す、ゴールにとどまるならとどまる、ボールを掴み切るなら掴み切る、ボールを弾き出すなら弾き出す、何かを言うならはっきりと伝える、伝えられなければ言わない。とにかく白か黒かわかりやすいプレーをしろ、とゴールキーパーには要求をします。

判断材料は数多くあるほうがいい決断につながります。経験のあるゴールキーパーは判断材料の引き出しを無数に持っています。判断と決断は一緒ではなく、最終的に「決断力」に繋がっていきます。ここで大事なのはゴールキーパーが自ら決断を下すことです。それなのに決断を奪っているゴールキーパーコーチが多いのが実状です。

ゴールキーパーがゴールを飛び出してボールを奪いにいき、クロスボールやブレイクアウェイの時にフィールドプレーヤーが「キーパー！」と叫び、さらにベンチから「キーパー出ろ！」と言われ、後付け的にゴールキーパーが動いて良いプレーをすることも確かにあります。その半面、大きな事故が起こることもあります。決断することはやはり大事な力です。決断そのものはゴールキーパー自身にさせてあげてください。

ベンチは試合を横から見ているので、縦関係のボールに対してディフェンスのボールなのか、ゴールキーパーのボールなのかを判断できるのは当然です。ただ、ゴールキーパーの目線からすると正面から向かってくるボールの処理は最も判断が難しい。つまり、難しい判断をしなければならない時に周囲から何か言われてしまうと、違う情報が入ってくるので選択肢が増えてしまうことになります。

例を出すとゴールキーパーの判断が「繋ぐ」か「繋がないか」の二者選択だったところに、ベンチから「クリア！」と指示されると選択肢が増える以前に、「クリア」というプレーの情報を処理しなければなりません。この処理は瞬間で行えるとはいえ、選択肢が増えるためにズレが生じることになります。当然、その情報処理が行えないこともあり、パニックを起こす場合や、プレーが遅くなる場合もあります。パソコンを使用している時にスペック以上の情報を処理しようとすると、ブラウザが固まってしまったり、アプリケーションがクラッシュしてしまう現象とよく似ています。

新しい情報が加わり選択肢が二択から三択に増えるので、ゴールキーパーの答えがひとつしかなければ正解の確率は下がってしまいます。サッカーには答えが複数あることもあるので、時には他者からの指示の声が最も正しい答えに導いてくれることもあります。それでも、ゴールの門番であり最後の砦であるゴールキーパーは常に自ら正しい判断を導くことが要求されるのです。

適切な判断材料が「決断」を研ぎ澄ます

試合の場面を例にします。ゴールキーパーにとってクロスボールよりも縦関係のボールのほうが判断しづらいシチュエーションと言われています。判断しづらい＝難しいシチュエーションであり、このような場面は試合中に何度も起こります。もちろん、成功することもあれば失敗することもあります。成功は自信となり失敗は成功するために欠かすことのできない要素ととらえてください。そして、自らの判断で成功体験を増やしていけば、周囲から言われた指示でプレーするよりも大きな自信となっていきます。

ベンチからはゴールキーパーの動き出しが鈍い時に「前に出ろ」「下がれ」「クリア」といった声が多くなります。逆に、いいタイミングで動き出すゴールキーパーに対しては絶対に言わない指示でもあります。それを踏まえて考えると、「判断力」「決断力」を奪って悪循環を作ってしまう声もあるということです。他動でプレーするのか？　自動でプレーするのか？　この部分はゴールキーパーのマインドを養う時にカギを握る重要なファクターとなるので、頭の隅に書き留めておいてください。

クロスボールはゴール前に相手の選手がいなければ普通は上がってきません。プレディクティブマインド（予測的意識）を持ち、先手、先手でどこに目を配っておくのかが重要になります。「クロスを上げられる」と考えるのか、「クロスを上げさせる」と考えボールに対峙するのか？　他にも「スルーパスを出されたか」、もしくは「出させたか」で、マインドは大きく変わってきます。ゴールキーパー自身が先手を取ることができれば、良いパフォーマンスは必然的に出てくるものです。ゴールキーパーの行動は「判断」があり、その後に「決断」して、最後に「プレーの実行」があります。「実行力」とはやり切る能力であり大切なものです。最もよくないこととは躊躇すること、そう「迷い」です。

「判断力」を養うためには判断材料が必要になります。判断材料があれば決断はよりしやすくなります。適切な判断材料を集めて判断のスキルを上げておけば、決断することは簡単ではないものの、そこまで難しいことではなくなってくるでしょう。そこには勇気や技術が必要となります。動きのパフォーマンスに伴った発声もすべて決断に直結するので、「声を出す」という部分を身に付けておくことも不可欠です。経験豊富なゴールキーパーほど判断材料を多く持っているので、決断する速度が速くプレーに幅（余裕）があります。一流のゴールキーパーを見た時、傑出しているところは何かと言えば、やはりこの「決断力」です。ゴールキーパーのパフォーマンスはすべて「決断力」に直結していて、優れたゴールキーパーほど「決断力」に長けています。また、判断も決断も物質的に目に見えるものではないので、長さや高さのように測ることはできません。トレーニングと試合で経験を重ねて自分自身でその基準を作っていかなければなりません。

ゴールキーパーコーチは心理学者であるべき

僕はゴールキーパーのパフォーマンスの80%はマインド、メンタルが占めていると考えています。特にメンタルの要素は年々増えています。なぜならゴールキーパーに求められるプレーそのものがプレーディスタンスを含め、以前とは比較にならないほど増えているからです。求められるものが多くなるということは成功率を上げなければいけないということです。同時に失敗の確率も多くなります。現代サッカーの中で、ゴールキーパーは成功させるメンタルが必要だということを大前提として、失敗した時のメンタルをいかにリカバリーしていくのかもカギになります。メンタルを開放してリセット、リフレッシュする精神的な部分がそれこそ多岐に渡るようになってきています。当然、ゴールキーパーコーチが指導をする際も、技術だけではなく、マインド、メンタルへのアプローチが必要不可欠となります。

ドイツではサッカーの指導に脳科学が取り入れられ、ストレスをいかにマネジメントしていくのか日々研究しているようです。世界では専門的な知識を持ったトレーナーがゴールキーパーの分野にも入ってきています。それが世界の動きです。だからこそ年代を問わず、特に心理学を学んでいく必要性を感じています。日本では心理を「気持ち」という言葉で表現しますが、「気持ち」ひとつをとってみてもいろいろな「気持ち」があります。それをゴールキーパーコーチは理解しないといい指導はできないと思います。「マインド」「メンタル」「気持ち」はそれぞれ意味が違うわけですから。

よく「最後は気持ち」と言います。僕からすれば何を言っているのかわかりません。なぜなら大切なのは「最初が気持ち」だからです。むしろ、最後に差になって表れるのは「気持ち」ではなく「技術」です。試合の序盤は「気持ち」でどうにか耐えていくことはできます。ただ、疲労が蓄積すれば「技術」の差が如実に表れます。

日本では「判断」と「決断」を一緒くたにしてしまい、言葉が整理されていないことで、メンタルに迷い、混乱を誘発しています。「いい判断をしろ」というコーチングはあらゆるところで聞かれます。そうではなく、一番大切なのは「いい決断をする」ことなのです。決断する材料のことが判断であり、その材料をもとに精査して決断を下していくプロセスを理解しなければ、何年経っても間違った言葉の解釈に振り回されてしまいます。ゴールキーパーコーチの発する言葉は時にゴールキーパーに深く刻み込まれ、その後のプレーに大きな変化をもたらすこともあれば、成長を遅くし止めてしまうことさえあります。それだけにゴールキーパー自らが試合の状況やプレーの選択を判断し、決断して実行に移すためにも心理学を学ぶことはマストと言っていいでしょう。

ゴールキーパーのプレーは常にケガと隣り合わせで、自らの判断ミスや遅れ、迷いが大ケガを誘発する原因となります。正しい判断は正しい決断となり、やり切ることでチームのピンチを救うこともあれば、チャンスに繋がることもあるだけに日々のトレーニングから判断材料を増やすことを心がけてください。また、ゴールキーパーコーチもプレーのシチュエーションだけではなく、その時のゴールキーパーの心理状態をシミュレーションして指導に落とし込み、「判断力」と「決断力」を身に付けさせるサポートをすることを強く意識すれば、指導の幅は広がっていくはずです。

4章

GKコーチ育成編

（川崎フロンターレU-18／U-15／U-12）

【川崎フロンターレ強化・育成ゴールキーパーコーチ（2008〜2011年）】

ゴールキーパーとゴールキーパーコーチを育てるというミッション

レッズとの契約は5年で終了となったが、澤村のもとには他のJクラブからオファーが届いていた。川崎フロンターレがアカデミー部門の強化を図るにあたって、澤村を候補に挙げていた。

「元日本代表でゴールキーパーだったGMの福家三男さんは、僕の鳥栖時代から大津高校、レッズでの指導実績を高く評価してくれました。当時、フロンターレのアカデミーは歴史も浅く、まだゴールキーパーをトップチームに輩出したことがなかったので、それを実現したいという目的がありました。同時にゴールキーパーコーチも育てたいという考えがあり、スクールコーチの中からゴールキーパー経験者をピックアップして、アカデミーのU-12、13、14、15と、小学生と中学生の各学年にゴールキーパーコーチを置いたんです。これはJクラブで初めての試みだったと思います。そして僕がU-18の選手を見る形になりました」

フロンターレの福家GMは、浦和南高校出身で漫画『赤き血のイレブン』に登場するゴールキーパーのモデルとなった伝説の人物だった。自身がゴールキーパーだったこともあり、澤村の活動を強くバックアップしてくれた。熊本のゴールキーパースクールの教え子だった楠田耕太がU-12を担当し、現在、栃木SCのアカデミーサブダイレクターを務める楠本晃義、西園知史(現クラブ・アストーレコーチ)、堀江健太(現ソニー仙台FCゴールキーパーコーチ)の3人がU-15、澤村がU-18を1人で担当する形でスタートを切った。

土日がゲームで月曜日がオフ、火曜日にスタッフミーティングとなった時、ゴールキーパーに話が及ぶ場合があり、現場とうまく連携が取れないことがあった。こうした問題を解消するには本来、監督がマネジメントすることが理想ではある。ただ、専門的で細かいニュアンスをうまく伝えられるメリットを考え、各学年の担当ゴールキーパーコーチがミーティングに加わることになった。

「強化部長を兼務していた福家GM、岩渕弘幹普及部長(現山梨学院大学監督)の了承を得て、このような人員配置でアカデミーの指導がスタートしました。タイムリーだったのは大津、レッズで行ってきた選手育成と、若いゴールキーパーコーチを同時に育てるということができたこと。レッズのチーム内ではできませんでしたが、埼玉県のゴールキーパートレセンでコーチ育成の活動は行っていました。フロンターレではチーム内で指導者育成という新しい取り組みができたことが大きかったと思います」

福家GMは日本のゴールキーパー事情をよく理解していた。澤村にはそれが心強かった。余談ではあるが川島永嗣の移籍と澤村のフロンターレ加入は同じタイミングだった。川島を名古屋グランパスエイトから補強したのも福家だった。

「ゴールキーパーコーチが1人というのはユースでも本当は厳しい。例えばゲーム形式の練習に合流しているゴールキーパーと、ゲームに入れないゴールキーパーを同時に指導するのは難しいものがあります。1人でもよいのでアシスタントがいてもらえたらと思っていました。カテゴリーに関係なく、これはトップでも同じことが言えます。良いゴールキーパーを強化、育成するにはゴールキーパーコーチは2人体制でいくべきだと思います。福家GMもこの考えに賛同してくださって、好きなことをやらさせてもらえました。この取り組みの中でユースの選手だった安藤駿介がトップに上がり、ロンドンオリンピックの代表に選出されています。その部分ではアカデミーのゴールキーパーコーチ陣としての成果は出せたと思います」

1年目の監督が堀井美晴（現関西大学非常勤講師）、2年目からは安部一雄（現JFAアカデミー福島U－13監督）と代わった。安部にゴールキーパーの指導体制を理解してもらえたことも、澤村の活動がスムーズに行える要因のひとつだった。ひとえにJリーグの育成組織といっても、レッズとフロンターレでは同じ関東にありながら、埼玉県と神奈川県の違い、育成の差を澤村は感じることがあった。両者を比較した場合、レッズの選手のほうがまだ自己発信力に秀でていた。レッズの選手の多くはレッズでプレーすること、エンブレムを付けることに誇りを感じていると思うことが多かった。レッズは地域からの注目度が高く、集団としても高く評価されていたからと分析する。一方、フロンターレの選手はどうだったのだろうか？

「レッズとは環境が違いました。横浜F・マリノス、横浜FC、湘南ベルマーレ、東京ヴェルディ、FC東京と、近県という狭い中にJクラブが集中していました。当時のフロンターレはヴェルディ、F・マリノスに行けなかった選手が行くチーム。それが『川崎フロンターレ』のイメージでした。確かに反骨心を感じる部分はありましたが、『プロになってやる』と目を輝かせるというような目力は弱かったとは感じます」

当時、フロンターレはJ1とJ2を行き来しており、反対にレッズは隆盛を誇っていた。トップチームの成績は育成カテゴリーにもその影響が如実に出るという印象を2つのチームの指導経験で体感していた。ウイークポイントの低い自己発信力を高める。フロンターレでは強いマインド作りにアプローチの重きを置いた。この集団の中で唯一、強く自己発信していたのが安藤だった。

安藤駿介に効いた「心理学者」と「医者」の部分

フロンターレでのトレーニング初日。練習終了後、澤村はクラブハウスに出向いて選手に感想を求めようと思っていた。そこに安藤が訪ねてきた。

「澤村さん、俺、プロになれますか?」

高校2年生になった安藤の印象的な言葉だった。澤村はシンプルに返事をした。

「なれると思うよ」

安藤は光るものを持っていた。ポテンシャル、サイズ、情熱、エネルギーの出し方、コミュニケーション能力、そのすべてを安藤は兼ね備えていた。ゴールキーパーのスキル、テクニックでは劣るところもあったが、それはトレーニングで補えばいい。それより指導者が身に付けさせることのできない重要な要素を持っていた。まだまだ成長途中で身体の線は細かったものの、筋肉質で手足が長く182、3センチのスラッとしたスタイルはゴールキーパーとして魅力的なものだった。メディカルの部分では、急激に身長が伸びたことから成長痛に苛まれ、腰椎分離症で腰を痛め、澤村と出会う前にはトレーニングができない期間があったと聞いていた。安藤の懸念材料はただひとつ「ケガのデパート」ということだった。

澤村には現場指導、スクール活動の中で思っていたことがあった。

「元気にグラウンドに来て、さらに元気にして帰らせる。それが僕たち指導者の一番の仕事ではないでしょうか。ゴールキーパーを好きから大好きにさせる作業と、サッカーはやっぱり面白いと思ってもらうこと。どんなに集中してトレーニングをしても、ケガをしては意味がありません。発育、発達の途中にある育成年代は、身体の様子をしっかり見てあげることが必要です。大津時代に平岡先生に『指導者の５者』という話をいただきました。

・心理学者
・易者
・医者
・役者
・芸者

安藤に対して『心理学者』『医者』という部分では、学んできた甲斐があったと思いました。精神的な部分では『プロになれるよ』と確信を持たせたほうがよかったと思います。会った時から『伸びしろがあるところはココ』『すでに備わっているところはココ』『触る必要がないところはココ』と『試合経験を積ませればこうなる』というイメージができていて、その姿はマッチしていました」

澤村はこれまでU-15、16、17、18、19、20、オリンピック、日本代表とすべてのカテゴリーで代表選手を輩出している。

「安藤との出会いはタイムリーでした。ケガが多い選手だったので、痛みがあったらプレーをさせないことを徹底しました。安藤のご両親を見ても安藤の膝下の長さを見ても、もうひと伸び成長することが想像できました。当時は182、3センチでしたが、今は185センチあると思います。それだけに成長を妨げないように、痛みがあったら自己申告するように言いました。痛みがあっても本人がやれると言ったらできるし、無理と思えばやらないほうがいい。サッカーはケガをして痛みがあるのに無理にやるスポーツではないので、自己申告するようにというアプローチは強くしました。安藤も自分からサインが出せる選手でした」

指導者が忘れてはならないことは、選手の安全を確保すること。それにはケガをさせないための「予防」が重要になってくる。指導者は選手個々の既往歴のチェックを欠かしてはならない。

「いつ、どんなケガをしていたのか。筋肉系のケガが多いのか？　骨折系のケガが多いのか？　疲労骨折をしたことがあるか？　突き指が多いか？　その場合、どの指を一番痛めるかなど、僕は全部チェックしています。ゴールキーパーは『5つのぶつかる場所』があるので、グラウンドに打ちつけられた時に一番ショックがあるのはどこか？　ボールを受ける時にどのくらい負荷がかかるのか？　といった部分も大事にしています」

身体的なコンディションを知ることは上達には欠かせない。痛みひとつでも正しい痛みか、そうでないか？　を判断しなければならない。ゴールキーパー専門のコーチがいない時、その判断は非常に難しくなる。澤村はゴールキーパーが好きになるゴールキーパーを増やしたいと常々思っているが、それにはこうしたメディカル面の知識の充実も不可欠だと考えている。

ケガチェックシート

頭	□ 脳震盪
	□ 皮下血腫
首	□ 頸椎捻挫
肩	□ 反復性肩関節脱臼
肘	□ 打撲
手首	□ 手関節捻挫
	□ 舟状骨骨折
指	□ 突き指
	□ 剥離骨折
	□ 骨折
	□ 脱臼
腰	□ 腰椎椎間板ヘルニア
	□ 分離症
	□ 打撲
内転筋	□ 内転筋損傷
膝	□ 前十字靭帯損傷
	□ 半月板損傷
	□ 打撲
足首	□ 足関節捻挫
	□ 第5中足骨疲労骨折
	□ アキレス腱断裂
	□ 下腿三頭筋損傷

「ゴールキーパーのメディカルチェックで見落としてしまうところに視力があります。高校受験時に視力が一気に低下することが多く、空間認知が途端に悪くなることが見られます。特に顕著なのがコツコツ勉強してこなかった子。教科書、ノートを見る時間が急に増えて、ピントの調整ができなくなるからだと思います。高校1年生も空間認知が特に悪くなる傾向がありますが、目の問題が多くの理由にあります。大津時代にそれに気が付くまでは『なんで取れないんだ』と言っていました。理由がわかってからはアプローチを変えました。日頃から勉強癖をつけるようにするだけでも、リスクを小さくすることは十分に可能だと思います。やはり日常生活が大事だと考えさせられました」

安藤は澤村と出会ったことで、身体的な不安が徐々に解消され、コンスタントにトレーニングができるようになっていた。中学校~高校の育成年代では、身体の発育が落ち着くと精神的な安定も期待できる。それは相乗効果にもなり、相殺されスパイラル現象を起こす場合もある。指導者は常に「目配り」と「気配り」、そして、臨機応変に「言葉配り」を配慮する必要がある。安藤の場合は身体的な不安が解消されていくことで、次第に練習量、練習時間が増えていく相乗効果が見られていった。加えて明るい性格で悲観的にならないところも技術的な成長に反映されていった。

「『明るい』は成長には重要な要素です。ゴールキーパーはミスと背中合わせで、失敗すると『あっ』と声が出ることがあります。そんな時は『明るいことは良いけど、〝あ〟が抜けちゃうと、〝かるい（軽い）〟プレーになるぞ』とよく言っていました」

大胆かつ繊細にプレーをする。指導者のアプローチひとつで、選手はより細部にまで気を払う『気配り』もできるようになっていく。そして、トレーニングという訓練を重ねることで技術を習得し、スキルを上げていく。安藤から身体面での不安が取り払われたのは、高校2年生から3年生になろうとした春頃だった。

「高校2年から3年生になるくらいまで、身体的な不安はありました。安藤のプレーの代名詞はロングスローと言われるくらい、惚れ惚れするロングスローを投げます。お金を払って見る価値があると太鼓判を押せます。ただ、ロングスローの投げすぎで手首の疲労骨折をしてしまいました。テニスの選手などグリップを握る競技の選手がよくやってしまう疲労骨折です。それが最後に長期離脱した時のケガです。彼は良いと思ったら果敢にトレーニングでもゲームでもそのプレーを披露するので、褒めすぎるのも良くないとその時痛感しました」

三角形の外側へのアプローチ

澤村の門下生でもあるシュミット・ダニエル、大迫敬介もロングスローを得意としている。もっとも、安藤のロングスローは澤村をもってして「弾道が違う」と言わしめる鋭さを持っていて、「今まで見てきたゴールキーパーの中で一番」だという。

「野村克也さんの本を読むと、古田敦也さんのスローイングを鍛える時に『ライナーで強くて低いボールを投げなさい』と指導していたと書いてありました。僕は放物線を描いて、高いボールを投げる訓練のほうが良いと思っていましたが、実際は低くて強いボールを投げるとしっかりとした土台ができるそうで、それを習得すればあとはリリースポイントを変えれば距離は出るという理論で、キャッチャーの肩を作っていったそうです。安藤のロングスローは本人自ら、そういったトレーニングをやって身に付けたものです。僕は間近で見ていたので、野球のキャッチャーの肩作りも、ゴールキーパーも同じという印象を受けました。ただ、野球はボールを握りますが、ゴールキーパーはフックをかける感じ。フックをかけると手首に負荷が大きくなってしまい、それで疲労骨折してしまいました。安藤はキャッチングがあまり得意ではありませんでした。前には出て行くけど弾いてしまう選手で、『得意なロングスローを使いたいなら、まずはキャッチしなくちゃ』という話をすると、守るキャッチングから奪うキャッチングにマインドが変わっていきました。その瞬間に一気にキャッチングの精度が上がりました。キャッチングとは守る技術ではなく、奪う（攻める）技術だと考えています。そして、マインドがプラス思考に変わるだけで、技術も飛躍的に伸びることがあります」

技術を伸ばしたいとそればかりに固執してもスキルアップに繋がるわけではない。澤村は安藤と過ごした日々でこれを知った。のちに熊本で出会うシュミットや大迫の指導でもこの時の経験が活かされたと実感している。

澤村は2年目に入るとフロンターレでもゴールキーパースクールを立ち上げた。これによって、育成組織とは別に小学校4、5、6年の指導が加わり、フロンターレはACLにも出場していたため、国内に残った控えゴールキーパーのトレーニングも見ることとなった。さらにこれに青山学院大学の指導も加わり、小学生からトップまでの全カテゴリーを一斉に指導する機会に恵まれた。もちろん、同時進行でゴールキーパーコーチ育成も行われていた。30代半ばに差しかかった澤村は心身ともに充実していた。もっとも、傍から見ればイケイケで調子に乗っているように見えるところもあったという。

「僕は自信を持って指導に取り組んでいて、その自信から選手にダメ出しをしたり、選手がアクションをしようとする前に口出ししてしまうこともありました。福家GMは練習にもよく顔を出していて、僕のそういう指導を真っ向から否定されました。『澤村、まずは選手の良いところを見ろ。選手を認めてあげるところが指導の大切なところだぞ』と言ってもらいました」

福家は指導者の良いところを見つけ、それを認めた上でアドバイスをする懐の大きさを持っていた。澤村自身も福家に認めてもらえているという安心感があった。大津時代の師である平岡に「安心感が人を育てる」と教わったことがあった。福家の言動、行動に澤村はそれを学んでいた。

ある時、Jリーグの育成はピラミッド型のヒエラルキーがあるが、福家から「三角形の外側の部分にもアプローチをしてみたらどうか?」というアドバイスをもらった。澤村はゴールキーパー大国はピラミッド型のヒエラルキーではなく、円柱のような形をしていると感じていた。ピラミッド型のヒエラルキーからはみ出た部分を強化することで、その形は三角形から円柱に代わっていくという仮説を信じて、ゴールキーパースクールのプロジェクトをスタートさせた。

プロ経験のない澤村を同等に扱ってくれた松永成立

松永成立は澤村にとって雲の上の存在だった。鳥栖フューチャーズ時代は、トップチームとセカンドチームの練習場は別で面識もなく、その姿を見るのは試合の時しかなかった。フロンターレのフィジカルコーチ中村圭介（現G大阪アカデミー寮長）が松永と旧知の仲であると知った澤村は、「一度会わせてもらえないか」と中村に頼んだところ、快く仲介を買って出てくれた。初めて松永と会ったのは新横浜だった。夕方5時に待ち合わせて、夜中の3時まで2人で語り合った。

「シゲさんはビール36杯、僕はお酒が飲めないのでウーロン茶を25杯飲みました。中村さんには『2軒目に行こうと言われたら気に入ってもらえたと思っていい』と言われていたので、1軒目は何を食べたのかわからないくらい緊張していました。意外にも『大津の時から知っていた』と言ってくれました。当時、指導を取り上げてもらったサッカークリニックをよく読んでいたらしく、ゴールキーパーコーチとしてかなり期待してくれていました。その日がきっかけとなって、よく食事に連れて行ってもらうようになり、連絡も取らせていただくようになりました」

松永からの電話は1時間を超えることもよくあった。そのほとんどがゴールキーパーの話だった。

「大体がJリーグの失点場面の話。『あの試合のあの場面の失点は澤村だったらどういう

川崎フロンターレ時代のコーチングスケジュール

	木	金	土	日
	[7:00〜10:00] 青山学院大学トレーニング	[7:00〜10:00] 青山学院大学トレーニング	[終日] トレーニング or 試合	[終日] トレーニング or 試合 or 神奈川県 Jr.ユース 連盟主催 GK講習会
	[10:00〜12:30] 移動・昼食	[10:00〜12:30] 移動・昼食		
	[12:30〜15:00] スタッフミーティング トレーニング打ち合わせ GKトレーニングメニュー作成 事務作業etc	[12:30〜17:00] スタッフミーティング トレーニング打ち合わせ GKトレーニングメニュー作成 事務作業etc		
	[15:00〜16:00] 移動・トレーニング準備			
	[16:00〜18:00] 川崎フロンターレ GKスクール	[17:00〜18:00] 移動・トレーニング準備		
	[18:00〜21:00] チームトレーニング	[18:00〜21:00] チームトレーニング		
	[21:00〜22:30] 移動・洗濯	[21:00〜22:30] 移動・洗濯		

5 6 7 8 9 10 11 12 13 14 15 16 17 18 19 20 21 22 23

※『神奈川県Jr.ユース連盟主催GK講習会』は月1回のペースで行われる中学生対象のGKクリニック。横浜F・マリノスの松永成立をヘッドコーチとし、川崎フロンターレ、湘南ベルマーレ、横浜FCのスタッフが指導

	月	火	水
5	[終日] フリー		
6			
7		[7:00～10:00] 青山学院大学トレーニング	[7:00～10:00] 青山学院大学トレーニング
8			
9			
10		[10:00～12:30] 移動・昼食	[10:00～12:30] 移動・昼食
11			
12		[12:30～17:00] スタッフミーティング トレーニング打ち合わせ GKトレーニングメニュー作成 事務作業 etc	[12:30～17:00] スタッフミーティング トレーニング打ち合わせ GKトレーニングメニュー作成 事務作業 etc
13			
14			
15			
16			
17		[17:00～18:00] 移動・トレーニング準備	[17:00～18:00] 移動・トレーニング準備
18		[18:00～21:00] チームトレーニング	[18:00～21:00] チームトレーニング
19			
20			
21		[21:00～22:30] 移動・洗濯	[21:00～22:30] 移動・洗濯
22			
23			

トレーニングで改善する?』とか、そういった話でした。僕が『ここを強調してメニューを組みます』と言うと、『そうだな。そういうやり方もあるな。でも実際、あの試合の場面では……』というような話になる時もありました。僕はプロのステージに立っていないのでわからないことが多くあります。シゲさんは日本代表でインターナショナルマッチを経験した方なので、僕にとっては知らないこと、経験されたことをダイレクトで聞けるのは本当に貴重な時間でした」

日本サッカーの歴史に刻まれているドーハの悲劇。アディショナルタイムのあの失点の場面で一番近くにいたのは松永だった。その時の心境、試合後のチームの様子、選手の気持ち……。松永は澤村にそれを熱く語っていた。ひと言ひと言に刻まれた歴史が紐解かれていった。

「『澤村、ヘディングシュートって何パターンある?』と聞かれたんです。僕はライナーと地面にボールを叩きつけるバウンドボールしかないと思っていました。でもシゲさんは『ヘディングシュートには3つパターンがあって、首を伸ばして当てるだけのヘディングもある』と言われました。僕は『へぇ〜、そうなんですね』と言ったら、シゲさんは『澤村も見たことあるだろ? あのワールドカップに行けなかった時のヘディング』と」

アメリカW杯行きが懸かった最終試合。日本もイラクも5連戦の5試合目だった。クロスボールが上がった時に、松永は叩きつけるヘディングだと思ってポジションを取った。ところがヘディングをしたオムラム・サムランは疲弊しており、首を伸ばして当てるのが精いっぱいだった。その瞬間ボールは放物線を描いてゴールに吸い込まれていった。予期していなかった弾道に松永の足は地面に吸い込まれ、微動だにして動くことができなかった。

W杯の予選シーズンになると、松永が嫌いな場面、忘れられないあの場面がリフレインされるように大きく取り上げられる。プロとしてヒリつく場面を経験していない澤村にとって、松永の話は想像していた以上の繰り返しだった。松永との出会いで大きな自信になったことが2つあった。それは松永が指導者として澤村を蔑んで見ることなく同等に扱ってくれたこと。もうひとつはゴールキーパーとしての感性が共時、共感できたことにあった。

育成のスペシャリストだった澤村だが、いつかはトップカテゴリーで指導したいという思いは強かった。プロ選手としてピッチに立ちプレーすることはできないが、プロの舞台に辿り着きたかった。満員の埼玉スタジアムでゴールキーパーの声はどこまで聞こえるのか？　実際にスタジアムが揺れる雰囲気はどうなのか？　ハーフタイムのロッカールームはどうなのか？　ウオーミングアップでピッチに向かう時のゴールキーパーの心理はどうなのか？　指導者としてのキャリアは増えてもまだまだわからないことばかりだった。のちに澤村は、熊本で4年、広島で1年「トップカテゴリーのゴールキーパーコーチ」を経験する。松永から話を聞き、『おそらく、こうなんだろう』と思っていたことは、ほぼ当たっていた。実体験することで霞んで見えていたものが、クリアになって見えるようになった。

多くの子どもたちから「プロになりたい」「Jリーガーになりたい」「日本代表になりたい」「海外でプレーしたい」と言われることがある。技術を教えることはできても、プロの経験がない澤村は教えられないものがあると自分で思っていた。アジアでプレーしたい、ヨーロッパでプレーしたい、ブンデスリーガでプレーしたいというゴールキーパーが出てきても、澤村はそこで戦う術は伝えられないと考えている。嘘はない。ならば、「一緒に勉強していこう」と言おうと決めている。そして、ゆくゆくはアジアに飛び出し、指導者としての最後のキャリアはブンデスリーガで終えるという野望を持っている。さらにヨーロッパを経験して、日本に戻ってきたあとはゴールキーパーの統括部長という職に就くという夢がある。

「声」の重要性を指導者に実体験させる意味

若手のゴールキーパーコーチを選手と同じ空間で育てていくためにはどうしたらいいの

か？　スクールは若い指導者の指導実践の場でもあり、大津、レッズでも効果があり、人とグラウンドだけあればノウハウを構築したものを澤村は持っていた。地域貢献にもなり、アカデミーに若いゴールキーパーコーチたちが常駐しているのだからやらない手はなかった。

神奈川県でもゴールキーパートレセンの立ち上げに加わった。最初は神奈川県のジュニアユース連盟から横浜F・マリノスのゴールキーパーコーチに打診があったが、神奈川県のゴールキーパーをコントロールしていくのであれば、湘南ベルマーレ、横浜FCの協力が必要だと思い、協力を呼びかけて規模は拡大されていった。神奈川県全域から中学校1年生から3年生までのゴールキーパー70人がみなとみらいのマリノスタウンに一堂に会した。その光景は壮観だった。横浜F・マリノスの育成部長だった和田武倫（現マリノスサッカースクールテクニカルダイレクター）、SCHの中野泰延らが尽力し実現した企画で絶対に成功させたかった。松永が中学校1年生、澤村が2、3年生を担当した。特出したゴールキーパーこそ輩出できなかったが、70人のゴールキーパーが集いゴールキーパーにも大きな需要があることを知ることができた。これは大きな収穫だった。

参加メンバーのほとんどが指導を希望したのが「ゲーム中のポジショニングの取り方」と「声の出し方」だった。キャッチングテクニックはある程度の水準にあった。ローリングダウンの倒れ方、ハイボールのキャッチングを見ても、以前よりもレベルが上がってきたと印象を持つことができた。ところがゲーム形式になると、その途端に技術が発揮されない。そこで松永と澤村は、若い指導者にゲームに入ってもらい、「喋りながら」プレーさせることで選手たちに「観て」もらいながら指導をする形式を採用した。

ポジショニング、フォーム、コーチングのタイミング、その内容、これらのプレーに対しての疑問、戸惑いなど感じたことの多くをフリーズして指導をすると実践の形から離れてしまうため、若いコーチにゲームに入ってもらい、松永や澤村はピッチの外から若い指導者と選手たちへの指導を重ねていった。

例えば、ダブルボックスで横幅の狭いシュートゲームというシチュエーションになるとゴールキーパーのパターンは、3~5つくらいのショットストップの形になる。その時にゴールに入ってくれているコーチは、それぞれのシーンに応じた指導をこと細かに具体的に喋りながらプレーを見せる。カテゴリーは中学生なので強く鋭いボールが多くは飛んでこないことと、ゴールキーパーがフィールドプレーヤーとして参加するため、松永や澤村が求めている実践の場面が、思いのほかはっきりした現象として出てくることが多かった。

「『こうなったら、こういう声』『こうだったら、この立ち位置』というのは、周りで見ていた選手たちにもわかりやすかった思います。ディフェンダー役もゴールキーパーの選手がやっているので、ディフェンダー役の選手はゴールキーパーの声がどう聞こえるか、どういう言葉を使うと自信を持ってアプローチができて、声がないとどれだけ不安があるのかを感じられたのではないでしょうか」

まさに百聞は一見に如かずである。ゴール前のシチュエーションで、ゴールキーパーが名前を呼んだほうが良い時、「マークを見ろ」と言った場合、「目の前を見ろ」「目の前を捕まえろ」と言うのか？　「後ろに気を付けろ」と言うのか？　ゼッケンナンバーで伝えるほうがいいのか？　ゼッケンの場合、番号を探す必要があるので、死角に入っている時、混戦の時、言葉は使い分けなくてはならない。実践でのゴールキーパーのボキャブラリーは重要である。

「いざ自分のチームに戻った時、ゴールキーパーコーチがいないチームでは、指導が皆無なので、ポジションミスで失点しても『何で取れないんだよ』となって、コーチングをしても『今のじゃわからない』と言い返される。どうすればよいのかわからない状態でただ『声を出せ』となってしまう。それでは良いゴールキーパーが出てくるサイクルにはなりません。この時代に限らず、スクール、クリニック、キャンプなど、いろいろやっていますが、一番大事にしているところは『スターティングポジションの取り方』と『声の出し方』です。そのセオリーを把握すると、本当に技術が際立って伸びていきます。また、試合の流れが良い時にあり、流れが悪い時にないものは共通して『声』です。ところが『声』の指導というのはあまり聞きません。戦術を整理するなど、チームでベクトルを合わせることはあると思います。それなのに声は大事だとわかっているのに、現場で行われている指導は『声を出せよ』となってしまうのです」

澤村は指導者講習会で十八番である「声」の重要性を実体験させている。ウオーミングアップ後、ダブルボックスサイズで3対3のゴールキーパー付きのゲームをやらせる。すると1分もしないうちにどちらかのチームが失点する場面によく遭遇する。その時は決まって両チームのゴールキーパーの声が出ていない。その時、澤村はこんな風に訊く。

「今、失点してしまいましたが、チームではどのようにゴールキーパーを指導されていますか?」

「『声を出せ』と言っています」

「あれ、でも今はひと言も喋らずに失点してしまいましたよね?」

こんな場面も少なくない。ボールをリズム良く繋がれてシュートを打たれた時に、ゴールではないところに立っていて失点しまうパターンだ。

「普段、ポジショニングのことは言われませんか?」

「よく言っています」

「でもゴールの外にポジションを取っていますが？　これはどうしたんでしょう？」

「ボールを見すぎたらここにいました」

こうしたことは笑い話ではなくよくあることだという。原理原則を知っていれば、正しいポジションを取らせて、展開に応じて微調整すればいい。ところが現実ではこうした原理原則がわからない指導者が試合を勝たせている場合もある。試合に勝つのだから別の要素で秀でているのかもしれないが、レベルが上がればそうはいかなくなるのが常である。道具を使わずに指導ができる重要性を、指導者はもっと理解するべきだろう。

大学サッカーが教えてくれた指導の普遍性

フロンターレに来て2年目、青山学院大学の監督だった宮崎純一（現部長）からフロンターレの福家GMに澤村を名指しで指導依頼があった。青山学院大学の練習は朝7時半から10時まで。練習場所が相模原市の淵野辺でフロンターレからも時間をかけずに通える距離だった。青山学院大学には10人程のゴールキーパーがいたので、フロンターレの若いコーチたちにも声をかけて、朝6時半くらいに淵野辺のグラウンドに揃って出向き、指導実践をコーチ陣がやり、選手、学生を受け入れてゴールキーパー練習をやる。ゲームに入る選手、トレーニングに入る選手のスケジュールを出して役割分担を決め、澤村が全体統括した。早朝からフロンターレのゴールキーパーコーチ5人が揃うトレーニングは、学生たちにとってすればそれは豪華なものだった。

指導者育成も兼ねているので、ゴールキーパーで行うゲーム形式時のフリーマン、クロスボールを上げる役割は、原則アシスタントコーチが行った。「こんなイメージを出していこう」「どんな画を出そう」というシチュエーションをコーチ陣で作って良いゴールキーパートレーニングができた。毎朝5時45分に家を出て青山学院大学で指導を行い、11時半に帰宅。14時半にクラブハウスに行き、若いコーチ陣はスクールで指導を行い、その後アカデミーで活動をする。2日か3日に1度、夜にゴールキーパーコーチ陣で集まってディスカッションをして選手の情報を共有。翌朝、集まって青山学院大学での指導の繰り返しだった。数年間、ほとんどの時間をゴールキーパーコーチのチームとして動いていた。学生10人に対して、半数の人数のゴールキーパーコーチがいる。アシスタントのゴールキーパーコーチがシュート練習に入ることもあれば、別の日はゴールに入って実戦感覚でプレーを見せる。またある日はゴール裏から学生のポジショニングを見て指導をする。コーチ同士で「今日はどうしたい?」「今日は一緒にゲーム形式に入ってやります」とか、「今日はクロスボールがテーマなので横から見たい」というように、回数を重ねるたびに若いコーチが自発的にいろいろな意見を出す活動になっていった。

「青山学院大学での指導は若いコーチの育成にとって本当にためになりました」

とはいうものの、大学サッカー界のゴールキーパー事情に関しては澤村は表情を曇らせる。昨今、大学から多くのプロ選手が生まれているが、ルーキーイヤーにJ1でレギュラーポジションを掴んだ選手は皆無に等しい状況である。

「プロになりたいという選手はたくさんいます。プロになる選手もいます。でもプロになったあとどうするのか？　その翌年にいくら稼ぎたいのか？　とりあえずプロになったらOKみたいなところを、僕はフィールドプレーヤー、ゴールキーパーを問わず強く感じています。『俺がチームを勝たせる』というようなギラギラしたものを感じないし、『俺は自分のプレーでいくら稼ぐよ』という野心を感じない。これは大学サッカーを指導して感じたことです。同じ時期に同じ年頃だった永嗣とも練習をしましたが、やはり違いました。トレーニングを終えると永嗣はサッと切り上げるんです。『もうあがるの？』と訊くと『イタリア語の家庭教師が来るので』と。『何でイタリア語を勉強しているの？』と訊ねると『俺、将来イタリアでプレーしますから』と言うんです。自分は将来こういう風にする、こうなるという逆算で、当時から語学の勉強をしていました。4カ国8チームでプレーをしているのに、まだイタリアでプレーをしていないのは残念ですが、目的達成意欲は旺盛でした。

ユースからトップに昇格を果たした安藤も『プロになれますか?』のあとは、徐々に『プロでこういった仕事がしたい』『日の丸をつけたい』という目標があったので、オリンピックに行けたのだと思います。目的達成意欲が強い人間はそうなるという感じです。大学だと選手の目標がそれぞれ違います。インカレは? 総理大臣杯は? と話を訊いても、現実はそこまでのテンション、モチベーションはありません。ただ、これが良いのか悪いのかと言ったら、僕は問題はないと感じています。それは今、専修大学を見ていても同じことを思います」

どんなに環境設定を整えたところで「同じシュートは2度来ない」と同じで、同じ環境設定をしたとしても入ってくる人間も違うので、同じ環境にはならないのだという。良い時があれば沈んでいく。沈んでいれば上がり目もある。だが、それはリーグ戦の順位のようなもので、順位が真ん中(平均)にある時は変化がないため、緊張感も高揚感も生まれないのかもしれない。

「青学の選手はそれなりに名前のあるチームから集まってはいましたが、バリバリの中心選手だったかと言えばそうではなかった。大学リーグを見た時、明治や早稲田の試合を見ると中心選手としてプレーしていたメンバーが多いので、ゲームの流れを自分たちで作れるし流れも変えられる。ゲームそのものをコントロールできる選手が多い。その差は大きいと思います」

澤村は大学生は高校生の延長であって、社会人の手前という印象を受けた。高校の延長という選手もいれば、社会に出たら通用しないという学生もいた。子どももいれば大人びている学生もいる。本当に様々だった。そこが何もかも一緒くたになっている。つまり、それが澤村が見た大学サッカーである。言葉を変えれば面白いカテゴリー、独特のカテゴリーと言ってもいい。

「全カテゴリーを見られたことでわかったことがあります。この年代にはこれが必要で、また違う年代ではこれが必要というある程度の道筋はわかっていましたが、結局、フロンターレ時代の5年間で行き着いた結論は、ゴールキーパーはどの年代でも伝えることは一緒だ、と。わかりやすく伝えたほうがいいのか？　デモンストレーションをやったほうがいいのか？　映像を利用したほうがいいのか？　懇々と説いたほうがいいのか？　表現を変えたほうがいいのか？　本数を変えたほうがいいのか？　強度を変えたほうがいいのか？と、違いはその程度だと思います。ひと言で言えば、『方法論は違えど、指導は同じである』ということ。今思えば何でそんな簡単なことがわからなかったのかという感じです。3年目くらいにようやくそれに気が付きました。講習会でJクラブの外の選手たちを見られたのも大きかった。やはり、プロで活躍できるゴールキーパーはポジショニングがいいし、良い声が出ると確信しました。当然、永嗣と練習をやっていても感じたし、ポジショニングの取り方は大胆でも繊細で目の配り方が違う。『あらかじめ』の要素がとにかく多いと感じました。『予測』の『予』『予想』の『予』『予備』の『予』というのは、24時間の中で鍛えられます。コミュニケーションは寝ている時間以外はできるはずですから、普段から挨拶をする。しっかりコミュニケーションを取る、滑舌よく喋る、母音を意識して喋る。当たり前のようなことですが、根本的なことが明確にわかりました。それがフロンターレで学んだことです」

マインド Ⅲ

警戒心・忍耐力

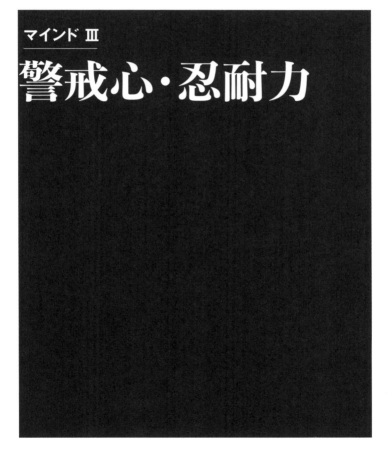

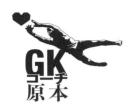

なぜゴールキーパーは「シュートを打て！」と叫んでしまうのか

「警戒心」は自分たちが攻めている時のリスクマネジメントとして大いに必要なことです。そのため、「警戒心」＝予測ととらえてもいいかもしれません。ゴールキーパーにとって大事な能力だと理解しています。

警戒という言葉から、受け身でネガティブなイメージを持つ人も少なくないかもしれません。ですが、ゴールキーパーはプレーをする上で、自分自身の身を守りながらゴールを守るということを含めて、「警戒心」は必ず持っていなくてはなりません。「警戒心」を持っていないと大ケガをしてしまうことがあり、相手チームのカウンターの餌食となってしまうこともあります。そして、「警戒心」がなければ、リーダーシップを取ることもできません。

「警戒心」を持つということは危機管理をすることに繋がり、危険を予測しながらプレーするからこそ前向きに進める、ととらえてください。ゴールキーパーはフィールドプレーヤーとは逆の立場となるポジションです。よく攻撃の時に攻撃の指示をするゴールキーパーを見かけます。確かに時には必要なケースがあるとはいえ、実はその指示がいらないケースも多分にあります。

例えば自分たちのチームがシュートを打ちそうなチャンスの場面で、「シュートを打て！」と叫んでいるゴールキーパーは少なくありません。ですが、味方がシュートを打つ時は味方がボールを離す時であって、相手にボールを奪われればピンチが始まる瞬間でもあります。それを踏まえると、「シュートを打て！」と叫ぶよりも、味方のディフェンスにリスクマネジメントの指示を出したり、ポジショニングをリードしたり、チームの「警戒心」を強めるような声を出すほうが明らかに有効です。

もっと具体的なケースでは、クロスボールを上げられそうな場面で逆サイドの選手がボールウォッチャーになるケースが多く、その選手の裏からマークをしている選手が飛び出してくることもあるので、ボールがないところに対する危機管理が必要になります。「警戒心」を持っていれば常にピッチ内の危険なところはどこなのか考えているので、優先順位が見えてきます。つまり、「警戒心」を持っているゴールキーパーと持っていないゴールキーパーではかなりの差がついてしまいます。当然、高いレベルでプレーをするゴールキーパーはこのような「警戒心」を必ず備えています。

経験豊富なゴールキーパーが「まさか」と言わない理由

こういった「警戒心」は経験値に関係している部分も多いと思います。経験豊富なゴールキーパーは「まさか」という言葉が少なく、ほとんど使うことがありません。「まさかここからクロスが上がるなんて」「まさかここからドリブルで抜け出すなんて」「まさか仲間がクリアミスするなんて」。このような「まさか」はゼロではありません。ただ、「警戒心」を持ってプレーすることでかなり軽減できるのも確かです。トレーニングを繰り返してスキルアップしていく上で「警戒心」という意識を持っているだけでも上達し、上達スピードも変わっていきます。そのためにはゴールキーパーコーチも「警戒心」の意識付けをしなければなりません。そして、させる必要があります。

ディフェンダーが入り、クロスボールからフォワードがシュートをする練習があります。その際にゴールキーパーが「クリア」と言えば、クリアが成功すると日本人は思ってしまいがちです。ですが、ヘディングでクリアをする場合、ボールと頭はともに丸く、球体同士がぶつかるので、ボールが飛ぶ方向は確実ではありません。ゴールに近ければオウンゴールとなる可能性も高くなるシチュエーションです。ゴールキーパーが「クリア」コールをしているのに、リポジションせずにオウンゴールしてしまうケースは多々見受けられます。

「クリア」と発声してもクリアミスもあれば相手に奪われることもあります。つまり、クリア成功、クリア失敗、加えてルーズボールと３つの局面が考えられるわけです。それらを踏まえれば、「警戒心」はやはり必要不可欠です。「クリア」の発声ひとつとっても、こうしたシチュエーションをゴールキーパーだけではなく、ゴールキーパーコーチも知っておく必要があります。

僕は「クリアコール」は短いほうがいいと思っています。現在も「クリアー」と語尾を伸ばしているゴールキーパーはかなり見受けられます。声を出し続けているということは、息を吐き続けている証拠であって次の動作に入りづらいわけで、「クリアコール」はできるだけ短くする必要があります。大学リーグなどでもいまだにこういったゴールキーパーがいます。それによってシュートへの反応が遅れてしまい、失点してしまうケースを多く目にします。

我慢をさせられる「忍耐力」ではなく我慢をする「忍耐力」

ゴールキーパーの技術習得は一朝一夕ではいきません。反復練習をする時には「忍耐力」が絶対的に必要です。練習でできたことがゲームでできないことはよくあります。ゲームで良いパフォーマンスを発揮するためにも、「忍耐力」を持ってトレーニングをやっていかなければなりません。受動的な要素が多々あるポジションだけに、耐え忍ぶという部分は大事になっていきます。どのレベルのカテゴリーでもゴールキーパーは失点した時に責任を問われるポジションでもあります。失点した時は罵詈雑言を浴びせられることもあります。それ以外に味方が得点を挙げた時にもゴールキーパーの「忍耐力」は問われます。

これまで数多くのゴールキーパーを見てきましたが、仲間が得点を挙げて喜んでいる時に相手のキックオフを許さないようにセンターサークルに入っているゴールキーパーは、相当に賢く、「忍耐力」のあるゴールキーパーだと思います。サンフレッチェ広島時代に指導した大迫敬介はトップデビューしてすぐ、まさにその賢いプレーを見せていました。

僕が試合後に「あの時はどうしてセンターサークルにいたの?」と訊くと、「みんなが喜んでいたので、キックオフされたくなかったからです」という答えが返ってきました。試合のプレーとは直接関係こそありませんでしたが、「今日のファインプレーだった」と称えたことを覚えています。

今でこそ半袖のユニホームが多くなったゴールキーパーですが、夏でも長袖のユニホームを着ることが多く、さらにグローブもはめているので暑さにも耐えなければなりません。今は防寒にも優れた高性能のスパッツがあるとはいえ、冬になると今度は寒さに耐えなければならないのもゴールキーパーの試練といえます。ゴールキーパーは雨や雪の試合でもフィールドプレーヤーのように動き回ることはできません。それだけに「我慢をさせられる忍耐力」ではなく、「自ら我慢ができる忍耐力」がゴールキーパーには必要となります。そして、ゴールキーパーコーチはゴールキーパーにそれをしっかりと伝えていかなければなりません。

また、ゴールキーパーは試合中にボールに触りたくても自分の意志ではなかなか触れません。得点を取りたいと思ったとしても、特別な場合、つまりセットプレー以外では得点を取りにはいけません。ゴールキーパーは自分のやるべきことをしっかりやり、あとはフィールドプレーヤーに任せなければなりません。これはゴールキーパーのひとつの仕事でもあり、ゴールキーパーコーチも任せる「忍耐力」をゴールキーパーに伝えなければいけません。

ゴールキーパーはフィールドプレーヤーにプレーを任せなければならない、その反面、ゴールキーパーは最も任せられるポジションでもあります。「頼んだぞ」と言われる場面が多いのもまた事実です。特にペナルティキックの場面。サッカーのルール上、フィールドプレーヤーは止めることはできないので、そう考えるとゴールキーパーは最も任せられるポジションなのかもしれません。

5章

教員編

（浜松開誠館中学校・高等学校）

【浜松開誠館中学校・高等学校ゴールキーパーコーチ（2012〜2014年）】

松永成立への電話がきっかけでまさかの教員に

川崎フロンターレは福家GMが退任し、クラブの方針転換からアカデミーの指導者もクラブOBに入れ替えていく方向となった。澤村は新体制の構想から漏れた。形式的には契約満了だった。

「僕もプロのコーチなので仕方がないと理解しています。これはフロンターレに限ったことではなく、トップ選手の契約更改後に育成スタッフの契約の話になることが多く、それが12月になることもあるので、就職活動をするにも期間的に難しいと僕が相談されることもあります」

アカデミー指導者のチームにおける立場は微妙な関係にあるといえる。トップチームの契約更改が優先されるからなのか、アカデミー指導者の契約更改は最後の最後に回されることが多い。どのクラブも建前では「育成が大事」とは言うものの、現実では違う印象を受けることがある。これには、多くの指導者が同じ印象を抱いているという。見た目は一貫教育でもコロコロと指導者が代わり、その都度スタイルの変化を強いられることもある。また、普及の指導者の契約は育成の指導者よりもさらに遅いと言われている。底辺を大きくすることが日本サッカーの基盤となり、将来の日本サッカーの礎となる。育成↓普及と底辺に近づけば近づくほど指導者の労力も大きくなるが、それに反比例するように報酬が少なくなってしまうのが日本サッカーの現実である。こうした根本的な問題を解決していければ、競技者も観戦者も増やす要因になるのではないか。

澤村はフロンターレとの契約が満了することを、お世話になった人たちに電話や手紙で連絡を入れた。松永には真っ先に挨拶の電話を入れたが、間もなくして折り返しの電話が入ることとなった。

「澤村どうだ？　青嶋文明監督が、教員ができるゴールキーパーコーチを探している。浜松開誠館高校に行ってみないか？」

濡れ手に粟だった。教員免許は持っていたが、それを使う機会が来るとは思ってもいなかったのだ。

「シゲさんの電話がきっかけで浜松開誠館にお世話になることになりました。ちょうど40歳になる年で、大学時代にゆくゆくは教員になりたいと思っていて、実は教員免許を持っていたので、本当に絶妙なタイミングだったと思います。監督の青嶋さんは僕の４歳年上で高校、プロでもストライカーとして活躍した方です。一度『浜松に来てみないか』と言われ、学校に行って施設を見せてもらい、業務内容を聞いた時が最初の出会いでした。浜名湖の近くにある2面の人工芝グラウンドは素晴らしかった。正直、僕がいた頃のレッズとフロンターレよりも施設は良かったくらいですから。あとは静岡という土地。サッカー王国の静岡で仕事ができるというところにいろいろと興味がありました。僕は関東で育って九州で仕事をして大学生活は東北。初めての東海地方だったのでそれも楽しみでした。何より妻も教員になって生活そのものが学校に守られる立場になったのでホッとしていたと思います。あとで聞いたら『一番安定していた』と言っていました」

浜松開誠館高等学校は大学進学に力を入れるコースから毎年、東京大学、京都大学に合格者を出している。一方、サッカー部にプロ選手だった青嶋を監督として招聘しているように、他の部も著名な指導者が集まりスポーツにも力を入れていた。澤村にはそれも魅力に映った。静岡県の高校サッカーは県の中央にある清水、そして藤枝が牽引しており、浜松は浜名高校が全国大会に出場して以来、さしたる成績を残せていないエリアだった。青嶋には情熱があり、「浜松から全国に出たい」「浜松から世界に飛び出す選手を育てたい」という野心があった。澤村はこれまでは平岡のようにゲームメイカータイプの監督、同じく中盤だったレッズの森GM、センターバックだった落合、そしてゴールキーパーだったフロンターレの福家GMというリーダーの元で指導をしてきたが、青嶋のような元センターフォワードと仕事をするのは初めてだった。

「青嶋さんは勝負師だなと思うところが話の節々に見えて、この監督に尽力するのは楽しいだろうなという予感がありました。やはりフォワードの方なんだと。僕は生粋のストライカーと仕事をするのが初めてだったので、学べることも多いし、ぼんやりと自分のためになるとまずは思いました。ゆくゆくは育成のスペシャリストになりたいと思っていて、大津高校では外部コーチ、レッズ、フロンターレ、ナショナルトレセンでプロの指導者としてサッカーの現場を持たせてもらい、そこで初めて中体連と高体連の選手を見ることができました。それが今度は学校に指導者、教員として入り込んで、いろいろなものが見ることができる。願ったとしても簡単には叶えられないことだったので、財産になると思って悩むことなく浜松に向かうことができました」

ゴールキーパーを仕方なく「やらされていた」13人

「学校から言われたのはズバリ、『勝てるチームにしてほしい』でした。わかりやすく言えば静岡で一番を取って高校選手権で優勝。なので、最初に施設を見に行った時に妙にワクワクしたのを今でもよく覚えています。グラウンドも広くて質がいいし、人工芝はフカフカでサッカーゴールがいくつもあってシュート板もある。やりたいことは何でもできる施設が整備されていました。ただ、ショックもありました。浜松開誠館の中学生、高校生のゴールキーパーのレベルが自分が指導してきたチームと比べると、見たことがないようなレベルだったのです」

学校の目標、希望は高校選手権優勝と高く設定されていたが、自分の専門職であるゴールキーパーの部分では、プレーヤーのレベルは全国レベルに達しているとは到底言えなかった。改めて大津、レッズ、フロンターレで指導した選手が高いレベルにあったことを、浜松に来て再確認することになった。澤村は彼らが1年、2年、3年後、どのように成長していくのか想像することができなかった。それは指導者になってから初めての感覚だった。このような澤村のマインドを変えてくれたのが選手たちだった。そこにはゴールキーパーが大好きな素直で純粋な気持ちの少年たちが集まっていた。気が付けば澤村の気持ちも「どうなるんだろう?」から「どうにかなるだろう」と変わっていった。

中学生8人、高校生7人。浜松開誠館中学校も兼任で指導をする。大津時代から大人数でも十分に指導できる自信はあったので、大所帯は苦になることはなかった。重要なことはまずどこから手をつけていくか、だった。着任日は年度末の3月1日。学校へは2月からサッカー部の手伝いとして通いはじめた。学期の途中ではあったが、そこは40歳の新米教師、忘れかけていた学校生活を思いだす必要がある。初めての教員生活に慣れるためにも十分な助走が必要だった。

「わからないことだらけだったので、自分からお願いをして少し助走をつけさせてもらいました。2月にサッカー部を見始めて最初に思ったことは『大丈夫かな？』と。小柄で身体ができているゴールキーパーがほとんどで、典型的な早熟タイプのゴールキーパーが揃っていました。紐解いていくとゴールキーパーが集まらない理由も徐々にわかっていくのですが、浜松に良い素材のゴールキーパーがいても、そういったゴールキーパーは清水商業や藤枝東、さらに名古屋を中心に愛知県のチームに行ってしまっていたのです。それでもようやく浜松開誠館に選手が集まってくるエネルギーが出てきた頃のようでした」

現在では県の中央エリアからも浜松開誠館に入学する選手が増えている。だが澤村が赴任した当初、トッププレーヤーを目指せるサイズを持っているゴールキーパーは本当に少なかった。

「僕がいた時は石田貴俊が185センチ。彼しか大きいゴールキーパーがいませんでした。石田はサイズこそありましたが考え方が本当にネガティブで、仕方なくゴールキーパーをやらされてきたような選手でした。そうなると当然マイナスのマインドになります。当時はポジティブなメンタルを持った選手はほとんどいなかった。ゴールキーパーの練習は大好きで、ゴールキーパーの話をすると意欲的なのに、いざゴールの前に立つと受け身になってしまう。チームにおけるゴールキーパーの扱いも日本のゴールキーバーの育成事情が凝縮されていました。浜松開誠館には自発的な選手もいれば他発的な選手もいましたが、比較すると他発的な選手が多かった印象があります。この集団でチームを作っていくわけで、要するに自分から何かを始めないので、『やるサッカー』ではなく『やらされるサッカー』になっていました。やらされるサッカーのシワ寄せは当然、ゴール前のゴールキーパーに来る、そういった印象がありました。青嶋監督は勝つ集団にしたいと必死でした。勝つことに対して青嶋監督が一番貪欲だったし、強烈なものがありました。選手たちにその姿を見せて勝利という結果を成功体験として知ってもらいたかったのだと思います。これだけのエネルギーを持っている人だからゴールゲッターだったのかと頷くところが数多くありました」

澤村は手始めに根本的なことを選手たちに訊ねた。

「ゴールキーパーってどんなポジションだと思う?」

押し付けられたサッカーと押し付けられたポジション。そんな彼らに対して中学生、高校生関係なく、ゴールキーパーとは何ぞやとアプローチをしていった。選手とディスカッションをすることで、それぞれの人間性や背景が見えてきた。気になることがあれば選手個人と話をした。いろいろと話をしていく中で見えてきたことを参考にしてグルーピングをしていく。幸いにして13人全員、ゴールキーパーが大好きだった。意識改革は予想以上に早く進んでいった。

澤村はレッズとフロンターレ時代、3週間に1回は所属選手たちの学校を訪問していた。当時、澤村が指導していた選手には共通する部分があった。それは彼らには「家庭の顔」「学校の顔」「クラブの顔」が存在した。大人の顔色を見て自分の振る舞いを変える。それは当然の成り行きと澤村も理解していた。それが浜松開誠館では家で過ごす時間以外は、ほとんど生徒たちと同じ時間を共有することができた。自分の授業はもちろんのこと、他の先生の授業を見学に行くこともできれば、部員の担任と話をしたり保護者と話をすることもできた。四六時中一緒にいれば選手の本当の顔が見えてくる。これは今までにない感覚だった。サッカーはグラウンドだけで成熟されるわけではない。日常生活、学校生活とリンクしていることを実感し、それを選手に話すこともできた。大津時代に平岡が日々取り組んでいたことを、澤村は教員になって実体験として感じていた。

タイムリーだった「サワT」と呼ぶ女子生徒の本音

澤村が赴任して2カ月くらい経ったある日、平岡から電話がかかってきた。他愛のない内容だったが、平岡との久しぶりの会話に口が滑らかになった。

「澤村、浜松開誠館高校はどうだ?」

そう訊かれ、素直な気持ちを平岡に話した。

「青嶋監督に良くしていただき、頑張ってやっています。でも先生、正直なところ、今まで集まってきてくれた選手と比べるとレベルは低いですね」

平岡は澤村のその言葉を聞いて笑った。すべてを見透かしているようだった。そしてこんな言葉を澤村に贈った。

「レッズにいた時にレッズのゴールキーパーと出会えたのはタイムリーなことで、フロンターレで良い選手に出会えたのもタイムリーなんだよ。今、浜松開誠館でレベルがそこまで高くない選手と出会えたのもタイムリーなことで、指導者が良くなる時には必ずタイムリーな人間が目の前に選手として現れる。その選手たちを澤村、お前がどう指導していくかが一番の仕事だよ」

さりげないアドバイス。心強い言葉だった。澤村は人心掌握の達人である平岡に質問を続けた。

「先生、女子の体育も受け持っているんですが、それも大変で……」

するとと平岡からこんな返事があった。

「澤村、それもタイムリーだな」

笑うだけで何も教えてくれなかった。

学校生活では女子生徒に教わることが多かった。ゴールキーパーコーチのスペシャリストだった澤村は、グラウンドに姿を現せば育成年代の選手や保護者、時には相手チームの指導者、選手からも大袈裟でなく一挙手一投足、指導する言葉ひと言ひと言も一目置かれる存在だった。ところが女子生徒は一筋縄ではいかなかった。澤村は女子高生から「サワT」と呼ばれていた。

「サワT、サッカーなんて興味ないんだけど」「ゴールキーパーって超つまんないんでしょ」。悪気は一切ない言葉は女子高生の本音だった。

「彼女たちの中にはゴールのことを『籠』と呼ぶ子もいました。『籠の前で何やってるの?』とか。日本のゴールキーパー文化を良くしていきたいと活動している最中、女子高生はサッカーやゴールキーパーをそう思っているのかと逆に教えてもらいました。運動部で一生懸命の子もいれば文化部で頑張っている子もいる。当然、帰宅生もいるし、運動が嫌いな子もいる。興味が別々の子たちに同じ言葉を、ニュアンスを変えて話をする、わかりやすく話をする、適切にグルーピングをする。本当に勉強になりました」

澤村は中学校の保健体育、高校の保健体育を受け持っていた。1日に3時間くらい授業があり、さらにクラスの担任もしていた。澤村の一日は朝のホームルーム、授業をやって、空きコマがあって、昼がある。その後も授業や空きコマがあって、ホームルームをしてから、部活があって、帰宅後も翌日の準備するというルーチンだった。サッカー部は月曜日がオフだったが、教員にはオフはない。時間を見つけて保護者に会いに行くなど、毎日が目まぐるしかった。浜松ではスクール活動は行わなかったが、月1回、松永のいる横浜に出向いて、ゴールキーパークリニックで指導をした。忙しかったが、澤村はこのクリニックを楽しみにしていた。

「青嶋監督からシゲさんに話があった時、『クリニックには必ず来させてくれ』という密約があったようです。月1回のこのクリニックは浜松開誠館とは違うゴールキーパーたちと接することができたので刺激的でした。シゲさんと一緒に現場を見れるということもありましたが、このクリニックに参加することでもっと噛み砕いて浜松開誠館では指導したほうがいいということも学べたし、できる選手ばかりでないことを改めて知ることができました。マリノスタウンでやっていたゴールキーパー講習会に集まってくる中学生のレベルもまちまちでしたが、あの子たちと接したこともあって、浜松開誠館の3年間でより指導のクオリティを上げられたと思います」

「字を書く」「汗をかく」「恥をかく」

青嶋はゴールキーパーの指導を澤村に一任していた。澤村の指導にも理解があり、気になることがあればその都度相談もしてくれて意見もしてくれた。

「もう少しこういう風にされるとアタッカーはシュートを打ちづらいんだけど」

ストライカーの青嶋らしい視点はゴールキーパーにとってためになっていた。青嶋からゴールキーパー全体へのオーダーは「ゴール前で怯まないでほしい」ということだった。青嶋はゴールキーパーとしてゴールマウスに立った時には、どんな局面が訪れてもゴールキーパーは怯まずにプレーすることが大事だと澤村に伝えた。

青嶋の要望は理解していたが、だからといってマイナスのマインドの彼らが怯まずに果敢に戦えるかといえば、現実は容易くなかった。自らのエラーで失点すると、そのエラーから立ち直るまで浜松開誠館のゴールキーパー陣は時間がかかってしまう。試合序盤にエラーが起きてしまうと、それを引きずって試合が終わってしまうことだってある。こうし

浜松開誠館中学校・高等学校時代のコーチングスケジュール

	木	金	土	日	
			[終日] トレーニング or 公式戦	[終日] トレーニング or 公式戦 or 神奈川県 Jr.ユース 連盟主催 GK講習会 (月1)	5
	[6:00～6:30] 準備（HR、保健体育授業etc） [6:30～8:00] 朝練習	[6:00～6:30] 準備（HR、保健体育授業etc） [6:30～8:00] 朝練習			6
					7
	[8:00～9:00] 職員朝礼～ホームルーム	[8:00～9:00] 職員朝礼～ホームルーム			8
	[9:00～12:00] 授業	[9:00～12:00] 授業			9
					10
					11
	[12:00～13:30] 昼休み	[12:00～13:30] 昼休み			12
	[13:30～16:00] 授業	[13:30～16:00] 授業			13
					14
					15
	[16:00～18:30] トレーニング	[16:00～18:30] トレーニング			16
					17
	[18:30～19:30] 自主トレーニング	[18:30～19:30] 自主トレーニング			18
					19
					20
					21
					22
					23

	月	火	水
5			
6		[6:00〜6:30] 準備（HR、保健体育授業etc）	[6:00〜6:30] 準備（HR、保健体育授業etc）
7	[7:00〜8:00] 準備（HR、保健体育授業etc）	[6:30〜8:00] 朝練習	[6:30〜8:00] 朝練習
8	[8:00〜9:00] 職員朝礼〜ホームルーム	[8:00〜9:00] 職員朝礼〜ホームルーム	[8:00〜9:00] 職員朝礼〜ホームルーム
9	[9:00〜12:00] 授業	[9:00〜12:00] 授業	[9:00〜12:00] 授業
10			
11			
12	[12:00〜13:30] 昼休み	[12:00〜13:30] 昼休み	[12:00〜13:30] 昼休み
13	[13:30〜16:00] 授業	[13:30〜16:00] 授業	[13:30〜16:00] 授業
14			
15			
16	[16:00〜18:00] 会議 （学年、職員、教科担当etc）	[16:00〜18:30] トレーニング	[16:00〜18:30] トレーニング
17			
18		[18:30〜19:30] 自主トレーニング	[18:30〜19:30] 自主トレーニング
19			
20			
21			
22			
23			

た状況でメンタルを切り替えられるリバウンドメンタリティが彼らには一番欠落していた。青嶋に言われたことがある。

「勇気のある勇敢なプレーを見せてほしい。それがチームを勝利に導くリーダーシップに繋がる」

まさにそのとおりだった。澤村がこれまで指導してきた同世代のトッププレーヤーとは対照的で、同じゴールマウスに立っていても相手が向かってきたり強いシュートを打たれたりすると怯んでしまうゴールキーパーばかりだった。では、どうマインドチェンジをしていけばいいのか？　一番重要なのは「技術」なのか？　澤村が技術よりも重要視したのが「メンタル」だった。

「例えばキャッチングひとつとっても、ボールを掴むキャッチングの技術なのか、相手からボールを奪うためのキャッチング技術なのかで、考え方は変わっていきます。では、どうマインドチェンジをさせるのか？　端的に言うと成功体験を増やすことです。自信が持てずに怯んでしまうゴールキーパーに共通しているのは、失敗の経験から失点が多いということ。技量的に到達していないのにできないことをやらされる。当然、失敗します。それなのにできないこと、失敗の可能性が高くなることを要求されるので、やはり失敗の回数が増えていきます。失敗が繰り返されるのだから自信を失くしてしまうのは当然です。

同じ現象が起こった時、失敗の経験から身体が硬直して動かなくなってしまうこともあります。こうしたことを目の当たりにしていたので、浜松開誠館時代の僕は『なんで取れないんだよ』という『なんで』という言葉を使うことが減っていった時期でした。指導者人生の中で『どうしたら取れると思う』と『どうしたらいい？』というアプローチをすることが多くなっていったのもこの頃からです。まずは練習で成功体験を増やしていきます。アプローチの仕方は何種類かあって、①できていることをさらにできるようにする→レベルアップ②もう少しでできることをできるようにする→トライ③まったくできないところから少しできるようにする→チャレンジと三段階あります。浜松開誠館は三段階の③が多かった。まったくできなかった理由には『やろうとしなかった』がありました。例を挙げればクロスボールにはジャッジをしないで『クリア』と言ってしまうわけです。『僕にはできない』と括っていました。ですから『どうしてできないの？』という話をよくしました」

澤村は選手たちに「できないことの否定」をするアプローチを続けた。師である平岡から教わった言葉が指導の助けになった。人生には3つ「かいた」ほうがいいことがある。それは「人間は忘れる天才だから『字を書く』こと」「練習でできなかったことをさらにできるようにするためにもっと練習して『汗をかく』」「何かにチャレンジをして失敗か、そうでない時がある。失敗した時、つまり成功ではなかった時には『恥をかく』」。

「字を書く」「汗をかく」「恥をかく」

これはまったく恥ずかしい話ではない。なぜなら澤村自身が選手一人ひとりに対してわからないことを分析して字を書いて、「こうやればよい」と汗をかきながらデモンストレーションをし、うまく教えられない時には恥をかいていたのだから。自分をさらけ出すことで、初めて平岡の言葉が身に染みてきた。

「僕自身、担任になったばかりの頃はホームルームで何もしゃべれなくなって、下着までびっしょり汗をかいてしまったことがありました。15分間のホームルームなのにわずか3分で連絡事項を伝えると、そのあと『何を話していいんだろう?』となってしまって空白の時間になってしまいました。今までだったらサッカーの話をすればよかったのに、クラスではサッカーの話が通じない生徒たちがほとんど。それで何を話したらいいんだろうとなってしまったんですね。結局、自分では答えが見つからなくて、学年主任で卓球指導のスペシャリストだった横原忍先生のところに相談にいきました。横原先生には『3日間は副担任にホームルームを任せて、他のクラスのホームルームを見学してみなさい』とアドバイスしてもらいました」

他の先生は一体どのような話をしているのかと、指定された教室にホームルームを見に行くとそこではお世辞にも面白いとは言えないホームルームが行われていた。昼休みにそのことを横原に報告し、翌日、そして翌々日と3日間、横原に指名された教室のホームルームの見学を続けた。そして、3日目が終わると横原から「そうならないように勉強してください」と指導を受けたのだった。

「そういうことなんだ」

澤村は横原の意図を汲み取ることができた。教員からの一方通行のホームルーム。生徒との会話はそこには存在しなかった。最初に見に行った教室では連絡事項を告げると残りの時間は読書の時間に充てられていた。その教員は1カ月に1冊本を読ませていた。生徒は読む振りをしてジッとしているだけ。当の教員も授業の準備を生徒の目の前で始めていた。自分が生徒だったらこのホームルームは耐えられない。澤村の出した答えは「生徒と話しをすればいいんだ」だった。

あとは実行。生徒に話を振るにしてもどのタイミングで振ればいいのか？　生徒は普段どのような話をして普段はどのような生活をしているのか？　誰がどの部活に入り悩みごとは何か？　運動部ならレギュラーもいれば補欠もいる。自分の体験談として控えになった選手の話をしたこともあった。勇気を持っていろいろな話にチャレンジしていくと、生徒たちの目線が1人、2人、3人と上がっていき、話に頷き驚きや共感の声を漏らすようになっていった。振り返ってみればホームルームひとつとっても「字を書いて」「汗をかいて」「恥をかいた」３年間の教員生活だった。

人間にはサッカー以外の深い背景がある

「クラスで問題が起きてからではなく、日頃から保護者とコミュニケーションを取っておくだけでいろいろな情報が入ってくるから、時間があったら連絡してみるといい」というアドバイスを横原からもらった。澤村はそれを受け、担任した38人の生徒の家庭に２週間に１回は電話をするようになった。最初は「何か問題を起こしました?」と心配する保護者もいたが、澤村からの突然の電話に、最初は「何か問題を起こしました?」と心配する保護者もいたが、澤村からの突然の電話に、自己紹介も兼ねて家庭での生徒の近況を聞いたりコミュニケーションを取るようになると、半年を過ぎたころからは保護者のほうから連絡してくるようになっていったという。横原は澤村のサポーターだった。いつも近くに寄り添ってくれていて、困った時に、困っていそうな時にアドバイスをくれた。

「新卒で教員になっていたら僕もそうだったかもしれません。社会の右も左もわからないのに、それで先生になってしまったら、生徒からも保護者からも先生と言われます。気分は悪くありません。横原先生にも『先生と言っても、読んで字のごとし、単に先に生まれた人だから』と言われたことがあります。いろいろな世界を見てから教員になったのはアドバンテージだったと感じています。教員を経験して思ったことは、レッズやフロンターレ時代に選手たちのことをもっと知るべきだったなということです。横原先生は僕が何かをしたい、しようということを否定されることはありませんでした。相談をすれば『こうやってみたらどうかな』と助言をくださり、わからないことがあればこの人に聞けばいいという安心感がありました。横原先生には良いこともそうでないことも早く報告したくなるんです。これはリスクマネジメントの部分では本当に大事なことだと思いました。例えばプロの指導者をやっていた時は僕は既往歴があるのか、ケガの経験があるのか、どの指導者から指導を受けてきたのか、どのチームでプレーしてきたのか、といったサッカーのバックボーンばかりを見ようとしていたんですね。ところが教員になるとそういったことは関係ない。もっと深い背景を見ようとするようになりました。なぜこの子は今日眉毛をいじってきたのか、なぜこの子は髪の毛をサッパリさせたのか。それとなく裏事情を聞いてみると、やっぱり好きな人にフラれたとか。数多くの生徒と知り合えたことで、自分の奥行が広がったと思います」

浜松開誠館に来て平岡から教わったことを実践する機会にも恵まれた。そのひとつに教室に入る時は右足から入るというものがあった。右足から入ると生徒を見ながら入室できるが、左足から入ると黒板を見ながら入室してしまうことになるからだった。

「平岡先生に教わっていたので、保健体育の授業、ホームルームでは必ず右足から入室していました。驚くことにそれに気が付いていた生徒がいたんです。その日の授業は『意識』について話をしていました。そうするとある生徒に『サワTは普段、何を意識しているの?』と質問されたんです。それで『教室には右足から入ることにしている』と言いました。すると『サワTは必ず教室に入ってくる時〝おはよう〟とか〝こんにちは〟とか〝元気?〟と言って、私たちのほうを向いているよね』と言われて驚きました。そういえば小嶺先生からも『澤村君、教室には右足から入ってる?』と訊かれたことがありました」

澤村が担任したクラスには松原后(シント＝トロイデン)、袴田裕太郎(横浜FC)がいた。2人ともジュビロ磐田のアカデミー出身で、ユースに昇格できずに浜松開誠館に来た選手だった。松原がユースに昇格できなかったのは「素行が悪い」というレッテルが貼られたからだった。

「松原は素行が悪くて上がれなかったと聞いたのですが、3年間彼と付き合ってみるとそんなことは感じませんでした。とにかく自己発信力が強くて、勝利に対するメンタリティがすごい。中学校やジュビロのアカデミーではそれがアダとなってしまったようです。大人が彼と真剣に向き合わずに大人のほうがそっぽを向いてしまい、『何で相手にしてくれないんだ』と反発したところがあったようです。進路指導で希望の進路を書かせた時、松原は『第一希望、清水エスパルス大学、第二希望、清水エスパルス専門学校』と、すべて『清水エスパルス』と書き込んでいました。ジュビロに対しての反骨心だと思いますが、その反骨心が当時の彼を支えていました。結果的には清水エスパルスからオファーをもらって、今はベルギーでプレーしていて、今や世界基準のサイドバックになったと思います。近々日本代表にも入るでしょう。裕太郎は身のこなし、左足のキックは高校時代から良いものを持っていました。松原とは対照的で戦うメンタリティは弱かったのですが、青嶋監督の下で勝負に撤することを学べたのではないでしょうか。明治大学に進学してからも不動のセンターバックで活躍し、横浜ＦＣにお世話になっています。裕太郎からはできなかったことができるようになると、人間は変われるということを学ばせてもらいました。彼ら2人にはエネルギーがありました。アドバイスがもらえるとか、スカウトが集まってくるとか、人の目が集まるとか、やはり大事なことだと思います。松原は集団の真ん中にいる人間でした。先輩から可愛いがられ同級生とも仲が良く後輩も集まってくる。人望があって男気がありました。指導者が行き過ぎてしまいそうになる時も、『先生、俺はそれは違うと思う』と面と向かって言える生徒でもありました」

２０１９年、澤村はトップカテゴリーのゴールキーパーコーチとして念願だったＪ１のピッチに立った。サンフレッチェ広島の開幕戦の相手は、くしくも教え子の松原が所属する清水エスパルスだった。広島のベンチから左サイドを疾走する松原を見つめ、感慨に耽ることがあった。

ゴールキーパーでは石田が印象に残っている。現在、石田は社会人として保険会社に勤めている。明治大学への進学は井澤千秋総監督（故人）が目をかけてくれたことから実現した。

「最初に浜松開誠館から明治へのルートを作ってくれたのが石田です」

澤村が在籍当時の浜松開誠館は高校が各学年30人ずつ、総勢約１００人、併設の中学校が高校の約半分の人数の部員で構成されていた。中学校は澤村が加わる前に全国大会で優勝しており、全中の常連チームのひとつだった。

「全中で優勝したのはエスパルスにいる竹内涼の時です。その時の生徒は早熟タイプが多くて、高校に入ってからレギュラーになった選手も少なくて、現在もプレーしているのは竹内くらいだと思います。ゴールキーパーも早熟タイプだったのではないでしょうか」

「早熟」なゴールキーパーの基準とは何か

ゴールキーパーを語る時、「早熟」という言葉は常につきまとってくる。身長が伸びない、身体が硬くなるなどのイメージがあるが、実際に「早熟」とはどのような解釈なのだろうか？　澤村のような育成のスペシャリストは「早熟」に対してどのようなジャッジ、チェック、見方の基準を持っているのだろうか？

「まずわかりやすく言うと、もう身長が伸びない、筋肉質な子です。大きくなるラージプレーヤータイプの体つきは筋肉、筋肉していません。意外に細身の子のほうが大きくなることが多く、スラッとしている子が一気にガーッと大きくなる傾向のほうが強い。『早熟』という言葉は中学校年代までしか使われない言葉です。選手がいかに成長していくのかというところは高校年代からしっかり見ていくべきだと思います。ゴールキーパーではありませんが、裕太郎は高校に入ってから身体が大きくなっていきました。ジュニア時代から結果を出している選手が上のカテゴリーに行った時にどうなっているのかは、正直なところ見えない部分が多い。これはゴールキーパーに限らずです。『早熟』と言われる子はあるタイミングであとから伸びてくる選手にいろいろな部分でぶち抜かれていきます。周りが背丈が伸びる時に自分は伸びない。今度は筋力でカバーしようと身体を作ると筋トレによってバランスが崩れていく。当然、身体も重くなる。動きに制限がかかるので筋肉系、関節系のケガが増える。こうした要素が絡み合ってサッカーをプレーすること自体が難しくなっていく。周りよりもできることが多かった小中学校年代。ゴールキーパーだったら今度はできなくなることが多くなります。ゴールが大きくなって届いていたボールに届かなくなる。周りのレベルが高くなり身体でも負けて競り勝てなくなる。できなくなることが多くなってくるとモチベーションも上がりません。維持するのも難しくなります。トップレベルからどんどん離れていってしまうのです」

「早熟」な選手はあらゆることであとから成長する選手に抜かれていく傾向が強い。ゴールキーパーに特化すれば小柄なままプレーをレベルアップするために、筋肉をつけてスピード、ジャンプ力強化に重きが置かれる。無理な筋力強化をしても、「関節」「腱」「靭帯」は大きくはならないため、アンバランスな身体になることが多い。結果的に筋肉系のトラブルから選手生命が奪われ離脱していく。「晩成タイプ」はできることが増え自信をつけるのに対し、「早熟タイプ」は以前できたことができなくなって自信をなくしてしまう。トッププレベルから程遠くなっていくというスパイラル現象を起こしてしまうのが、「早熟」なゴールキーパーのひとつの傾向といえる。

「『早熟』のゴールキーパーを指導する際、背丈が小さいからジャンプ力でカバーをさせようと筋トレをやらせるのか？　『早熟』を理解した上で骨格の構造を学び身体の動かし方を整えてあげたほうがいいのか？　将来的にサッカーを楽しめるのは後者です。こうしたことは僕たち指導者も勉強しなければいけません。ゴールキーパー大国のドイツでは体操競技に熱心に取り組んでいて、アスリートになる人は若い頃に体操競技をやっています。それによって身体の動かし方を理解し、実践できる子どもは身体が大きくなって筋量が増えていく。ラージキーパーでもしなやかな身のこなしができるようになるのは当たり前のことで、これはすごく理に適っていると思います。日本では身体が硬い子が多かったり、各関節をうまく使えない子が多かったりします。そのまま狭い土台にサッカーを上乗せしていて、そこにゴールキーパーの技術を上乗せしていくと偏ったゴールキーパーになってしまいます。こうしたスポーツに対してのバッググラウンドの部分には大きな差を感じます。例えばトップトップを目指すのであれば、小柄だったら『ゴールキーパーはやめたら?』と大人も言うと聞いたことがあります。また、『違う種目で勝負したらどうだ?』というように、頭ごなしに『ダメ』と言うのではなく選手個人が最も能力を発揮できる競技に導いてあげる、そういう持って行き方が指導者の仕事という面もあるようです」

身体を大きくするということは、長い時間をかけてゆっくり育んでいくことである。選手生活の中で初めて澤村に出会うのが15～16歳であり、そこからひと伸びすることもあれば、すでに「早熟」で身体的な成長が止まっていることもある。プレーに伸びしろがあり、成長のスケールを感じられればいいが、スケールを感じられなければ「早熟」だったということなのかもしれない。Ｊリーグでも菅野孝憲（札幌）のように１７８センチでも抜群のテクニックと身体能力、広い守備範囲でＪ１のゴールを守るゴールキーパーもおり、ひとえに低身長＝「早熟」とは括ることはできないと澤村は考えている。世界的にもホルヘ・カンポス（メキシコ。１６８センチ、公称１７５センチ）、オスカル・ペレス（メキシコ。１６９センチ、公称１７２センチ）、レネ・イギータ（コロンビア。１７５センチ）と低身長であっても世界的に知られているゴールキーパーも存在する。日本でも田口光久（故人。１７５センチ）、川口能活（１７９センチ、公称１８１センチ）が代表で活躍している。スモールサイズでありながら、トップレベルで活躍するゴールキーパーに共通しているのは、やはり「メンタルの強さ」がある。

マインド Ⅳ

相互理解力

（主張力・傾聴力）

ゴールキーパーにとっても重要な「相互理解力」

僕はやみくもに「声を出せ」という指導はナンセンスだと思っています。自己発信できないゴールキーパーがいる時、ゴールキーパーコーチはまずなぜそのゴールキーパーが自己発信できないのかをしっかりと分析する必要があります。「ゴールキーパーは声を出せよ」では、どんな声を出したらいいのか？　どういったタイミングで発したらいいのか？　ゴールキーパーたちはわかりません。

いろいろなゴールキーパースクールを見てきた中で、ゴールキーパーコーチがゴールキーパーのデモンストレーションをやって技術は見せても、ゲーム中における声のコミュニケーションの部分を見せることは、意外に少ない印象があります。具体的に「どういった声を出す？」、もしくは「こういう言葉を発しよう」とチームの約束事を作ってあげることは、やるべきことだと思います。そのための手法として今、ゴールキーパーが何を考えていたのか、あるいは考えているのかを聞いてみたり探ってみることが必要です。

言葉に出せないゴールキーパーに対して「声を出せ」と言っても、言われたほうは何を喋っていいのかわからないことが多いのです。生まれたての赤ちゃんに言葉を教えるように、何度も繰り返し適切な言葉を理解させる。そしてゴールキーパーコーチ自らがデモンストレーションで見本を示してあげることが大事だと考えます。試合ではベンチから伝えたり、ゲーム形式のトレーニングではゴールキーパーコーチが後ろからゴールキーパー目線でアドバイスをするのも有効です。

あとは目配りの部分です。「どこが危ないと思う?」「次にパスがきそうなのはどこ?」と意識をさせて、近くのディフェンダーに指示を出すことで良いコミュニケーションが生まれます。そしてディフェンダーがインターセプトできたとしたら、それはディフェンダーのファインプレーでもあり、ゴールキーパーのファインプレーでもあります。

ゴールキーパーコーチはそのプレーにあった発声、その言葉を称賛してあげることが大事です。プレー一つひとつに対して甲乙をつけていき、ダメ出しをするのではなく、何が良いのか、何が悪いのかを整理していきます。そうすることでゴールキーパーは次のステップに踏み出せることになります。「相互理解力」を深めるためには、言葉を発することが重要であり、発した言葉に対しての否定ではなく、それを受け入れてあげることが重要です。それが間違っている言葉であっても、ダメ出しではなく訂正してあげればいいのです。

「ゴールキーパーに「相互理解力」が大事なのは当然として、「相互理解力」はゴールキーパー以上にゴールキーパーコーチにとって重要なファクターと言えます。ゴールキーパーコーチにとっての「相互理解力」とは、選手に問いかけをして、選手から返ってきた答えに対して再び返事をする。そして、それを繰り返していくことであり、声に出してコミュニケーションを取ることで、より「相互理解力」は強くなっていくと理解しています。「声を出して話す」と言うと、ゴールキーパーや他のゴールキーパーコーチからも「声を出すのは技術ですか？ 戦術ですか？」と訊かれることがあります。言葉はテクニックであって戦術でもあるので、僕は両方だと思っています。

韓国語を学ぶ佐藤昭大には「相手」がいた

現在はアビスパ福岡でプレーするエミル・サロモンソン選手という元スウェーデン代表のサイドバックがサンフレッチェ広島にいました。大迫敬介選手はサロモンソン選手に対してボールが逆サイドの時に「絞れ、絞れ」と言うのですが、サロモンソン選手は「何を言ってるんだ?」という表情を浮かべ逆サイドでマークをしていました。大迫選手は通訳を捕まえて「エミルにこういった状況の時には中央に絞ってもらいたいので、『絞れ』という単語を教えてほしい」とお願いしていました。通訳が「スクイーズ」と教えると、大迫選手も「スクイーズ」と声を出して、サロモンソン選手も「ＯＫ」と中央にポジションを絞って、試合後「大迫の声に助けられた」と話をしていました。

日本でも良いゴールキーパーはブラジル人がやってくれれば、ポルトガル語で指示を出すし、大迫選手がサロモンソン選手に対して英語で指示を出していたように、味方選手によって言語を使い分けるのはゴールキーパーの大切な「相互理解力」です。ベガルタ仙台のヤクブ・スウォビィク選手も日本語を覚えて大きな声で仲間に指示を出しています。それを考えると川島選手が世界で今も戦えているのは、まさにこういった部分だと思います。

横浜FCの南雄太選手は端的に短い言葉で指示をしています。シュートコースは塞がなくていいので、「右だけ切れ」「ニアだけ切ってくれ」「ファーだけ切ってくれ」と、あとは協力して守るから、と。とにかく「シュートコースを限定してくれ」と声を出します。

世界のゴールキーパーを見た時、彼らが顔を赤くして仲間を叱咤する時は、約束が守られなかった時です。いくつかのシチュエーションが想定できて、チームとしてのセオリーがあり、それがうまくいかなかった時には叱咤する。逆に言えば、それ以上のことをやってくれた時には激励する。そんな風に見るとわかりやすいと思います。こうして見ると叱咤も激励もまさに「相互理解力」と言えます。普段のトレーニングや生活の中でのコミュニケーションも大切になります。うまくコミュニケーションが取れていないと、声を出しても聞いてもらえないこともあります。日常の行動や人間性、社会性を含めて関係してくるだけに、理屈だけでは語れない部分なのかもしれません。

Jリーグの外国人選手は自分の母国語で話をされたら喜んでプレーをします。僕はそれを間近で見て感じました。昨年までモンテディオ山形でプレーしていた佐藤昭大選手は僕がロアッソ熊本にいた時に在籍していたゴールキーパーで、チームに韓国人の選手が加入するとキャンプインと同時に毎夜、韓国語の通訳のところに行き韓国語のレッスンを受けていました。この時に「相互理解力」の「理解」の部分を勉強させてもらった気がします。自分だけではなく必ずそこには相手が存在していて、「何を言われたら助かるのか」「何を言われたら嫌がるのか」など、ゴールキーパーはフィールドプレーヤー以上に学習能力があったほうがいいと実感することができました。

主張をするために欠かせない「傾聴力」

自分の主張することは譲れない。といっても、主張ばかりしていても相手にはわかってもらえません。フィールドプレーヤーや監督、コーチが言うことに対して、耳を傾けることはゴールキーパーが成長していくために欠かせません。

ここでもシュミット・ダニエル選手を例に出します。ロアッソ熊本時代、若いゴールキーパーの練習生がトレーニングに参加をした時、ダンはよく聞き耳を立てていました。水を飲んでいるふりをしながら、タオルで顔を拭きながら、耳だけは練習生にアドバイスをしている僕のほうを向いていました。「○○が言われている」という感覚ではなく、常に自分に置き換えていたのでしょう。

「傾聴力」とは何かと聞かれることがあります。わかりやすく言えばアンテナを張ることです。聞こえてきた言葉を整理、取捨選択して「俺にはこれが必要」と吸収してしまう力を指します。良いゴールキーパー、ゴールキーパーコーチになるためには欠かせない大事な能力です。

柏レイソルのゴールキーパーコーチの井上敬太も「傾聴力」が高い選手でした。スクールの手伝いをしてもらっていて、僕が不在で指導できない時にはその力を存分に発揮してくれました。普段のトレーニングで僕が話していたことを自分のものにして、スクール生にしっかりと伝え指導してくれました。聴くだけではなく、スクール生に対して自分の言葉として発信、つまり主張をしていました。身体が大きくならず選手として大成することはできませんでしたが、現在はJ1のゴールキーパーコーチとして活躍しています。当時からゴールキーパーコーチとして活躍することがイメージできる指導力があり、大津高校の平岡先生もそれを予言していました。浦和レッズ時代に指導した大橋や杉尾も聴く能力が非常に高く、現在は指導現場で活躍しています。当時の指導者としても感慨深いものがあります。

むしろ、対選手への指導より指導者育成での場面のほうが、「傾聴力」と「主張力」を確認することができます。カテゴリーが上がれば上がるほどゴールキーパーはグループでトレーニングを行うことが増えてくるので、それを利用してゴールキーパーにコーチ役をやってもらうとわかることですが、良い選手は指導上手が多いということです。世界に目を向ければ、ゴールキーパーはフィールドプレーヤーよりも名選手が名コーチとなっているケースが多く、世界最高のゴールキーパーと謳われたオリヴァー・カーンは西ドイツ代表のレジェンドであるゼップ・マイヤーに師事していました。

「傾聴力」とは主張をするために欠かせない能力と考えてください。主張＝アウトプットをするためには吸収＝インプットすることが必要です。「傾聴力」の高い選手は観察力が高く、物真似がやたらと上手なのも特徴です。ゴールキーパーコーチはそんなところにも気にかけ、目配りを忘れないでください。

6章

プロ編

（ロアッソ熊本／サンフレッチェ広島）

【ロアッソ熊本ゴールキーパーコーチ（2015〜2018年）】

安定した教員を捨ていよいよトップのステージへ

浜松開誠館高校の3年目、11月の終わりに澤村は理事長室に呼ばれた。「来年もお願いします」。3年間の勤務に対して評価は契約更改という形だった。これまでの立場は専任講師であるが、継続採用とは本採用を意味すると言ってもよかった。それは教員としての自らの勤務に対しての評価でもあり、うれしい知らせだった。即答しなかったのは家族に報告してからという思いと、夢の舞台への未練があったからなのかもしれない。帰宅すると真っ先に妻の成世に報告した。不安定なゴールキーパーコーチから安定した教員になるのだ。「これでパパ安泰だね」と喜んでもらった矢先、事態は急変するから人生は数奇である。その晩、ロアッソ熊本の監督、小野剛から電話があった。

「剛さんには以前からナショナルトレセンでお世話になっていて、U-15代表の立ち上げの遠征、『ミルクカップ』という大会で、アイルランドに行ったんです。その時の団長が剛さんで城福浩さんが監督、僕がゴールキーパーコーチでした。とはいっても、大津高校でコーチをしている時のことでだいぶ前のことだったのですが、その時の仕事を評価していただいて、ロアッソ熊本のゴールキーパーコーチにと声をかけていただいたんです。おそらく、このオファーには平岡先生も一枚噛まれていたと思います。『どうだ、来年やるか』と言っていただいたので、僕はやりたいという気持ちがあったので、『やります』と即答してしまったんですね」

翌日、上司である横原先生に真っ先に相談し思いを伝えると、横原先生は「クラスの38人全員から反対の声が挙がらなければ、理事長に『認めてください』と話を持っていきましょう」とアドバイスをもらった。横原先生の後押しは澤村にとって心強かった。澤村は担任する38人の保護者に連絡を取り、丁寧に事情説明をして了承をとりつけた。38人中、国立大学を受験する1人を除いた37人の進路が決まっていたことと、日頃から担任をする生徒の保護者と密に連絡を取り合っていたこともあり、難しい話もスムーズに進んでいったというわけである。澤村自身はこの時、改めてコミュニケーションを取ることの重要さを実感している。

「この時感じたことは、前向きなことへの了承を得るのにも普段の信頼関係が大事だということ。担任した38人の保護者の方から、改めて勉強させてもらったと思っています」

この時、澤村が一番報告しづらかったのは妻の成世だった。先が約束されない不安定なゴールキーパーコーチより安定している教員がよいと考えるのは当たり前の話だ。

「頑張ってみたら」

それが妻の成世からの返事だった。遡ること1カ月前、10月に某Jリーグクラブからゴールキーパーコーチでどうかという打診をもらっていた。ところが話は暗礁に乗り上げてしまい、立ち消えとなっていた。

「(プロとは)縁がないのかな。このまま教員でいくんだろうな」

態度には出さなかったが、澤村の無念さは家族には伝わっていた。そして、その矢先の小野からの誘いである。成世は澤村の思いは十分すぎるほど理解していた。小野は浜松開誠館の青嶋監督にも連絡を入れ、澤村のロアッソ熊本入りの了承をとりつけてくれた。横原先生と青嶋監督が間に入って理事長を説得した上での退職だった。たくさんの人が澤村の夢を後押ししてくれたが、それも澤村の徳、人望がそうさせたに違いない。慌ただしく年末年始を過ごし、正月の7日が明けると妻と高校生と小学生の娘を浜松に残してすぐに熊本に飛んだ。指導者としての礎を築いた大津高校、そしてプロの指導者としての歩みを踏み出すその地が熊本である。大津時代で濃密な5年間を過ごした熊本には何か大きな因縁を感じた。平岡をはじめとしたサッカー関係者はもちろん、知り合いも多くいたため生活にも何ら不安を感じるところはなく、サッカーに集中できる環境がそこにはあった。心残りがひとつだけあった。

「プロなので、チームは1月半ばからの始動となります。キャンプ前の練習の立ち上げから考えると、どうしても3学期は教壇に立つことができないわけです。それで私学ではなかなか異例のケースでしたが、12月31日で退職という形をとらさせていただきました。担任を持っている教員が、プライベートな理由で退職するわけです。本来はありえないことなので、たくさんの方にご迷惑をかけてしまったと思います。それでも生徒たちは『卒業式は出てください』と言ってくれて、ロアッソの練習はスタートしていてキャンプ直前でしたが、1日だけ特別に休みをいただいて卒業式に出席させてもらいました。とんぼ返りで熊本に帰って、翌日からキャンプでした。剛さんをはじめ、クラブにも理解していただいて感謝しています」

「メンタル」「マインド」で参っていたロアッソのゴールキーパーたち

「ゴールキーパーはメンタリティ」と言い切る澤村だが、ピッチ以外でも安心して生活を送れること、こうした環境があることも重要だと考えている。それは、選手はもちろんのこと、指導者にとっても重要なファクターとなる。

「トップカテゴリーのゴールキーパーコーチといっても、わからないことだらけだったので、最初は目の前の選手と一生懸命やろう、それだけでした。剛さんは僕がどんな指導をするのかすでに知ってくれていました。僕も剛さんのことをよく知っていたので、やりにくさはありませんでした。コーチに清川浩行さんがいて、フィジカルアドバイザーにはフロンターレ時代に知り合った池田誠剛さんがいて、月1回来られていました。誠剛さんは当時、香港代表のコーチを兼任されていたのですが、その存在は心強かったですね。選手には大津高校出身の巻誠一郎がいて、ゴールキーパーには原裕太郎がいました。裕太郎とはアンダーカテゴリーのトレセンで知り合い、この年に広島から熊本に加入しています。熊本のゴールキーパースクール時代の教え子で熊本商業から中央大学、アイン食品を経由して2012年から熊本でプレーしている畑実（2020年に引退）がいてくれたというのも僕には心強かった。2015年の半年間レンタルで加わったシュミット・ダニエル（197センチ）、畑（193センチ）とビッグサイズの2人とウオーミングアップに出る時は、僕は大きくないのであまり一緒にいたくなかったのは事実ですが……（笑）

ロアッソは僕がコーチになる前年まで、南雄太が1人で奮闘していました。その彼がロアッソから横浜FCに移籍して、畑がレギュラーとなったのですが、失点数が多かった。失点を分析するとゴールキーパーのエラー絡みが多かったこともあって、監督からはゴールキーパーの底上げも含めて指導をしてほしいと言われていました。実際にプレーを見て思ったことがありました。それは考え方、つまり『メンタル』『マインド』の部分で、畑はかなり参っていたんです。理由ははっきりしていて、試合に出てエラーをする。そのことで自信を失くしていたのです。『どうにもならない』というのは言い過ぎですが、この状態で試合に出たと考えるとどんな結果になるのか想像は難しくありませんでした。こんなメンタルコンディションで試合に出ても、スパイラル現象が起こってしまうんです。精神的に追い込まれてしまうことで、技術的な部分でも『ミスをしないように』というネガティブな選択が優先されていってしまいます。そこに追い打ちをかけるように、『おい、キーパー！』とスタッフだけではなく、他の選手からも言われる回数が増えていきます。これがさらにメンタルを壊していきます。ゴールキーパーは身体は大きいし、最後の砦としてどっしりしていなくてはなりません。それだけにフィールドプレーヤーよりも常に緊張していて、敏感な部分が多いことも事実です。僕は外から加わったこともあって、客観的にロアッソの様子を見ることができていました。チームに加わった頃は、レギュラーの畑を含めたゴールキーパー陣が戦犯扱いされるような風潮があったと思います。剛さんが僕をゴールキーパーコーチに加えたのは、その部分の改善のためもあったと理解しています。

やはり、南の存在がロアッソにはあまりに大きかったと思います。ゲームキャプテン、チームキャプテンを務める選手でしたから。そんなチームの中心選手で精神的支柱がいなくなったわけですから、そうならざるをえないところもわかります。その状況をゴールキーパーコーチとして目の当たりにした時、『トップレベルでも同じなのか』と今までは外からしか見ることができなかった、霧がかかっていた部分が見えてきたと感じました。僕自身、プロとしての選手経験はありません。それだけにトップチームでの仕事は夢にまで見たステージでした。ですが、わからないことだらけでもありました。ただ、選手に何を伝えたらいいのかというところ、究極なところは変わらない。ゴールキーパーなら誰もが感じるところは同じなんだと、逆に僕自身は自信が掴めたところもありました。

広島から移籍してきた裕太郎はゲーム経験が乏しいゴールキーパーでした。広島でほぼゲームに出ていない状況がずっと続いていたので、ゲームに出たいという意欲は大きく、積極的にプレーをしていました。実際、開幕戦から起用されたのは裕太郎で、良いパフォーマンスが出る試合もありました。ところがひとつの連携ミス、ひとつの失点でガタガタと音を立てて崩れ落ちていく選手でもありました。表現するのが難しいのですが、ウオーミングアップの時とハーフタイムでは別人のようになってしまうこともありました。こうした現象を見て僕が感じたことは、若いうちにタイトなゲームを経験することの重要性です。そのゲーム経験の差はこのように出てくるのかと確信できました。裕太郎はこの時、25、

6歳でプロ選手としてのキャリアはそれなりに持っていましたが、試合には出場していませんでした。広島ではボクシングでいうところのスパーリングパートナー的な存在になっていたようです。でも指導に文句を言うわけではなくトレーニング意欲もある。チームにとってもゴールキーパーグループにも害にならない模範的な3番手、4番手のゴールキーパーだったわけです。裕太郎はJリーグの育成組織出身（広島ユース）で、本人も何とかしたいと移籍をしてきた選手でした。僕もナショナルトレセンやゴールキーパーキャンプで指導していたこともあって、ポテンシャル的に何とか成長してもらいたいという思いが強かった。ただ、しばらくして感じたことがあります。

裕太郎はJ1、J2では絶対にレギュラーにはなれないゴールキーパー、だと。これも表現が難しいのですが、彼は『勝たせる能力』が弱いゴールキーパーだったのです。それを証明するひとつに裕太郎はジャンケンが弱かった。意外に思うかもしれませんが、試合に出る選手、レギュラーの選手はジャンケンが強い。とにかくゲーム経験のある選手はジャンケンが強いんです。これは育成年代もトップカテゴリーでもまったく同じでした。ズバリ、勝負強さです。これがジャンケンの強さと比例していました。主導権を引き寄せる力強さを試合に出る選手は持っています。ポテンシャルがあり、将来を嘱望されて世代代表の経験もある。裕太郎もプロ入りまでの経歴は素晴らしいのだけれど、プロに入ったら試合に出られない。そういう典型的なタイプだったと思います」

プロの道はいばらの道だ。そのいばらの道は傷ついても這いずり、そして通り抜けて、階段を上り、越えなくては辿り着けないハードルを飛び越えていかなければならない。それがプロが歩き、上り、掻き分けていく道なのだ。ゴールキーパーに与えられるポジションはひとつしかない。そこに立つことは容易いことではないだけに、一度そこに立てば誰もがその座を揺るぎないようにとしっかりと地固め、足固めをするのもゴールキーパーなのだ。そこに立っている木が太く揺るぎなければ、2番手、3番手のゴールキーパーに陽が当たることはない。陽の当たる場所、実戦の場を求め彷徨うものの、辿り着いた地で今度は経験値が足りないと言われることもある。例えばJ1で言えば、陽の当たるその場所は18しかない。自らの力を信じ、移籍を繰り返し、その場を探すも負の連鎖、スパイラル現象に苦しむ者も少なくないのがゴールキーパーでもある。

「ロアッソでも裕太郎は一生懸命練習をやってくれました。これは語弊があるかもしれません。一生懸命練習をやったとします。ですが1ゲーム、90分で選手は変わっていくんです。試合に出て選手は変わっていきます。ゴールキーパーであればなおさらです。海外の若い選手がディヴィジョンを下げてでも試合の場を求めて移籍する理由がわかります。セルジオ越後さんもよく話をされますが、100人以上も補欠がいるサッカーチームはおかしいんじゃないかと。僕は感覚的にはセルジオさんがおっしゃっていることがわかります。これはプロでも本当に繋がるところなんです」

「将来性がある」と言われ続けたシュミット・ダニエルの変化

澤村は小野から指名を受けゴールキーパーコーチに就任したものの、2015年のロアッソは相変わらず低空飛行を続けていた。勝利に見放されると、当然、失点もかさんでいった。ゴールキーパーは原を起用するもうまくいかず、畑に交代するも事態が好転することはなく、ならばと金井大樹を起用したが、大きな変化が起きることはなかった。そんなタイミングにベガルタ仙台からシュミット・ダニエルがレンタル移籍でロアッソに加わることになった。

「ダンとはフロンターレの時に、中央大学にいた彼が特別指定選手で来ていたので、面識があり何回も練習をしたことがありました。中央大学の監督でゴールキーパー出身の佐藤健さんの後押しと言いますか、『何とかしてほしい』とお願いがあったようで、剛さんのほうから僕にも話があったので『受け入れたほうがいいです』と言いました。ゴールキーパーが5人体制になるのでマネジメントが大変になるのかなと思ったのですが、選手は現状を受け入れてくれました。実はこれがロアッソのゴールキーパーグループの問題点でした。彼らは『みんなで頑張りましょう』と言っていたんですね。この『みんなで頑張ろう』がプロでゲームに出られない選手の根っこにあります。この部分は育成年代とは比較ができない部分で、比べてはいけないところだとも思っています。僕は熊本で4年、広島で1年、トップのカテゴリーでコーチを経験しました。そこで感じたことは、トップカテゴリーで生き残っている選手は、切羽詰まった厳しい場面で『みんなで』とは絶対に言わないし、こうした現状そのものを受け入れません。正直なところ、『みんなで頑張って』と練習する選手たちには歯痒さを感じました。一人ひとりに話を聞けば、対抗心や自尊心は持っているのですが、彼らはそれをうまく表現できないのです。詰まるところ、ゴールキーパーとはゴール前でどれだけ自己主張できるかなのに、自己主張、自己発信力がこの時いたメンバー、熊本に来たばかりのダンを含めてなかった。その半面、受信力、受け入れる力はメチャクチャあるんです。指導者に言われたことは一生懸命やるし、トレーニングも素晴らしい姿勢で臨む。それなのに『ゲームに出たいから僕を外に出して（移籍させて）ほしい』とか、ゲームに出たいからトレーニングからアピールするということはあまりなかったように思います」

調子の上がらないチームの原因のひとつにゴールキーパーがネックになっていたのは紛

れもない事実だった。選手個々を見れば、身体的にも恵まれていて、少年時代から脚光を浴び世代代表に選ばれ、大学などで活躍してきた面々でもある。そんな彼らがトップカテゴリーでは簡単なミスを連発し、自らのエラーで自信を失くして仲間からの信頼を落としてしまっていた。そこにシュミットが加わり、5人体制のトレーニングが始まった。声を揃えて「みんなで頑張ろう」という姿は傍目には団結力があって美しく見えたかもしれないが、一番大きな問題はその部分と確信していた澤村は頭を抱えた。

欠落しているところは戦うメンタル、負けたくない、負けられないというメンタルなのだ。ゴール前に立ち、チームの最後の砦となるという気概や迫力にどの選手も欠けていた。のちに日本代表となるシュミットもまだその中の1人だった。

「5人体制になっても、一人ひとり思うことがあっても、それぞれが現状を認めて受け入れてしまう選手たちでした。ダンも自分の能力には気が付いていたのかもしれませんが、ゲームに出ていないから確信が持てていなかったと思います。今でもそうですが、試合に出ていないゴールキーパーには、僕は『自信を持っていこう』とは言えませんから。ただ、ダンには他の選手と違っていたことがありました。それは『3年後に日本代表になりたい』という明確な目標、ヴィジョンを持っていたことです。ダンは良くも悪くも『将来性があるから』と多くの指導者に言われてきました。例えば、メンバーを外される時であっても

ロアッソ熊本時代のコーチングスケジュール

	木	金	土	日	
	[5:30〜7:30] 自主トレーニング [8:00〜9:00] スタッフミーティング [9:00〜10:00] トレーニング準備 [10:00〜11:40] チームトレーニング [11:40〜12:30] 自主トレーニング [12:30〜14:00] 昼食 [14:00〜16:30] スタッフミーティング 映像作成 GKトレーニングメニュー作成 個人面談 etc [16:30〜18:30] ジムワーク [18:30〜] フリー	[5:30〜7:30] 自主トレーニング [8:00〜9:00] スタッフミーティング [9:00〜10:00] トレーニング準備 [10:00〜11:40] チームトレーニング [11:40〜12:30] 自主トレーニング [12:30〜14:00] 昼食 [14:00〜16:30] スタッフミーティング 映像作成 GKトレーニングメニュー作成 個人面談 etc [16:30〜18:30] ジムワーク [18:30〜] フリー	[終日] トレーニング or 公式戦	[終日] トレーニング・ リカバリー or 公式戦 or 練習試合	5 6 7 8 9 10 11 12 13 14 15 16 17 18 19 20 21 22 23

	月	火	水
5	[5:30〜7:30] 自主トレーニング	[5:30〜7:30] 自主トレーニング	[5:30〜7:30] 自主トレーニング
6			
7	[7:30〜15:30] フリー		
8		[8:00〜9:00] スタッフミーティング	[8:00〜9:00] スタッフミーティング
9		[9:00〜10:00] トレーニング準備	[9:00〜10:00] トレーニング準備
10		[10:00〜11:40] チームトレーニング	[10:00〜11:40] チームトレーニング
11		[11:40〜12:30] 自主トレーニング	[11:40〜12:30] 自主トレーニング
12		[12:30〜14:00] 昼食	[12:30〜14:00] 昼食
13			
14		[14:00〜16:30] スタッフミーティング 映像作成 GKトレーニングメニュー作成 個人面談etc	[14:00〜16:30] スタッフミーティング 映像作成 GKトレーニングメニュー作成 個人面談etc
15	[15:30〜18:30] GKスクール スタッフミーティング		
16		[16:30〜18:30] ジムワーク	[16:30〜18:30] ジムワーク
17			
18	[18:30〜21:00] GKスクール	[18:30〜] フリー	[18:30〜] フリー
19			
20			
21	[21:00〜22:30] 片付け・洗濯		
22			
23			

『将来性があるから』と言われてきたと思うんです。多分、一番言われてきた言葉が『将来性がある』だったはずです。その言葉が手枷足枷となっていた時は、力を発揮できなかったと思います。反対に、具体的に今何をすべきなのかということがわかると、ダンのようなタイプは確実に自信を深めて実力を上げていきます。熊本でのダンはまさにそうでした。明確な目標設定をすることで、ポジティブに物事をとらえられるようにしていくのです。

『自己分析』と『自己評価』の話をします。ロアッソのコーチ時代に感じたことは、ゴールキーパー、フィールドプレーヤー問わず、プロ選手は自己分析する選手が少なくて、自己評価している選手がポジティブ、ネガティブの両側面から見ても多いということ。試合に出られない選手も必死にトレーニングは取り組んでいて、彼らによく質問をしました。『今、何番手だと思う?』と。

『ベンチですかね?』『3番手ですかね?』と自分を順位付けしている選手が多かった。ゲームに出て活躍したいと言っておきながら、2番手、3番手と自分で順位付けをしてしまうのです。そういう言葉をよく聞いていたので、その選手がそこに甘んじていることにも納得がいきました。つまり、自分自身がメンタル的な部分でマイナス方向に誘導しているのです」

プロの世界はわかりやすい。試合に出て活躍できるか、そうでないか。プロに限らず安定したメンタルコンディションがパフォーマンスの向上には不可欠なのだ。サッカーはチームスポーツであり1人の力でできることは限られている。それがウノ・ゼロのゲームだったら何回スーパーセーブをしたところで、ゴールキーパーのエラーがひとつの失点に絡めば激しく糾弾される。日本だけではない、それは世界中どこに行っても変わることはない。

トレーニングマネジメントより重要なメンタルマネジメント

「ゴールキーパーに最も必要なものはメンタル」。澤村がそう言い切るのには理由がある。

「ロアッソではチームの成績が芳しくない時期でも、トレーニングは明るく元気に取り組んでくれる選手たちばかりでした。サンフレッチェでもそうでしたが、練習そのものを難しく感じたことはありませんでした。トレーニングに強弱、緩急をつけて、どうすれば盛り上がるのか、集中して取り組めるのかというのは、育成年代の指導の中でも経験していたので問題はありませんでした。僕自身が重要視していたのは、メンタルの維持やケアの部分です。ですからゴールキーパーコーチとして個人面談を定期的に行っていました。教員時代に保護者に定期的に連絡を入れていたのと似ています。選手たちは『澤村は俺のことをちゃんと見てくれている』という安心感があったと思います。僕自身も選手の考えを把握できていると考えていました。ゴールキーパーはトレーニングのマネジメント以上にメンタルマネジメントのほうが僕は重要だと考えています。これはプロに限ってのことではありません。経験的な話になりますが、『大丈夫』とか『安心感』というところが、選手を伸ばしていく、伸びていくところでは重要です。反対に『見られていない』とか『理解されていない』と感じると、選手は不安になって落ち着いてサッカーに取り組めなくなります。僕が1週間に1回程度、選手の個人面談をしていたのはそういった理由からです。週の半ばくらいに20分から30分程度。サッカーとは関係ない話もしますが、今、選手が『目指している方向』『やったほうが良いこと』『やらなければならないこと』などを織り交ぜて話をしたり、聞いたりしていました。面談した話は、僕も書いてまとめていましたが、選手たちにも書かせていました。具体的な方法としては、面談中もホワイトボードを使って説明したりしていました」

２０１５年、ロアッソは超低空飛行でのスタートとなり前半戦は22チーム中21位～22位を彷徨うこともあった。最後は13位まで順位を上げ、ゴールマウスはシュミットが不動のものにしていた。そして2番手は畑。澤村のトップカテゴリーのゴールキーパーコーチ1年目は波乱に満ちていた。シュミットとシーズン途中にサガン鳥栖から加わった清武功暉の活躍もあり、リーグ後半戦は9勝7分け5敗と一時はプレーオフ圏内に迫ることもあっ

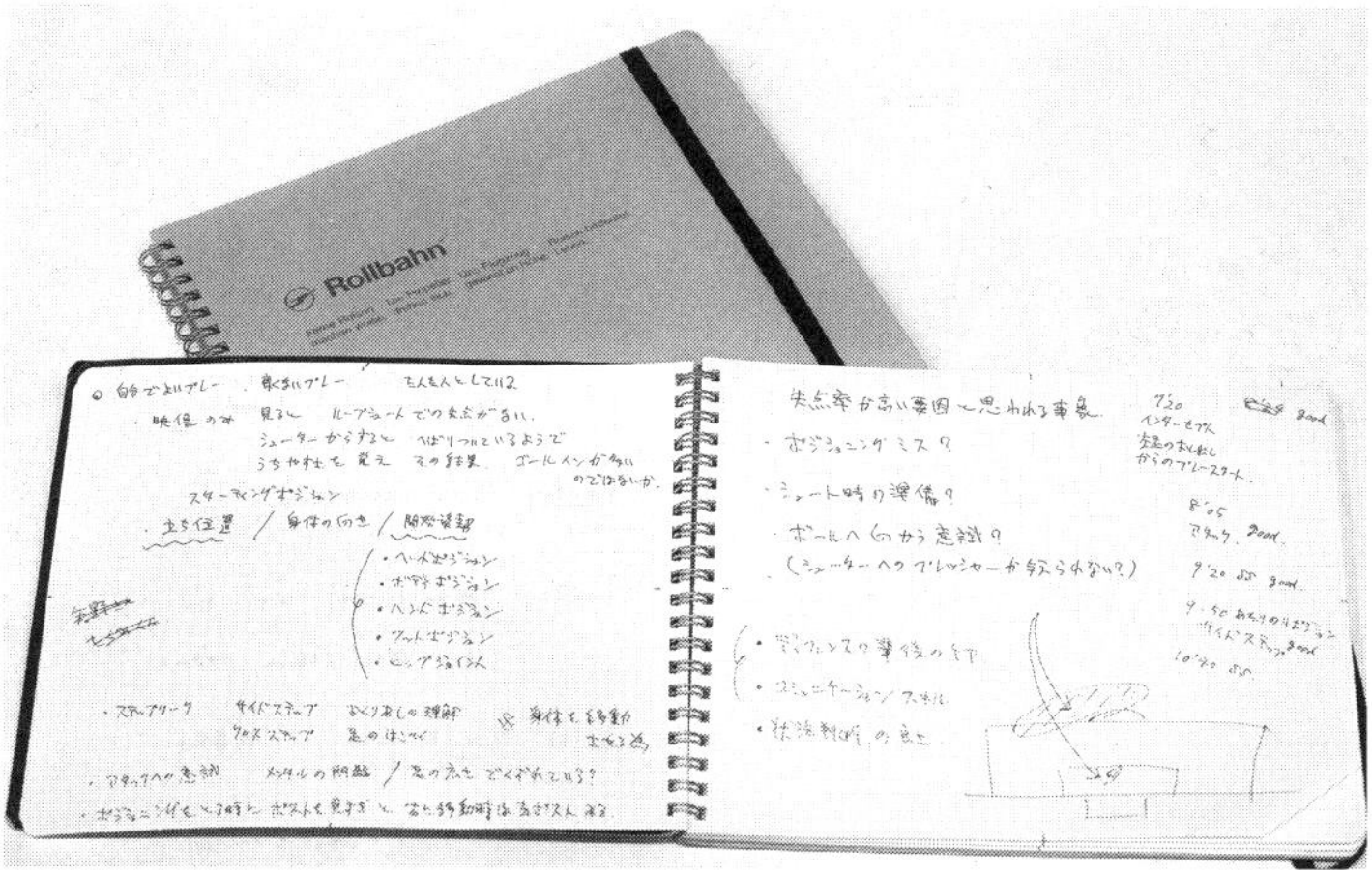

澤村ノート

た。この時、澤村は「ゴールキーパーが変わるだけでチームはこれほどにも勢いづくのか」と、そのポジションの重要性を改めて理解したという。育成年代の指導の中で同じことを感じていても、プレーヤーとして、そして指導者としてトップカテゴリーを経験していなかったことから、手探り状態だったものがシュミットの覚醒によってチームが連勝し勢いづく中で、澤村の中で確信に変わった瞬間でもあった。勝利という結果は、選手だけではなく指導者にとっても、自信に繋がり大きな後ろ支えとなることをトップカテゴリーを経験することでより強く思うようにもなった。

決して大きくはなかったが、勝利給はコーチにもつくため、励みにもなった。

「勝つと妻から『おめでとう』というLINEが届きました。負けると連絡が来ないので、それはもうあからさまでした（笑）」

Jリーグのアカデミー指導者として携わっていても、勝利給といったプレミアムは存在しなかった。選手は自分のプレーが評価されれば金となり、ミスをすれば評価を落とし金を得ることはできない。拡大解釈すれば、自らのミスによって試合を落とせば仲間たちが手にするプレミアムも失くしてしまう。アマチュアでは感じることのできないそんなプレッシャーがプロのステージでは日常なのだ。それはコーチも同じで大きなモチベーションになっていることも事実である。

「他のチームの人と勝利給の話をするなんてこともありました。『赤いチームの人はいくらもらう』とか、『（松永）成立さんはいくらなんだ』と聞くと、僕自身も『よし、頑張ろう』となりました。結果を出せばのし上がっていけるんだ、と。ダンも2015年に熊本に来た時の年俸は400万円弱くらいだったと思います。試合に出て活躍すれば1年、半年後にはそれが4倍になったりするのがプロの世界。僕自身も勝てば給料が変わるので、それはモチベーションになりました。また、ロアッソは練習にファンが多く観にくるチームで、それは練習から人に観られているとか、何千人、何万人の中でボールを蹴るというのは、僕自身はアマチュアで経験したことがなかったので、ウオーミングアップでそういう観衆の中でボールを蹴れることがすごくうれしかったし刺激にもなりました。２０１５年の開幕戦はアウェーの水戸ホーリーホック戦でしたが、やっぱり一発目、ボールを蹴るまでは相当不安でした。これまでの僕はスタンドからプロのウオーミングアップの動作を見て、その一つひとつの動作をつぶさにチェックしていたんです。今度は逆になるわけです。絶対にそういう目で見られているんだろうな、と。だから立場が逆になって、最初は不安で不安で仕方がなかったですね」

【サンフレッチェ広島ゴールキーパーコーチ(2019年)】

大迫敬介を1番手にしたことで生じた周囲の反応

2019年、澤村はサンフレッチェ広島のゴールキーパーコーチに就任した。指導者の立場かもしれないが、澤村にとってそれは念願だったJ1の舞台だった。林卓人、中林洋次、廣永遼太郎、そして大迫敬介の4人体制でシーズンを迎えた。

最年長の林は経験豊富で自己発信力に優れ、強いメンタリティを持ったゴールキーパーだった。中林は市立船橋高校からプロ入りし20代半ばまでなかなか出場機会に恵まれなかったが、3チーム目の移籍先J2ファジアーノ岡山でレギュラーを獲得すると200試合以上に出場し、林と正ゴールキーパーの座を争うほどキャリアを積み上げていた。廣永は世代代表として2007年のU-17W杯に出場し、長身かつストロングポイントがフットプレーという現代サッカーに要求されるスキルを備え、J1のトップレベルと張り合えるだけの力を持っていた。こうした強者の中から大抜擢されたのが大迫だった。

「ロアッソとはまったく別でした」

語気を強めて澤村はサンフレッチェ時代を振り返る。サンフレッチェはJ1で優勝経験のあるクラブであり、当然サポーターもそれを知っている。優勝争いに顔を出さなくても中位以上の順位はキープする力があるオリジナル10のクラブだった。そこに身を投じて澤村が感じたことは、「まるで違う。これはもう本当に別の世界に来てしまった、と思いました」。

ただ、それは澤村自身が目指していたところであり、大きなやりがいとなった。Jリーグ、それもJ1とは、日本で最高峰のリーグなのだ。「もっと指導力があれば、もっと良い取り組みができたと思う」と今でも振り返ることがあるという。

「例えば500試合経験している卓人に対して、一体僕が何を伝えられるんだろうかと思いました。実際、難しいことが多かった。何を話せたかと聞かれれば、選手としての悩みや僕自身がわかる範囲のことには答えられたとは思います。卓人が何を望んでいるのか？今、何に取り組みたいのか？どんな不安を抱えているのか？2019年、卓人は持病の腰痛からのスタートでした。2018年は活躍しましたが、疲労が抜けないままゴールキーパーの指導者ライセンスを取りに行っていたんです。講習会場が固い人工芝だったようで、少なからずそれも関係していたと思います。キャンプインした当初は動けていましたが、椎間板ヘルニアで長期離脱した経験を持っていて、徐々に腰が重くなってそれがかばい切れなくなってしまったようでした」

近年はゴールキーパーに限らず、現役中に指導者ライセンス取得のための講座に参加する選手も増えている。指導者ライセンス講習では受講生自身がフィールドプレーヤーとなり、他の受講生の指導実践の手伝いをする。それがゴールキーパーのライセンス講習であっても、受講者はフィールドプレーをしなければならない。不慣れなフィールドプレーをするということは、予想以上に身体に大きな負担になる。林もこうしたことが要因のひとつとなり、タイミング悪くキャンプ中に持病の腰痛という形で出てしまい、出鼻をくじかれてしまった。林と正ポジション争いをしている中林は、この時を逃さぬようにと躍起になった。当然、廣永の目の色も変わった。ところ変われば人が変わる。澤村はそれを目の当たりにした。そこにはロアッソで見たような仲良しグループは存在していなかった。

「大迫も目の色を変えてやっていました。練習でそれを見れば、（今、試合で使うなら）明らかに大迫だというのは、僕には確信できました。それでACLのプレーオフ初戦にスタートから大迫で行くとなった時、『（若い）大迫で大丈夫なのか？』という声が聞こえてきました。2018年、広島は9月の中旬から勝てていなかったんです。実際、コーチ陣からも『澤さん、大丈夫？　敬介で』と言われました。でも『誰が良いんだ？　正直に言ってくれ』とジョウさんが腹を括ってくれて、他のスタッフも『俺も敬介がいいと思う』と後押ししてくれました。若い大迫の起用で他の選手との関係の扱いは難しかったですが、僕もコーチとして大迫を選んだことへの迷いはありませんでした」

大迫の開幕からの起用に、シーズンスタートはチームも不安視していたが、後戻りはできない選択だった。スポンサーを含めて「失敗は許されない」という目に見えないプレッシャーが増幅していく。開幕が近づくにつれ、澤村自身もこれまで経験してこなかった緊張感に襲われた。こうしたプレッシャーを「苦手だし、嫌い」と言い切る澤村だが、過去に味わったことのない空気、圧力がかかる経験をしたことは、その後、澤村自身の指導者としての経験値、選手指導のステージを上げる要因となっていった。

ＡＣＬプレーオフの対チェンライ・ユナイテッドで先発した大迫は好プレーを連発して、スコアレスのままペナルティキック戦に突入した。負ければチームのＡＣＬ本戦出場はかなわない。そんな緊迫した場面で大迫は、相手選手に対して積極的な仕掛けを講じた。ボールをセットする選手を見ながら、ゆっくり、ゆっくりと後ろに下がっていく。踵を返してゴールラインに立っても構わないが、大迫はあえてバックステップで下がったのだ。チェンライ・ユナイテッドのキッカーはすでに助走を取りレフェリーの笛を待っていた。１人目のキッカーはゴールネットを揺らしたものの、２人目、３人目は判を押したように枠をとらえ切れずにキックは放物線を描いた。サンフレッチェも１人が外したが、ペナルティキック戦を4対3で制して本戦に駒を進めた。

「大迫を起用して、シーズンのスタートは上々でした。僕もいけるという手応えがありました。大迫も良い思いをしましたが、他の3人からすると若手の活躍ということであまり良い思いはなかったみたいです。これはこれまでの指導者人生の中で一番いい勉強になりました。この時わかったことは1番手の選手に対してはそこまで特別視をしなくてもいいということ。なぜならモチベーションは自然と沸いてくるわけです。2番手、3番手、4番手の選手に対してのケアがこの時の僕は多分、見えていなかったのかもしれません。これがトップカテゴリーのゴールキーパーコーチの醍醐味な半面、この部分がしっかりできないとトップのゴールキーパーコーチとしてはダメ。選手はベンチに入る入らないでも、給料が違ってくるわけですから。選手はそれぞれ自分のキャリアに自信を持っています。それを踏まえると2018年のサンフレッチェは、いい序列があったと思います。林がレギュラー、中林がサブ、廣永が3番手、4番手が大迫。そのまま序列を変えなければ波風は立たない布陣です。それが2019年は新しいゴールキーパーコーチが来て、4番手の選手が突然1番手になって、2番手、3番手もいろいろ入れ替えられたわけです。シーズンが終わってみたら、そうなっていたみたいな感じでした。大迫が毎試合頑張ってくれてメディアに取り上げられる。そこには大迫を抜擢した澤村という名前が当然くっついてくる。それで僕も気持ち良くなっていました。しかし、周りからは気持ち良くは思われていなかったわけです。振り返れば、僕の実力不足でした。Jリーグのトップのゴールキーパーコーチを目指している指導者に言いたいのは、ゴールキーパーコーチはメニューだけじゃないんだぞ、ということです」

知らなくてもよかったことを知ってしまったゆえの悩み

澤村はJリーグで活躍する（した）先輩ゴールキーパーコーチの名を出してしみじみと語った。浦和レッズのゴールキーパーコーチを長年務めた土田尚史、横浜FCの田北雄気、横浜F・マリノスの松永成立の名を挙げて、彼らがいかにメンタルケアの部分で長けている指導者なのかを力説した。人気チームのゴールマウスに立ち、あるいは日本代表として戦ってきた彼らの言葉、選手としての立ち居振る舞いは、経験豊富な澤村でも勉強になるという。

「振り返ってみるとヨーロッパ、多分、南米もそうだと思いますが、若手のゴールキーパーコーチはあまりいないんですね。例えばユヴェントスのような名門でも結構なお歳をめしたゴールキーパーコーチなんです。もちろん良いボールを蹴っていますけれど、あの方たちが普段のトレーニングで何をやっているのかとか、ビッグマッチに対してどうやってマネジメントしていくのか？　結局、そこなのかなと。日々、ヨーロッパのヒリつく環境でやっているわけですから相当なメンタルじゃないと務められないと思います」

澤村によるとＪクラブには、それぞれのチームカラーがあり、それはクラブによってまったく違ったという。Ｊ２、Ｊ３を行き来するロアッソのようなクラブとＪ１の優勝経験がある歴史のあるクラブでは選手だけでなく、そこで働くスタッフ、サポーター、地域の人それぞれの思うところがあると澤村は体感してきた。

どんな選手でもプロに辿り着くまでにたくさんのトレーニングを反復して行ってきている。良かれと思い新しいトレーニングを取り入れて選手たちから反発をうけることもある。

「練習メニューが人を育てるのではない、と思いました」

トレーニングメニューを軽んじているわけではないが、ゴールキーパーにとって一番大切な部分はそこではないと澤村は考えている。

試合に先発する選手にベンチに座るサブメンバー。誰をどう配置するのか頭を悩ませても見透かされてはいけないのがトップカテゴリーのゴールキーパーコーチの宿命なのだ。選手は敏感であり、繊細だ。誰が人事権を持ち、力を持っているのかを所作や空気から感じ取っていく。キャリアを重ねれば重ねるほど、そういうところまで気が回るようになっている。それぞれ育ってきた家庭環境の違いはあるものの、プロに辿り着くまでたくさんの指導者と出会い、多くの術を身に付けてきた。だからといって指導者が人心掌握に長けた先輩指導者の下で学んだところで、その指導のすべてを手に入れられるわけでもない。真似ることは大事だが、真似るだけのコーチではトップが求めている指導者ではないことも事実なのだ。

「サポーターもJ1とJ2では違います。ただ、サンフレッチェのサポーターは暖かかった。あの舞台で仕事をしたいと思う時が、僕にも多分また来ると思うのですが、ならば今、何の勉強をしたらいいのか？　と問われたら考えることは多いですよ。どういう知識を身に付ければ指導の現場に落としていけるのか？　自信を持って指導ができるのか？　本当に考えさせられます。確信しているのは、大学生、高校生、中学生、小学生も、ポジティブなマインドでゴールキーパーを楽しんでもらいたいということ。これは確信を持って指導しています。ただ、トップカテゴリーのゴールキーパーを扱うとなった時は、何をどうしていったらいいのかとは考えます。自信がないとか、そういうことではありません。自分でも憧れていたプロの世界を知ってしまったからこそ悩むところなんです。知らなくてもよかったことを知ってしまったわけですから」

澤村が自ら経験し、体感した中で導き出した究極の答え。それは「ゴールキーパーに一番重要なのはメンタル」だということ。肉体、潜在能力、トレーニング、テクニック、スキル、運……すべてを持っていても、強い精神を持っていなければ、ゴールマウスの前に立ち続けることはできない。そこに立ち続けるためには日々の鍛錬を欠かすことはできない。卵が先か？　鶏が先か？　日々、それを自問自答することで、強いメンタリティは培われていくのかもしれない。

マインド V

リフレッシュ能力

試合中の原因究明など必要ない

「リフレッシュ能力」がもっとも試されるのは、失点した時にメンタル面をいかに素早くポジティブに切り替えられるかどうか――。その能力のことを僕は「リフレッシュ能力」と呼んでいます。

ゴールキーパーは失点した直後になぜ失点したのかと考え込んで、すぐさま失点の原因を究明したいという感情が沸き上がってくるものです。ですが、僕はゲーム中にこのような「究明の感情」は必要ないと考えています。それよりも、いち早くリフレッシュして次のパフォーマンスに向かっていく能力がゴールキーパーには必要だと思います。それは周囲から期待されているゴールキーパーの仕事のひとつでもあります。

つまり、ゲーム中は失点の分析や反省よりも「リフレッシュ能力」が優先されなければいけません。ゲーム中にうまくいかなかったことは、ゲーム後にフィードバックしてトレーニングをすればいいだけのこと。とはいえ、この「リフレッシュ能力」を発揮できるゴールキーパーは決して多くはありません。ゴールキーパーコーチはゴールキーパーが潜在的に持っている「リフレッシュ能力」を引き出すための環境を作っていくことが大切だと考えています。

僕はゴールキーパーコーチとしてハーフタイムに原因究明のアドバイスをすることはほとんどしません。もちろん、試合の中で何回も同じようなエラーが繰り返されて、それがゴールキーパーコーチのアドバイスによって改善できるのであれば、伝えたほうがいいとは思います。ですが、ほとんどの場合、失点場面を振り返ったところで、ゴールキーパーに失点場面の「答え合わせ」をしているだけになってしまいます。それよりも後半に想定できる可能性の高い場面を意識付けさせるほうがポジティブで、なおかつ有効的な手段です。

ハーフタイムでは次に起きそうなことや普段のトレーニングでエラーが多いプレーへの意識付けをしたほうがいいと思います。普段のトレーニング時からエラーが多く起きやすいプレーについては、ゴールキーパーとゴールキーパーコーチともに理解できているはずです。もし、試合中にそのエラーで失点してしまった場合は、リスクマネジメントを考え、ゴールキーパーとその失点場面を振り返っても構わないと思います。

以下はよく遭遇する場面です。戦術的構造の問題から失点が起こってしまい、それに対して修正を加えなければならない時。これに関してはチーム全体でハーフタイムに試合を振り返ることがあります。この時はそれ（チームミーティング）はそれ、これ（ゴールキーパーへのアドバイス）はこれとして、しっかりと分けて考え、ゴールキーパーがメンタル的にパニック状態になるのを避け、過度のストレスを抱えないようにしなければなりません。試合中にゴールキーパーコーチが絶対にやらなければならないことは、ミスを責めたり原因究明をすることではなく、これから起こることに対しての意識付けであって、それが最も重要です。

修正ポイントを削れるかどうか

「リフレッシュ能力」に関しては、考え方が散らかりやすいので具体例を挙げることにしましょう。あくまでもこれは仮定の話ですが、現実的によく起こる話でもあります。舞台はJリーグで、前半プレーしたゴールキーパーにゴールキーパーコーチはハーフタイムに修正ポイントを5つ用意したとします。前半が終了した時にゴールキーパーの行動や表情、様子からゴールキーパー自身がその修正ポイントに気が付いていると確認できたら、僕はその修正ポイントを迷わず削ります。逆に、エラーをしてもポジティブにとらえられるのであれば、確認の意味でその修正項目をあえて削らない場合もあります。

ハーフタイムに入る直前、ゴールキーパーがドレッシングルームに戻ってきた時の表情や様子を見て、修正ポイントを伝えるかどうかを判断することも大切です。守備陣との連携ミスがあってそれをピッチから戻ってくる時にゴールキーパーがフィールドプレーヤーと話し合っていれば、その連携ミスの項目は思い切って端折ります。修正ポイントを多く用意したとしても、伝えることをシンプルにし、どれだけ端折れるかが重要なポイントです。

つまり、ゴールキーパーにすべてを伝える必要はないということです。理由はハーフタイムは15分と時間が少ないので、細かい指示でストレスを残してしまうよりも、心身ともにリフレッシュすることが最大の目的だからです。試合当日の天候状況次第では着替えをしたり、身体を温めたりするだけで、時間は費やされてしまいます。そうなるとアドバイスを出すとしても1つ、多くても2つ程度が現実的です。中にはハーフタイムに叱り続けたり、数多くの指示を出すゴールキーパーコーチがいますが、それは試合ではなく、日常のトレーニングにおいて積み上げができていないからではないでしょうか？

限られた時間の中で多くの修正ポイントを指示されても、ゴールキーパーは心身ともにそれを受け入れる状態にはありません。それならば、ハーフタイムに本当の意味でリフレッシュさせて、後半のピッチに送り出したほうが良いパフォーマンスを期待できるはずです。

さらに、日常のトレーニングで、試合中でも確認できるサインをゴールキーパーとゴールキーパーコーチで作っておけば、ハーフタイムでなくても試合中に細かい修正を加えていくことは十分にできます。これは失点後にも同じことが言えます。大きな声でベンチからゴールキーパーコーチが叱咤したところで状況が好転することは、長年指導してきた中でもほとんど経験がありません。ゲーム分析、プレー分析を万全に行ったとしても、それを伝える時にどれだけ端折ってシンプルにできるのかが、監督、コーチ、そしてゴールキーパーに対して、ゴールキーパーコーチの腕の見せどころとなります。

試合中、ゴールキーパーコーチは自チームの分析、相手チームの分析をしています。ただ、失点やエラーが起こったあとは、分析よりもゴールキーパーのメンタルをリフレッシュさせること、言葉を換えればリセットさせることが最重要で、最優先だと覚えておいてください。何気なく使っている「切り替えろ」という言葉を、ゴールキーパーコーチもゴールキーパーと一緒に考えてみることをおすすめします。

監督との関係性にも注意が必要

他には失点シーンやハーフタイムとは別の部分で「リフレッシュ能力」を試されることもあります。ゴールキーパーに対して細かく指示を出す監督の場合、特にゴールキーパーコーチは注意が必要です。トップカテゴリーでも監督の指示に加えて、ゴールキーパーコーチがさらに指示を加えてしまい、ゴールキーパーが混乱してしまう場面を見かけます。また、大観衆の中での試合ではゴールキーパーは感情が高ぶっていてゴールキーパーコーチが伝わったと思っていても、そうでないことが意外に多いのもまた事実です。試合中は監督との関係性がかなり重要なので、ゴールキーパーコーチは日常から試合を想定しておく必要があります。

ゴールキーパーのリフレッシュスピードを上げるために必要な要素として、ポジティブな意識付けをゴールキーパーにすることができるかどうかということも非常に大切です。適度な緊張、心地よいストレスは時に好パフォーマンスを引き出しますが、過度な緊張、息苦しさを感じるほどのストレスがかかることがあれば、ゴールキーパーはメンタル的にネガティブな方向に行ってしまいます。

「リフレッシュ能力」は考え方を間違えると散らかってしまう、あまり聞き慣れない言葉ではあります。ですが、どのような状況下でも試合を進めるにあたって、ゴールキーパーが常にポジティブに前に向かってプレーをするために必要不可欠なマインド要素なので、日常のトレーニングからゴールキーパーはもちろん、ゴールキーパーコーチも意識して取り組んでほしいと思います。

7章
開始姿勢

【スターティングポジション】

「立ち位置」「身体の向き」「開始姿勢」

ゲーム中のゴールキーパーの大きな仕事はゴールキーピングをしながら声を出すこと(指示・コミュニケーション)です。今はゴールキーパーの仕事が多岐に渡る時代とはいえ、ゴールキーパーの優先順位が第一にゴールを守ることに変わりはなく、ゴールキーピングに関する技術も重要になっています。ゴールを守りながら「立ち位置」「身体の向き」「開始姿勢」の3つを「start + ing」としてポジションを取り続けようと、スターティングポジションという言葉を使っています。

はじめに「身体の向き」はクロスボール、サイドからのボールに対しては半身になる形が多く、シュートに対応する時には正体となります。これはセオリーです。「開始姿勢」とはいわゆる構えになります。

ゲーム中に「立ち位置」を取り続けるために必要なのが「ステップワーク」です。「ステップワーク」はどうしても足を動かすという意味合いに取られがちですが、身体を運ぶための「足+仕事」という意味での「ステップワーク」だと考えています。よくマーカーを並べて「ステップワーク」の練習をやっているゴールキーパーを見ます。しかし、足は動いているけれども身体は動いてないということが多い。一番重要なのは身体を運ぶことです。「ステップワーク」には種類があって、前方にステップを踏むフロントステップの「ランニング」「ダッシュ」、横にステップを踏む「サイドステップ」「クロスステップ」、バックステップの「バッグペダル」「バッククロス」があります。「バックペダル」はバックステップと同義語で、ペダルを漕ぐように下がるステップなので、「バックペダル」という言葉を使っています。これらのステップを駆使して「立ち位置」を取り続けます。

シュートを放たれる、スルーパスを出される、クロスボールを入れられる直前にはセットアップ（構え）のタイミングが必要になります。シュートを放たれた時にはゴールキーパーは「開始姿勢」が重要になります。「開始姿勢」は５つのチェック項目があって、

1　フットポジション。足の幅、膝の脱力感、爪先まで含めてリラックスして立てているかどうか

2　ボールを扱う手の位置。ミドルシュート、ロングシュートであれば、上下どちらにも行けるような腰あたりに手があること。１対１の近距離になった時には手は下のアングルになる

3　頭。人間の部位で一番重たいのが頭なので、頭が前に出すぎていると前傾になりすぎてしまって背後のボールや頭上を越されるボールに対しては動きづらくなる。逆に背中より後ろに頭がのけぞってしまっている場合には動きづらさを感じる

4　ボディポジション。上半身が前傾、後傾になりすぎず距離に合わせて動きやすい上半身の傾き、加減

5　上半身と足を繋げている股関節、ヒップジョイント。お尻を突き出した状態で骨盤を立てたほうがいいのか、骨盤を斜めにしていたほうがいいのか

【ハンドスキル】

「キャッチング」「パンチング」「ディフレクティング」

では、「立ち位置」から構えるタイミング「開始姿勢」の準備ができたところにシュートが放たれたとします。その際に必要となるハンドスキルは大きく分けると2つあります。

正面付近からシュートが放たれたとして解説すると、

1　胸から上のボールが「オーバーハンドキャッチ」
2　胸から下のボールが「アンダーハンドキャッチ」

「オーバーハンドキャッチ」は、以前は指で三角形のトライアングルを作りキャッチングしようと言われていました。ただ、身体の構造上、三角形を作ると肘が開いてしまい、ボールは取れても肘が人にぶつかり、倒れて地面にぶつかってボールをファンブルしたり、ケガにもつながるので、ダブルフィンガー（Wfinger）というキャッチングが今は主流となっています。

「アンダーハンドキャッチ」は、日本では脇を絞れとよく言いますが、脇を絞っても肘が外に開いてしまうのでボールが抜けてしまいます。キャッチのポイントは肘の位置です。ハンドリングのところでアンダーハンドは身体の構造上、動きが制限されてしまうので、オーバーハンドのほうが守備範囲が広く、前方に出て腰より上のボールを捕球する時や「ローリングダウン」「ダイビング」「フロントダイビング」、ハイボール時のジャンプキャッチで一番使われるのは「オーバーハンドキャッチ」になります。キャッチング技術の基本なので、この2つはしっかり習得させたほうがいいでしょう。

また、腰から下のグラウンダーのボールに対しては、「グラウンダーキャッチ」を駆使します。まず両手で一枚目の壁を、次に足を折り畳み身体で二枚目の壁を作り、確実にキャッチしにいきます。また、近年はボールのスピードが上がったこともあり、足を折り畳まずに開いた状態、要は一枚の壁のみでキャッチする「スクープキャッチ」を使うこともあります。

ハンドスキルの中にはキャッチングとは対照的に弾く技術があります。大きく分けるとこちらも2つあります。

1　拳を用いてボールの方向を変える「パンチング」。同義語に拳でボールを叩く「フィスティング」

2　指先と手の平を用いてボールの軌道を変える「ディフレクト」。動作が「ディフレクティング」

よく「パンチング」と「ディフレクティング」を間違えるゴールキーパーやゴールキーパーコーチがいます。まるで異なる2つの弾く技術が、かつて日本では同義語として扱われていた時代がありました。裏を返せばそれくらいの知識しか持ち合わせていなかったわけです。「ローリングダウン」「ダイビング」もセービングと位置付けられていました。正面でキャッチするボールも広義ではセービングになり、セービングそのものがゴールキーピングになるわけです。やはり、言葉はしっかりと整理しておいたほうがわかりやすく、ゴールキーパー、ゴールキーパーコーチにとっても何が良くて何がうまくいかなかったのか、というチェック項目が作りやすくなります。

【キャッチングスキル】

「ローリングダウン」「ダイビング」「コラプシング」etc

スタンディングキャッチはキャッチング、ハンドスキルを組み入れながら、正面付近に飛んできたボールを「オーバーハンドキャッチ」か「アンダーハンドキャッチ」するテクニックとなります。ボールがずれた時には「サイドステップ」で微修正して正面付近で捕ったり、または「クロスステップ」で正面付近で取るのが安全で、確実なゴールキーピングになります。なぜ安全で確実なゴールキーピングなのかと言うと、スタンディングでボールが取れる、つまり通常の生活における頭の向きのままプレーをすることでボールを捕球しやすくなり、ボールを奪ったあとにスローイングやキックで早く攻撃に繋げられるからです。

もちろん、正面付近で取れないボールも飛んでくるので、その場合には「ローリングダウン」を使います。両足が地面に着いた状態で身体を倒してボールを捕球する技術になります。それよりも遠いボールは「ダイビング」という技術を使うことになります。「ダイビング」は両足が地面から離れた状態で身体を倒してボールを捕球する技術です。身体の中心から近いボールであれば「ワンステップ」からの「ローリングダウン」「サイドステップ」からの「ローリングダウン」はステッピングが伴った技術の発揮となります。「ダイビング」の時にも同じく「サイドステップ」や「クロスステップ」といった「ステップワーク」からの「ダイビング」でボールを処理します。逆に足下に強いボールを蹴られた時、例えば右に倒れる時には右足を前方に抜いた状態、払い足のような形でボールを捕球する技術を「コラプシング」と言います。コラプスとは崩れ落ちる様子のことを言います。ビルが破壊されて崩れ落ちていくように自らの身体を早く崩して倒れていく技術です。日本ではこのトレーニングをあまり目にしません。言葉自体も出回っておらず、「足を畳んで正面のキャッチングでボールを捕れ」と別の技術に置き換えていることが多いのが実状です。

海外では「フットセーブ」という言葉があるくらいで、足下に来たボールは足で防ぐ、または足を払って早く崩れて捕球する「コラプシング」という技術は以前からありました。ここに挙げた「ローリングダウン」「ダイビング」「コラプシング」が正面付近からゴールマウスに飛んできたボールに対するゴールキーピングのテクニックになります。

「フロントダイビング」「ブロッキング」

ボールを奪う技術に「フロントダイビング」があります。シュートが放たれる前や相手のドリブルが大きくなった時、スルーパスへの対応、ゴール前がスクランブルになった時に前方に飛び出し「ダイビング」をして捕球しにいくテクニックです。１対１の局面などで「フロントダイビング」でボールを捕球しにいくこともあれば、さらに「ブロッキング」というテクニックを使います。

「フロントダイビング」を用いる時の割合は70パーセントでゴールキーパーが有利な時には「フロントダイビング」。五分五分の時は点でボールにアタックする「フロントダイビング」、もしくは身体で大きな面を作る「ブロッキング」を使います。ヨーロッパのゴールキーパーは積極的に「ブロッキング」を活用しています。フォワードの能力やスピード、アジリティが上がってきているので、点で捕球しにいく「フロントダイビング」よりも、面を作って守ったほうがいいという考えなのでしょう。これに関しては状況判断の良し悪しが出てくるプレーになります。Jリーグのゴールキーパーだとミッチェル・ランゲラック選手（名古屋）、ヤクブ・スウォビィク選手（仙台）、2018年まで磐田にいたクシシュトフ・カミンスキー選手など、外国人のゴールキーパーがやはり得意としています。

安全で確実なゴールキーピングという言葉が日本サッカー協会のゴールキーパー指導指針にあります。安全には2つの意味があると思います。ひとつは「自分の身を安全に守りながら」のゴールキーピングと「ボールをしっかり捕球する、弾き出す」というサッカー競技における安全性も含まれています。つまり、「安全に身体を守る」「安全（確実）にボールを処理する」という2つの意味を指すと理解しています。

キーパーチャージというルールがなくなったことで、ゴールキーパーも含めてサッカーのスタイルに変化が出てきました。以前はゴールエリアでゴールキーパーに少しでも接触すればファウルとなりました。今はルールが変わりファウルが取られなくなり、アフターチャージ気味のプレーや早めにゴールキーパーにチェックしにいくプレーが増えています。それによりゴールキーパーが守られなくなり、危険なプレーが頻繁に起こるようになっています。今は逆にゴールキーパーに対して強くアプローチをかけるように指示が出るのは普通のことです。

ただ、海外のチームを見るとゴールキーパーに相手が積極的なアプローチを試みても、フィールドプレーヤーによる「守る作業」の設定がなされています。「キーパーコール」があったら近くのディフェンダーはしっかり相手フォワードをプロテクトしてガードをすることが周知徹底されています。

ゴールキーパーが自分の身を守るために、「フロントダイビング」でアタックをする時の「キーパーコール」、ハイボールでのエアバトルに行く時の「キーパーコール」は他人（仲間、相手）のために喋る行為であり、最後は自身の身を守るために返ってくる大切な声なのです。自分の身を守る、仲間に知らせる、相手に知らせることが結果として自分の身を守ることにも繫がります。

また、「ブロッキング」を見ているとフットサルのゴールキーピングの技術が入ってきていると感じます。角度がないところは両膝を正座のように立てて、台形を作って床を滑りながらセーブする「フロアセーブ」という「ブロッキング」はフットサルのゴレイロがよく使う技術です。様々なバリエーションのゴールストップの形が生まれており、世界のゴールキーパーは身体操作、可動域、アジリティ能力といった部分とともに技術が上がっている印象があります。

8章 — コーチング＆言語

コーチングにも技術は介入する

ゴールキーパーの大きな仕事には「ゴールを守ること」「自分の身を守ること」があります。そして、これに「指示・コミュニケーション・コーチング」、つまり声を出すことが加わることになります。喋りながらゴールを守るのではなく、ゴールを守りながらスターティングポジションを取り、「指示・コミュニケーション・コーチング」をすることが仕事と考えてください。ゴールキーパーにとってコーチングは重要な役割になります。

コーチングという言葉は「coach＋ing」です。

悪いコーチングの例を挙げると「さっきのは」「あの時は」といったように、曖昧で具体性に欠けた指示だと考えます。現在進行形の試合に沿いながらわかりやすく伝えることは、ゴールキーパーが要求されるひとつの能力になります。「指示・コミュニケーション・コーチング」とは技術なのか？　それとも戦術なのか？　と問われれば、どちらの要素も含む、と答えます。

指示のほとんどは戦術的な要素が盛り込まれています。さらに技術の部分で考えた時はどのような言葉を選択するのか、どのタイミングで発声するのか、という部分を考えなくてはなりません。では、どんな言葉をどんなタイミングで発すればいいのか、一番わかりやすい表現は英語で言う５Ｗ１Ｈです。Who（誰が）、When（いつ）、Where（どこで）、What（何を）、Why（なぜ）、How（どのように）するのか？　ゴールキーパーはしてもらいたいことを短いセンテンスでフィールドプレーヤーに伝えなければいけません。

また、「指示・コミュニケーション・コーチング」は個人に対して伝えるのはもちろんのこと、ディフェンス陣全体（グループ）やチーム全体に対して伝えることもあります。つまり、Who（誰が）の部分は３カ所あるということです。例外として、捕球の際に身を守るために相手にも伝わるようにする「キーパーコール」は、仲間への「指示・コミュニケーション・コーチング」ではないものの、安全確保のためには欠かすことができません。声を出すということは仲間に伝えることのほかに、自分の身を守る、相手を威嚇し萎縮させる要素も含んでいます。

コーチングは自分に対してではなく、必ず他人に対して喋ることになるので、自分のタイミングではなく、他人がわかりやすいタイミングで発声することが試合では重要になってきます。タイミング、声の大きさ（ボリューム）、何を喋り、何を伝えるのか（クオリティ）も大事になります。コミュニケーションが成立している時は、ほぼこの３つの要素がマッチしています。うまくいかない時は、この３つの中のどれかの要素が欠けていることになります。この部分を踏まえてもコーチングにも技術が介入する要素はあると考えます。

声の部分でも生まれ持って良い声を持っているゴールキーパーもいれば、そうでないゴールキーパーもいます。遠くまで届く声を持っているゴールキーパーもいれば、大きな声を出しても伝わりづらいゴールキーパーもいます。「声の能力」に突出しているゴールキーパーは大観衆でも声援を押し分けて、遠くにいる仲間まで声を届かせることができます。

例えばゴールキーパーが飛び出した時の「キーパーコール」では「キーパー」の最後の「パー」は「ア」の音になるので、アクセントを後ろに持ってくることで大きく響かせることが可能になります。トップカテゴリーではその辺がよく鍛えられており、ゴールキーパーコーチのいるチームのゴールキーパーが出す「キーパーコール」の発声は少し独特なので、目と耳を凝らして聞いてみてください。

「寄せろ」と「行け」は、具体的かつ語尾を響かせることができる「寄せろ」を選びます。よく「打たせるな」という表現を耳にしますが、「打たせるな」はゴールキーパー自身がやられたくないプレーなので、ショットを打たれたくないのなら、それをさせないためのコーチングをするべきです。「寄せろ」、あるいはもっと具体的に「右」「左」「前」という声を出すことがより有益な指示になります。

もちろん、言葉のテクニックもトレーニングで向上していきます。「ラインを下げるな」と言うと「下げる」のか「下げない」のか瞬時には判断できないので、「ストップ」と発声するほうがいい。短い言葉で「ラインを下げない」ということが明確になるからです。指示の内容は同じなのに、実際の表現は違うことも少なくありません。

「何でもいいから喋れ」がゴールキーパーを惑わす

悪いコーチング指導の代表的な例としては「何でもいいから喋れ」と言う指導です。残念なことに元号が令和になっても、日本にはこうしたゴールキーパーを惑わす指示を出す指導者がまだ数多く存在しています。「何でもいいから喋れ」と言われても、言われたほうは「何を喋っていいのかわからない」という状態なのです。日々のトレーニングから「こういった局面ではこういう言葉を使ってみたら?」と具体的にイメージできる場面の設定をして、より具体的な言葉を提示し、まずは状況を理解してもらうことが指導の順序になります。場面がない声だけに特化した指導など存在しません。コーチングの指導は指示・コミュニケーションは技術なのか? 戦術なのか? という根本的な部分であり、戦術的な部分での理解が進まなければ、目まぐるしく変化する状況下で適切かつ的確なコーチングは期待できないでしょう。

次に、喋れないゴールキーパーがいるチームには喋ることができる、見本が見せられるデモンストレーターが存在していない場合がほとんどです。見本になるゴールキーパーがチーム内にいればよいのですが、いなければゴールキーパーコーチ自らが見本を示して、ゴールキーパーに言葉を伝えてください。コーチングだけにフォーカスするよりも、「指示・コミュニケーション」とミックスさせることをお勧めします。意思表示ができずに声が出せないゴールキーパーであれば、してもらいたくないこと「(ショットを)打たすな」という表現でもまずは悪くないはずです。

自己発信、自己表現ができるようになり、仲間とのコミュニケーションが取れるようになると、仲間からも「もっとはっきり」「わかりやすく」「もっと短く」「大きな声で」と様々なリクエストが出てきます。そのゴールキーパーがどのレベル、どういう段階にいるのかを観察、分析して順序を間違えないように指導に当たってもらえればと思います。流れとしては、「言葉を理解する(させる)」ことから始め、ゴールキーパーのプレーサイクルに照らし合わせて状況下を設定し、それに応じたコーチングを具体的に抽出してゴールキーパーに伝えていくという感じです。例え喋った言葉の内容が散らかっていたとしても、喋ったゴールキーパーはエネルギーを発しています。喋ったことそのものをまずは認めるところから始めてみてください。

あとはチーム、グループで一緒に考え、その考えを共有する方法もあります。「指示・

コミュニケーション・コーチング」はまさに三位一体です。コーチングは誰かに対して発する言葉なので、ゴールキーパー目線ではなく、ディフェンダーなどが場面場面でどのような言葉がほしいのかをディスカッションして言葉を決め、作ったりするのも重要なコミュニケーションになります。

ゴールキーパーの指導をゴールキーパー目線だけで考えるゴールキーパーコーチは頭打ちになってしまいます。ディフェンス、あるいは相手のフォワードが考えていることを想定して指導を行えば、競技理解、戦術・戦略理解が進み、ゴールキーパーにとって欠かすことのできない必要な要素のひとつである予測の力がついてきます。

いずれにせよ、サッカーを攻守両面から理解しようとゴールキーパーコーチが努力することが大事です。ゴールキーパー出身の指導者がフィールドプレーヤーを指導することも、ゴールキーパーの経験がない指導者がゴールキーパーを指導することもできないことはないのですから。

味方の指示を優先してはならない

海外のフィールドプレーヤーとゴールキーパーは自分の名前を叫んで前に飛び出してい

きます。ディフェンダーも競り合いに行く時に自分の名前を言って競り合いに行くと聞きます。これは責任の所在をはっきりさせるという理由があるようです。

（川島）永嗣にしてもダン（シュミット・ダニエル）にしても、ゴンちゃん（権田修一）にしても、世界で戦うゴールキーパーに聞くと、彼らは「自分の名前を叫んで飛び出して行け」と指導を受けているそうです。最初はかなりの違和感を覚えると言っていました。彼らがゴールキーパーを始めた頃は年齢から察するに「ＯＫ」コールがスタートだったと思います。それから「キーパー」となって、今は自分の名前を言っています。彼らが「エイジ」「ダン」と叫びながらプレーをしていると思うと少し口角が上がりますが、それが世界のスタンダードなのです。

ヨーロッパの選手は同じ言葉が重なることを嫌います。ブラジルではゴールキーパーのボールを自分の名前で叫んだり、自分という意味の「エミーヤ」と言ったりします。日本では究極なところ、それがゴールキーパーだとわかれば「どけ、どけ、どけ」でもいいのです。イギリスでは周りに誰もいない安全な状態を「タイム」と言います。日本では「フリー」と言いますが、英語では「フリー」は「スリー」と訊き間違えるため、「タイム」と言うそうです。もっとも日本に滞在経験の長いイギリス人は日本人とサッカーをする時は「フリー」と言います。郷に入れば郷に従え。やはり声を出すことはコミュニケーションなので欠かすことはできません。

仲間が自分の言葉で動いてくれた時に、ゴールキーパーが自信をつけていくのを育成年代の指導者時代によく見てきました。どんなに大きな声を出してもゴールキーパーが自分さえよければいいと感じる時は味方であっても動きません。独りよがりなプレーが多いゴールキーパーはまず味方と連携が取れません。ゴール前でのフリーキック時に壁の枚数で口論する場合もあれば、ほかにはディフェンダーの指示を優先してしまうゴールキーパーもいました。

このような現象を改善するためにはフィールドプレーヤーとの擦り合わせが必要です。ことフリーキックの壁については、「自分（ゴールキーパー）が守りやすくなるように制限をかける」ことが絶対です。それなのに味方優先で受け身になっているゴールキーパーがいるのは残念なことです。このような時こそ声を出さなければいけません。逆に、このようなお粗末な守備陣を見たら、攻撃側は積極的に仕掛けていいでしょう。日常のトレーニングからうまくコミュニケーションが取れていない証拠で、セットプレーのトレーニングをほとんどしていないチームとすぐにわかります。

GKの指示【10個の言葉】

キーパー！

=Keeper

ゴールキーパーのボールであることを伝える。プロテクト、ゴールカバー、味方のフォワードの動き出し、そして、相手フォワードを委縮させるための声でもある。チームによっては、「OK」という場合もある

クリア！

=Clear（次の行動に向けて片付けること）

ゲームを断ち切るための指示。状況に応じて、前線へのクリアやタッチラインへのクリア、ゴールラインへのクリアなど、より細かい指示への発展

マーク！

=Mark（継続的に注意すること）

相手選手を危険視し、警戒し、警戒下に置く時の指示の声。誰が相手の何番（背番号）の選手につくべきか、的確な指示が求められる。「見ておけ」「触れ」「捕まえろ」「裏をケアしろ」「足下を狙え」など、状況によって細かく指示をするとより有効的になる

カバー！

=Covering（攻撃の防御、守備の援護を指す）

ディフェンダー（守備陣）に対して、カバーリングを指示する声。試合では言葉はできるだけ短く、簡潔に伝える必要がある。そのため通常のトレーニングからチャレンジ＆カバーに対する共通意識を明確にし、チーム内でコミュニケーションを深めておくことが重要となる

ディレイ！

=Delay（遅らせる）

相手の攻撃を遅らせる時に出す指示。相手の速攻に対し、味方の守備陣形を整え、縦へ速い侵入を阻止させる時に使う言葉

=Up（上げる）

ディフェンスラインを上げる際の指示。「上がれ」「下がれ」（ダウン。日本の試合ではあまり使わない）とも言う。ディフェンスラインを上げている最中でも、ゴールキーパーは守備陣の背後にできるスペースのケア、ディフェンスを意識したポジショニング修正を行うことが不可欠となる

=Squeeze

相手攻撃の中央突破を防ぐために、味方陣形を中央に集めるための指示。ゴールに直結する最短距離での相手の攻撃を阻むために、ゴールが配置されている中央を厚くし陣形を整える時に用いる

=Cut（inside）→中に行かせるな

相手のシュートコースを防いだり、角度を失くしたりするための指示。数的優位を作るためのコース限定にとって重要なコーチング。より具体的に相手を＜ディレイ＞させるために使うこともある。ゴールキーパーはグループ戦術、攻撃陣を加えたチーム戦術を理解しておく必要がある

=Stop

味方のディフェンス（ライン）を下げすぎないための指示。守備ラインを高くキープするためには、守備陣とゴールキーパーの十分なコミュニケーション、信頼関係が不可欠になる

=Time※

味方選手がフリー（安全な状態）の時に使う指示。味方がボールを受ける時やボールを奪った直後に周囲の状況を十分に認知し切れていない時に声で知らせて助ける

※Free は Three と聞き間違えの可能性がある。You have a time を省略して Time

ボディランゲージ

〈アイコンタクト〉

〈正面〉

〈右〉

9章 — テクニック＆スキル

【ゼロコンタクト・プレジャンプ】

「ゼロコンタクト」を知れば動き出しが滑らかになる

ゴールキーパーがプレーする際の予備動作に「プレジャンプ」があります。日本では「プレジャンプ」の間違ったとらえ方をして、違う意味で一人歩きしています。それはシュートを打たれる時のタイミングを取るための手段になっていたり、地面の反発力を利用して大きなジャンプを得て遠くに飛んでセービングする道具になっているからです。

ゴールキーパー先進国のヨーロッパでも反発力を利用するという考えがないわけではありません。ただ、もっとも重視しているのはスムーズな動き出しです。「プレジャンプ」という言葉を使わないわけではありませんが、ドイツでは「ゼロコンタクト」(ヌルコンタクト)という呼び名で知られています。「ゼロコンタクト」のフォームが作れれば、身体操作に伴った人間の無理のないスムーズな動きが獲得できます。後ろからいわゆる「膝カックン」をされた時の状態が、まさに「ゼロコンタクト」のスタート時の姿勢=開始姿勢、フォームとなります。この状態さえ作ることができれば動き出しが滑らかになります。脛を前傾にして前のめりにはならない程度に保ちます。野球のセカンド、ショートストップの構えと同じで、野球では「スプリットステップ」という呼び名で知られています。選手たちが身体の状態を前後に細かく揺らしているのは、動き出しをスムーズにするための予備動作と考えていいと思います。

ゴールキーパーはミドルレンジからのわかりきったシュートなどへの対応であれば「プレジャンプ」で構わないと思います。しかし、速いシュートは軌道も変わり、「プレジャンプ」のように大きく地面から足が離れてしまうと、もう一度地面に足が着くまで足の力を使うことはできません。Ｊリーグでも大きな「プレジャンプ」をすることによって、地面に足が着く前にシュートを決められてしまうゴールキーパーをよく見かけます。

ゴールキーパーは唯一手が使えるポジションだけに、ほかの競技から要素を吸収しやすい側面があるからかもしれません。実はテニスでも「スプリットステップ」が積極的に用いられています。特にサーブをレシーブする際に大きく「プレジャンプ」をする場面を見かけます。ただ、最近はサーブスピードが上がってきており、より素早く反応することを選択するためなのか、地面の反発を利用する選手は少ない印象はあります。

また、バレーボールではアタックのスピードが速いので、「プレジャンプ」をするレシーバーは見つけられません。ボールが速くさらに変化を伴う卓球の場合、サーブレシーブで「プレジャンプ」は用いませんが、ゲーム中のステップそのものが「ゼロコンタクト」に近く、ロジカルに身体操作を繰り返しているイメージがあります。卓球台に身体を合わせるため、立ち幅こそ広くなっていますが、サイドへのステップワークはジャンプをするというよりは強く地面を踏んでいます。

「プレジャンプ」との違いを理解する

日本でも小学生世代では「プレジャンプ」をするゴールキーパーはほとんど見かけません。理由は知識としてまず知らないということと、スクールに来ている子どもたちに訊くと「反動をつけている時間がない」と答えが戻ってきました。彼らは5メートルの小学生ゴールの前で「プレジャンプ」をすると、反応が遅れてしまうことを感覚的に知っているのです。ところが、中学校に入り知識を得て筋力もついてくると、「大きな力を出すために」という発想から、「プレジャンプ」を積極的に使うゴールキーパーが増えていきます。結果的に反応が遅れてしまい、ボールセーブの確率が圧倒的に下がってしまいます。確かにシュートに対してタイミングが取れればいいセーブはできるかもしれません。一転、タイミングがズレた時の損失は計り知れないことは言うまでもありません。

一方で「ゼロコンタクト」はいつどこにでもスムーズに身体を動かせる手段、開始姿勢、フォームと言えます。サイドステップをして「ゼロコンタクト」をした時に進行方向にシュートを打たれても、ストロングポイントなので反応ができます。進行方向と逆、重心とは逆方向（ウイークサイド）にシュートされても、「ゼロコンタクト」を踏むことで力をゼロにすることができれば、どちらの方向にも反応ができるのでウイークサイドはなくなり、左右どちらもストロングポイントになるという考えです。これが「ゼロコンタクト」の有効性です。さらに前方へ足を運ぶ時も「ゼロコンタクト」は有効です。

「ゼロコンタクト」を確認しやすいのはクロスボールを処理する時です。コーナーキックからのクロスを想定しましょう。コーナーキック（クロス）が上げられて中央からシュートが放たれるとします。その際、ゴールキーパーはショットストップへの対応に移行します。バックペダルでゴールライン付近まで下がり、優れたゴールキーパーであればゴールライン付近で両足を後ろに引きます。足を引くことによって頭の位置が前方に固定されやすくなり、「膝カックン」の形、つまり「ゼロコンタクト」のフォームが作れます。世界の優れたゴールキーパーがゴール直前でいとも簡単にボールを跳ね返せるのは、このようなテクニックを駆使しているからなのです。

「ゼロ」と言うと止まっている、構えていると勘違いされてしまうのは、日本語に「ゼロコンタクト」の同義語を見つけられないからです。これは「プレジャンプ」にも共通します。表現がジャンプではなくアクションであれば「プレジャンプ」に近い動きとして理解されるかもしれません。野球、テニスの「スプリットステップ」も、ジャンプではなく「強くステップ」するように指導するようです。多くのゴールキーパー、ゴールキーパーコーチに「ゼロコンタクト」というプレアクションを知ってもらい、さらに「プレジャンプ」との違いを比較してもらえればと思います。

【ジャンプキャッチ・スローイング・キック】

ジャンプキャッチ

ゴール前に放たれてくる高いボールに対してはジャンピングをして処理に入ります。片足で踏み切ってジャンプをするジャンピングキャッチもあれば、両足踏み切りでのジャンピングキャッチもあります。ジャンピングをする際は基本的にオーバーハンドキャッチでボールを処理しますが、これらもボールを奪う技術のひとつになります。

ゼロコンタクト・プレジャンプ

〈ゼロコンタクト〉

〈プレジャンプ〉

スローイング（3種類）

ゴールキーパーのアタック時、マイボール時に、ゴールキーパーが近くにいるフィールドプレーヤーに手を使って繋げる技術です。「アンダーハンドスロー」はボウリングをするように投げます。ロングボールを投げる時は「オーバーハンドスロー」を使います。横投げが「サイドハンドスロー」となります。

キック（4種類）

まず、アウトプレーになった時のセットプレー、ボールを置いた状態で使う「プレスキック」があります。そして、地面の反発を使ってワンバウンドさせて跳ね上がった瞬間に蹴る「ドロップキック」はランニングしながら蹴れるキックとなります。一番飛距離が出るキックということもあり、育成年代や女子のゴールキーパーが多用するキックです。「パントキック」はピッチコンディションが悪い時や遠くにボールを蹴る時に用いるキックです。さらに、サイドからボールを蹴る「サイドボレーキック」は、現在日本のゴールキーパーの主流のキックになっています。

人気YouTuber『ジャイアントカズキ』こと若田和樹さんの影響もあって、ゴールキーパースクール、クリニックに行くと、「サイドボレーキック」を指導してもらいたいという子どもが多いのには驚かされます。若田さんのおかげでゴールキーパーを目指す少年少女が増えていっているのは間違いありません。

ただ、若年層には「サイドボレーキック」は早い気がします。僕が指導した経験上、このキックを使う子どものほとんどが腰痛を抱えていました。このキックは非日常的な動きなので、骨格が固まってない若年層にはおすすめできないのです。若年層でこのキックをメインに指導するようになると、グロインペイン症候群も増えるかもしれません。

小学生から中学生、そして高校、大学と現在も育成年代の指導をしている中で、彼らに「どうしてパントキックを蹴るの?」「どうして低い弾道のドロップキックを蹴るの?」「どうしてサイドボレーキックでその弾道なの?」と質問をしても、ほとんど理由を答えられるゴールキーパーはいません。例えば相手は逆光でボールが見づらいから「ハイパントキック」を蹴ってイーブンボールにするというのは悪い選択ではありません。フォワードの動きに合わせてスペースに蹴り込むなど、「何のためにこのキックを使うのか」ということを忘れてはいけません。

澤村公康「公認」正しいフォーム・テクニック写真集

開始姿勢

〈遠距離〉

〈近距離〉

〈前後〉

〈至近距離〉

〈中距離〉

ステップワーク①

〈クロスステップ〉

〈サイドステップ〉

ステップワーク②

〈バックペダル〉

〈バッククロス〉

キャッチング①

〈アンダーハンドキャッチ〉

▼

▼

〈オーバーハンドキャッチ〉

▼

▼

キャッチング②

〈スクープキャッチ〉

〈グラウンダーキャッチ〉

コラプシング

〈グラウンダー〉

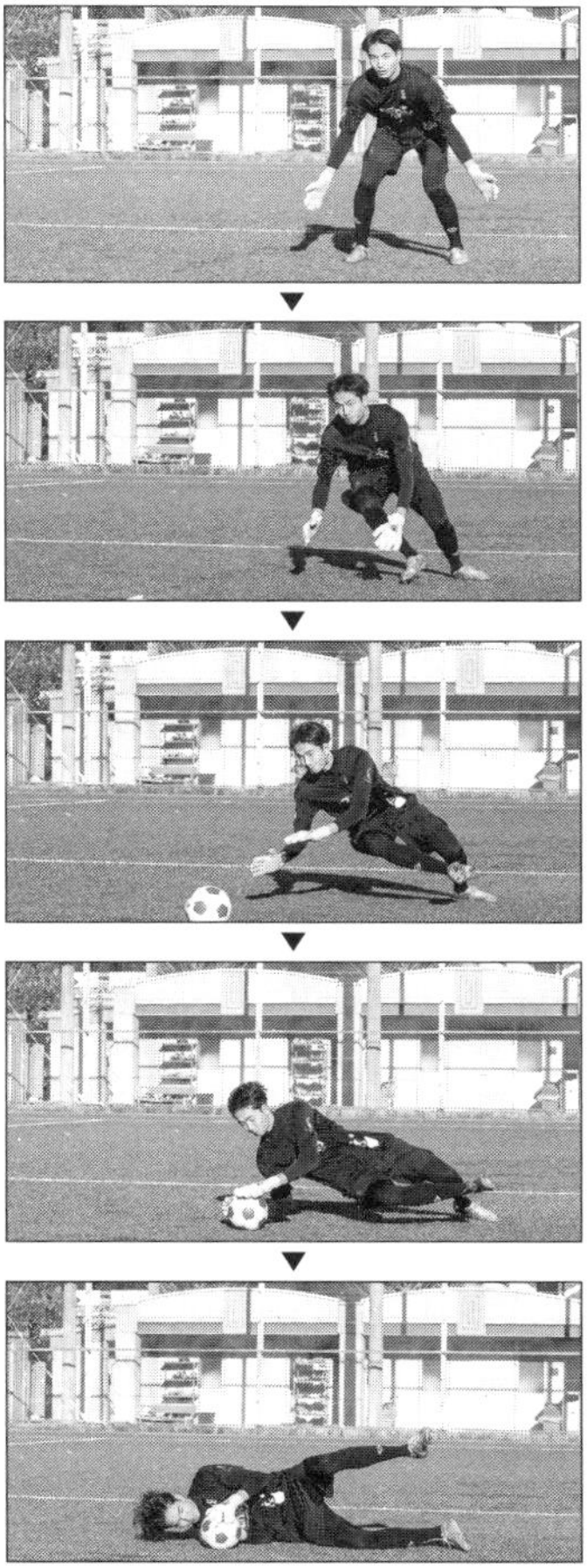

〈浮き球〉

フットセーブ

ローリングダウン

〈グラウンダー〉

〈浮き球〉

ダイビング

〈グラウンダー〉

〈浮き球〉

ディフレクティング①

〈グラウンダー〉

〈浮き球〉

ディフレクティング②

〈クロスハンド〉

起き上がり

〈逆方向〉

〈同方向〉

フロントダイビング

〈キャッチ〉

ブロッキング①

〈フロントダイビング〉

ブロッキング②

〈フロアセーブ〉

〈スターセーブ〉

ジャンプキャッチ

パンチング（フィスティング）

〈右手〉

▼

▼

〈両手〉

▼

▼

〈グー〉

〈横〉

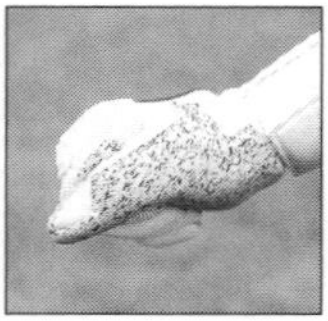

〈甲〉

〈こぶし〉

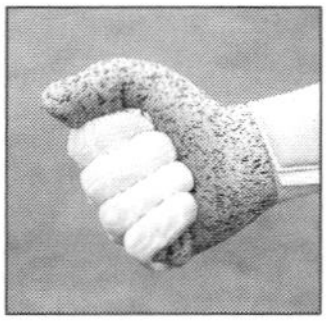

※パンチング（フィスティング）は4種類

スローイング

〈アンダーハンドスロー〉

〈サイドハンドスロー〉

〈オーバーハンドスロー〉

〈ドロップキック〉

▼

▼

▼

▼

〈プレスキック〉

▼

▼

▼

▼

キック②

〈サイドボレーキック〉

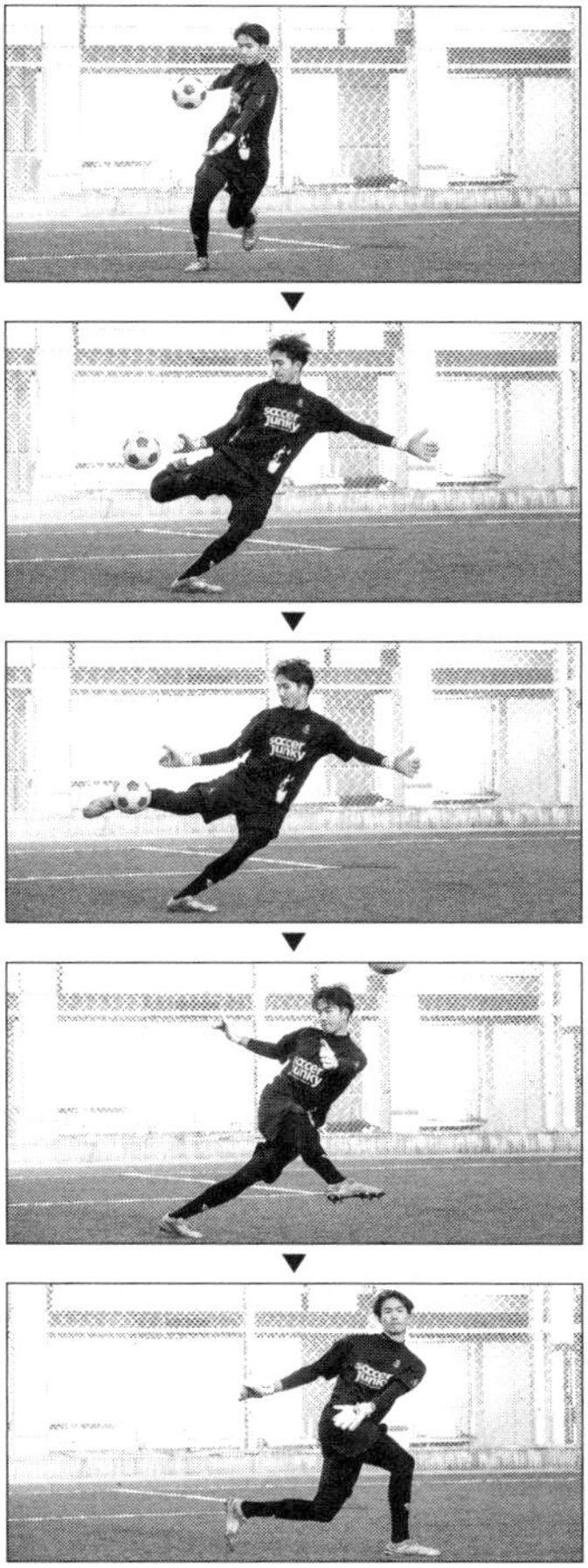

〈パントキック〉

ゴールキーパーの「テクニック＆スキル」を
日本語だけで体系化できないものか……

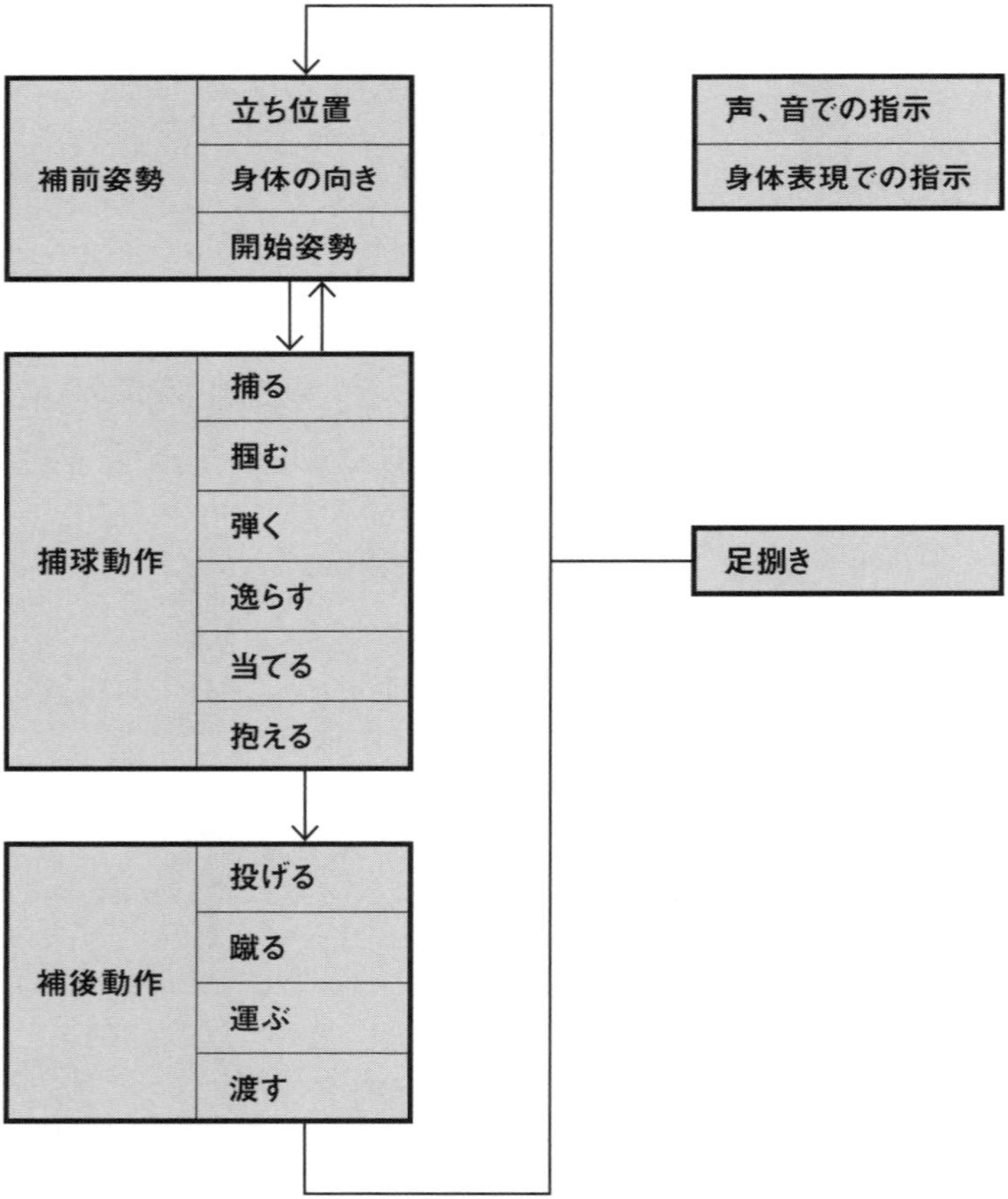

残念ながら同体系は未完成。しかし、澤村公康の挑戦は続く……

10章

4つの状況下

今やスペースの大部分はゴールキーパーの領域に

ゴールキーパーは守る選手であり、チームの最後の砦であるということは紛れもない事実で、それは昔も今も変わりません。ショットストップはゴールキーパーの一番の仕事、プレーをしていても観ている人にとっても一番の醍醐味、メインワークと言えます。

サッカーはゴールゲーム、スコアゲーム、タイムゲームと表現される中で、ゴールゲーム、スコアゲームと考えた時、味方のゴールに一番近いゴールキーパーの仕事は「ゴールディフェンス」になります。コンタクト系スポーツの特徴として、選手はピッチ内で左右前後どこへでも自由に動き回ることが許されています。わかっていることは、味方は相手ゴールに向かって、相手は自分たちのゴールをめがけてやってくるということです。

ゴールキーパーは最後の砦と言われる中、相手にとってはゴール前に立ちはだかる一番大きな障害物です。相手のゴールを許さないために困難な状況下においても逃げ出すことは許されません。ゴールキーパーが望まなくてもボールからゴールに向かってきてくれるので、どっしり構えていたいもの……ですが、現代サッカーではそうも言っていられません。この章では試合中、ゴールキーパーに訪れる場面を状況に応じて考えていきましょう。

現代サッカーではコンパクトな守備戦術を使うチームが増えました。ディフェンスラインがハイラインになって、コレクティブ（一体感のある組織的）なサッカーになってきています。ディフェンスラインが高くなればなるほどゴールキーパーの守備範囲は当然広くなっていきます。より広大なスペースをゴールキーパーが守らざるを得なくなりました。

以前は「スペースディフェンス」という言葉はなく、「ブレイクアウェイ」「クロス」など、試合中の現象を抽出して考えていました。つまり、スルーパス、クロスといった現象への対応でよかったのです。それが、広がる空間そのものをスペースと示すようになってプレーディスタンスが広がり、ゴールキーパーもイメージしやすい言葉となりました。

以前はディフェンスとゴールキーパーがスペースを共有していました。このスペースは以前と同様にディフェンスとゴールキーパーが共有する部分もあるにせよ、現代では大部分がゴールキーパーの領域として考えられるようになっています。「スペースディフェンス」の中にこれまでも使っていた「ブレイクアウェイ」「クロス」の状況下が含まれ、より明確にこのスペースにおけるゴールキーパーの持ち場、役割がはっきりしたことで、「スペースディフェンス」という言葉を用いるようになりました。

当然、ゴールキーパーの戦術、戦略も変わってきています。スペースが広がることによってディフェンスの要素は大きくなる一方、試合中のプレー回数も増えています。ひと昔前で言えば最後尾にいたスイーパー的な役割もこなすことから、必然的にそのプレーはボールに対するアタックに繋がっています。ペナルティエリア外でプレーをする回数が増えているので、よりフィールドプレーヤーのスキルが求められるようになっています。

ゴールキーパーも相手より早くボールに触るために、ダイビングヘッドとヘディングのトレーニングをします。ペナルティエリアの外に飛び出してプレーすることが多くなるので、フィールドプレーヤーのスキルを習得し、獲得しなければなりません。したがって反復トレーニングをしてスキルアップする必要性があります。ゴールキーパーに足下のスキルが要求されるようになったのはバックパスのキャッチ禁止ルールができて以降（1992年）で、近年はかつてルールで許されていたバックパスのキャッチが滑稽に思えるほど大きな変化を見せています。今でも一般の方はゴールキーパーは太っている子、走れない子がやるもの、というイメージを持っているようですが、現代ではゴールキーパーはスーパーマンに近い能力の高いアスリートがやるポジションに変貌しています。

「1 vs GK」

相手対ゴールキーパーという「1 vs GK」の状況は試合中、普通に訪れます。「スペーステディフェンス」はどこからでもボールが向かってくる非常に広義なものです。ただし、「1

vs GK」という状況は広いスペースというより、ペナルティエリアの中、ゴールに近いところをイメージしてもらえばいいと思います。もちろん、ペナルティエリア外でのプレーになることもありますが、その多くはペナルティエリアの中に限定されます。

この「1 vs GK」を含めて、ゴールキーパーは相手の状況を確認することが最優先されます。まずゴールに向かってくる相手のドリブルの侵入速度、角度をしっかりと観る。次に確認するのは味方の状況です。その状況は決断を下すための重要な判断材料となるので、味方が相手の近くで競り合おうとしているのか、すでに相手から離れている状態で突破されてしまっているのか、仲間との関係の確認が2番目になります。

次に相手からボールを奪うために必要なアタックか、もしくはステイといった状況判断が迫られます。トレーニングでもこのような状況下をシミュレーションするのは大切です。「1 vs GK」に限らず、試合で起こりそうな場面を抽出して、判断、決断、実行がスムーズに行えるように、ゴールキーパーコーチ、あるいはゴールキーパー自らが場面ごとに「YES」か「NO」か、チャートを作ってチェックするのもアイデアのひとつだと思います。

状況下の判断、決断はゴールキーパーの脳内で行われます。客観的に状況を整理した上で、日々のトレーニングで肉体的にも技術、体力として落とし込んでいく。正しい判断は正しい決断となり、こうした裏付けは単に「勇気がある」「勇気がない」といった実態として見えないマインドとして片付けられていた部分を解消させることにもつながります。

「1 vs GK」の場面ではプレー予測から始まり、次にスターティングポジション、今度はプレーのアクションでアタックかステイか、ペナルティエリア外であればフットプレー、ヘディング、スライティングを含めたフィールドプレーヤーのスキルを使ってボールを奪いにいきます。ペナルティエリアの中に侵入してきた場合はショットを打たれる前にフロントダイビングで処理するのか？　ショットを打たれたらフットプレーでセーブするのか、コラプシング、ローリングダウン、ダイビングで防ぐのかという段階となります。

ショットストップでゴールを守るのであればショットを放たれるまでにスターティングポジションがあって次にステップワーク、キャッチかディフレクト、さらにローリングダウン、ダイビング、コラプシングなどのスキルがあって、今度はボールを掴んだらオフェンスプレー、ボールを弾いた場合はセカンドプレーとなっていきます。

ゴールキーパーコーチがゴールキーパーの状況下を理解していないと誤った指示が常態化する可能性があります。何度も言っているように、ゴールキーパーはフィールドプレーヤーよりも危険を伴ったプレーを要求されます。誤った解釈からの誤った指示はゴールキーパーの危険リスクが高くなることを頭に入れておいてください。

〈1 vs GK〉

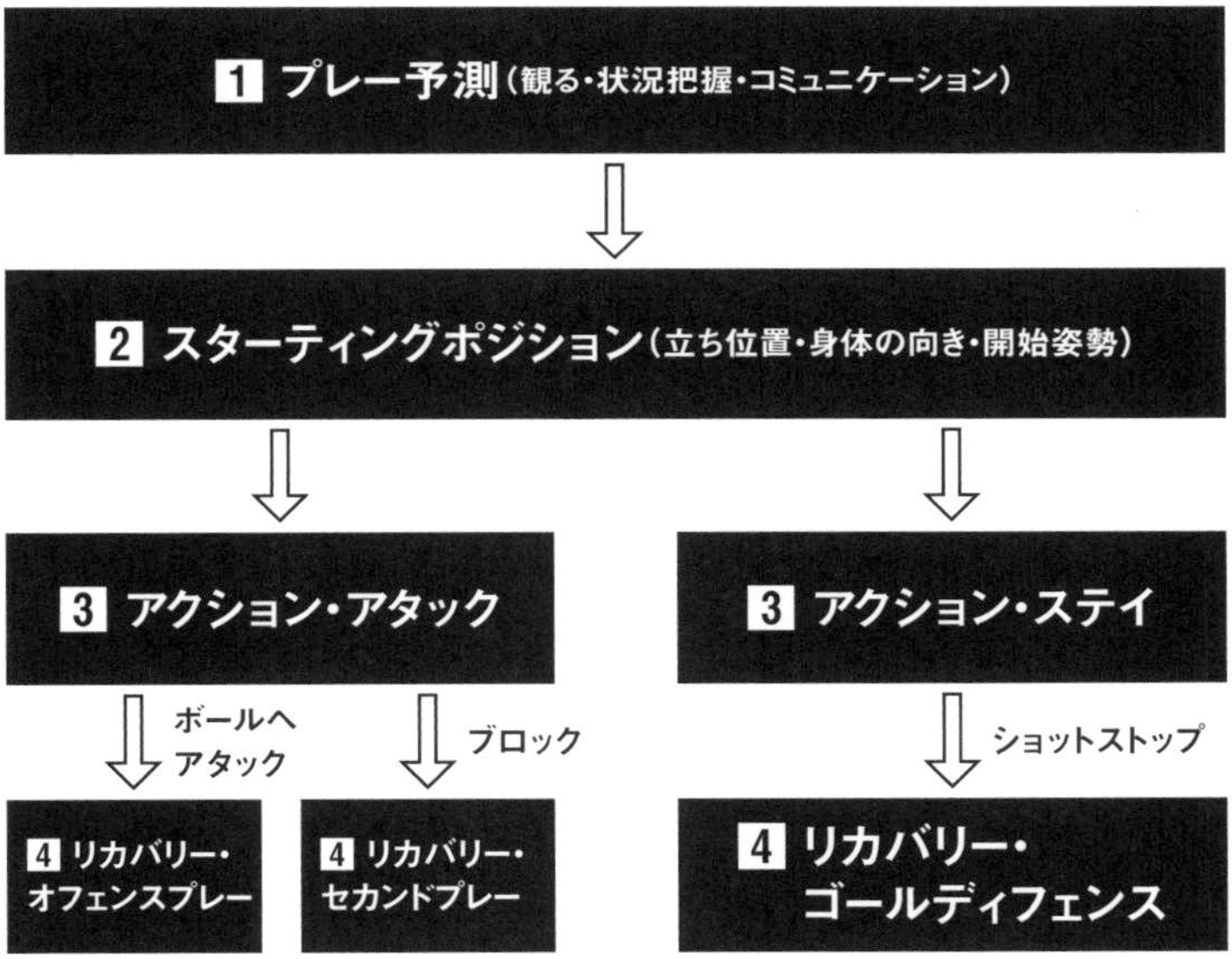
1 プレー予測（観る・状況把握・コミュニケーション）
2 スターティングポジション（立ち位置・身体の向き・開始姿勢）
3 アクション・アタック
3 アクション・ステイ
ボールへ
アタック
ブロック
ショットストップ
4 リカバリー・
オフェンスプレー
4 リカバリー・
セカンドプレー
4 リカバリー・
ゴールディフェンス

「ゴールディフェンス（ショットストップ）」

ゴールキーパーのプレーサイクルについては何度も話していますが、絶対に覚えるべき事象なので改めて説明します。ゴールキーパーのプレーサイクルは「観る」「予測」「判断」「決断」「実行」となります。「観る」ことで状況を把握し、何が起こるのかを「予測」して、「判断」をして「決断」「実行」をします。「実行」したあとはまたセカンドプレーになるので、再び「観る」に戻ります。

これを伴った時、ショットストップに対してはボールホルダーの状況を見て、ゴールキーパーは正しいスターティングポジションを取るところから始めます。ショットが放たれた際はステップワークを伴い、キャッチ（掴む）かディフレクト（弾く）かを判断し、その後はローリングダウン、ダイビング、コラプシングなどの技術発揮を伴い実行に移します。掴むのであればキャッチでいいとして、弾くのであればディフレクトの方向を決定します。掴んだあとはスロー、キックによるオフェンスプレー、セカンドボールが生じた際にはセカンドプレーが一連の流れとなります。

〈ゴールディフェンス（ショットストップ）〉

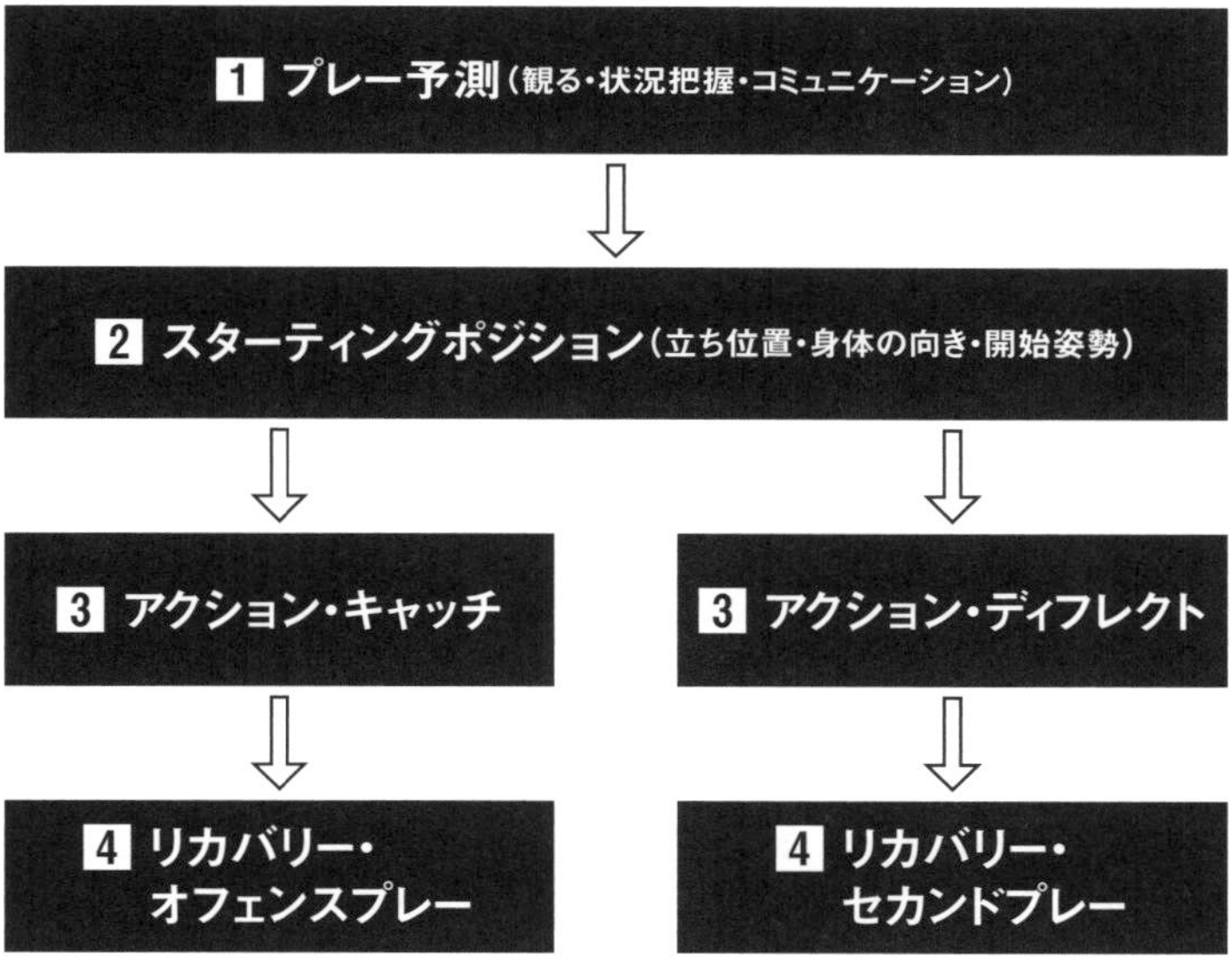

ゴールディフェンス（ショットストップ）トレーニング❶

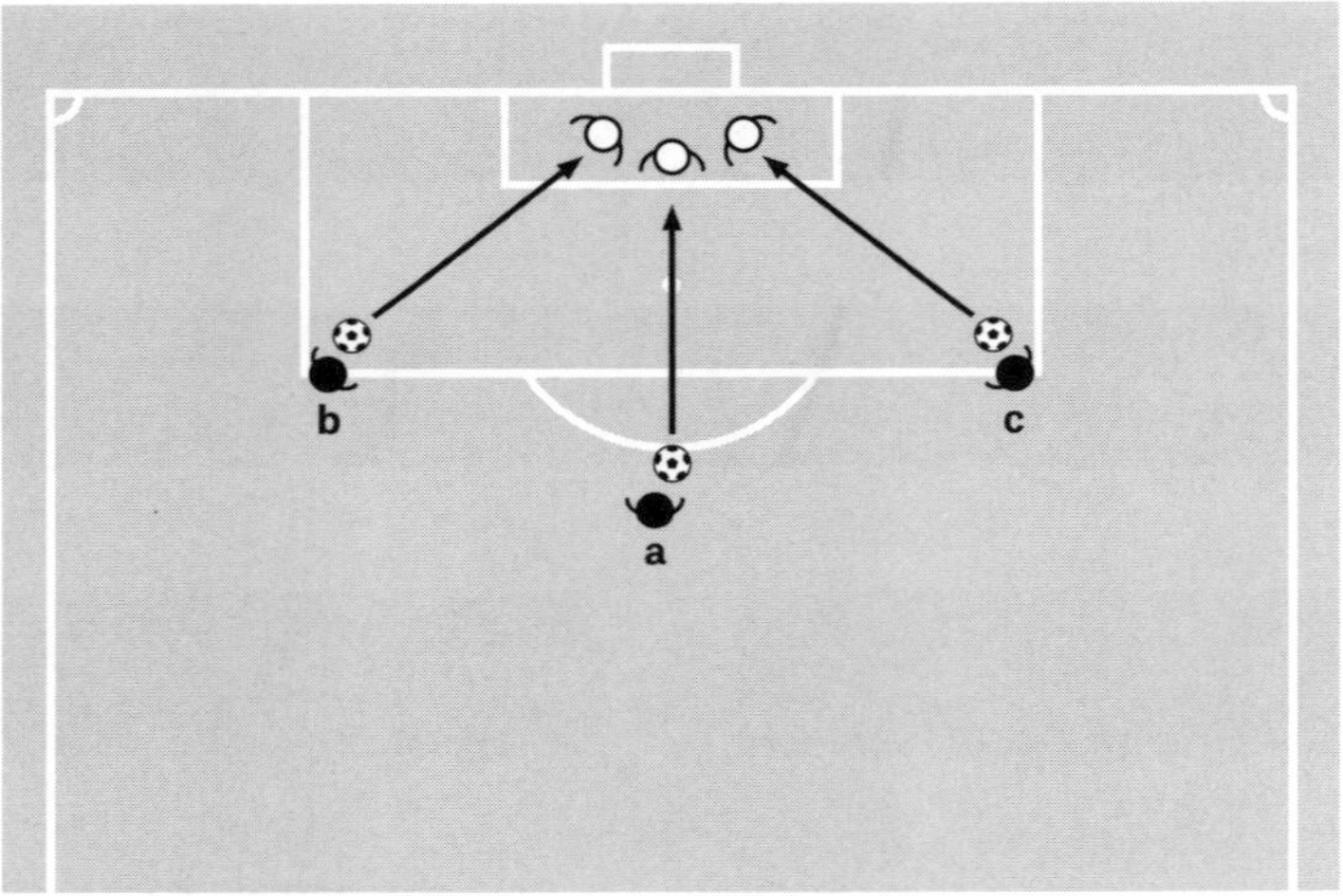

=GK　=攻撃側　=ボール　=ボールの動き

中央**a**、両サイド**b**・**c**に位置した選手がショット。**GK**は1本ずつショットストップをする。

【ポイント】

- 観る
- スターティングポジション
- 準備のタイミング
- ゼロコンタクト
- キャッチorディフレクト
- プレーの方向
- リカバリー

【パターン】

- プレスキックからショット
- ワンコントロールからショット

ゴールディフェンス（ショットストップ）トレーニング❷

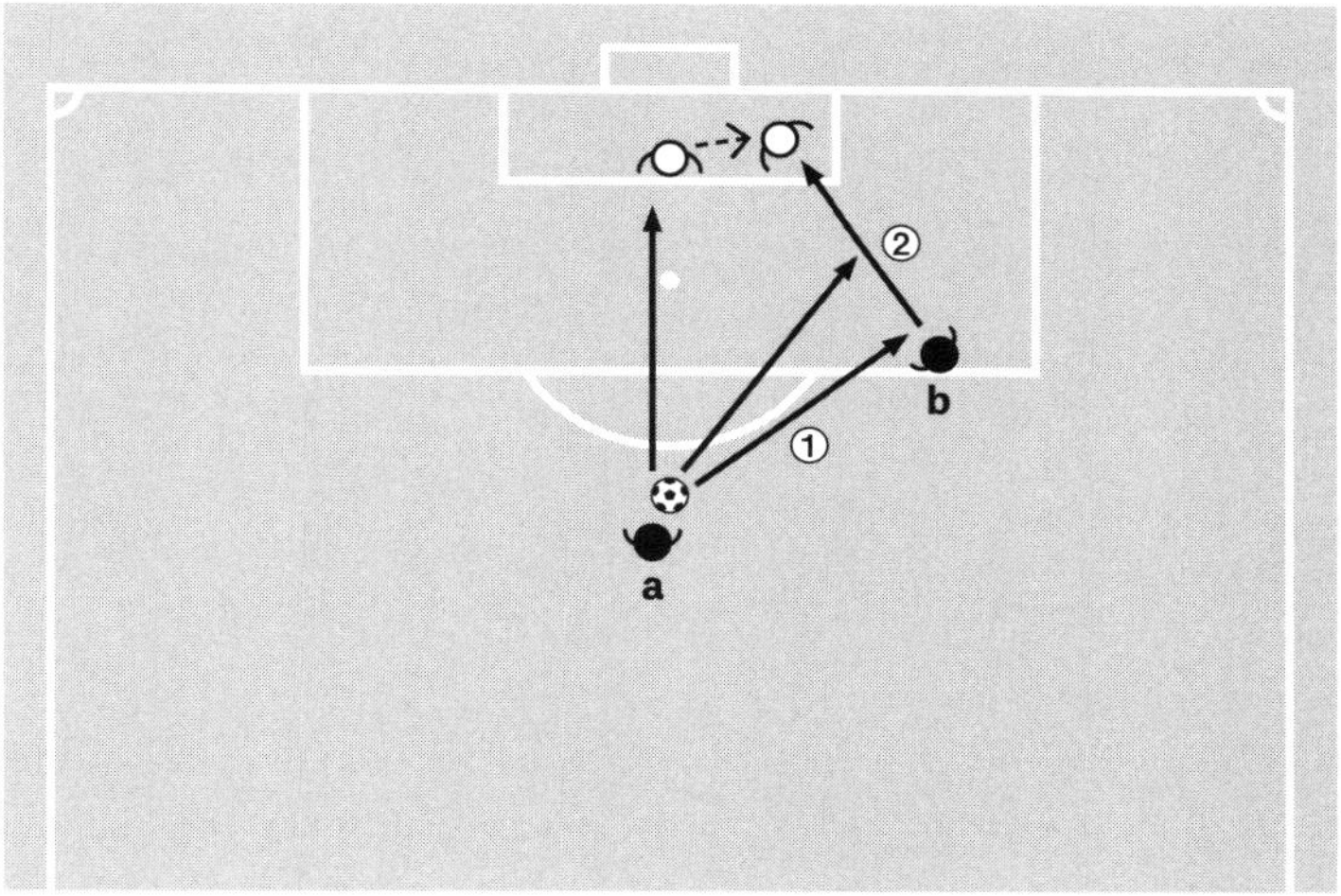

＝GK　＝攻撃側　＝ボール　＝ボールの動き　＝人の動き

中央の**a**がボールをセット。サイドにいる**b**へパス。**b**からのショットを**GK**がショットストップする。

【ポイント】

- **観る＝ニアポスト**
- **スターティングポジション**
- **スムーズなステップワーク**
- **移動手段**
- **キャッチorディフレクト**
- **プレーの方向**
- **リカバリー**

【パターン】

- **aからのショット**
- **aからのスルーパス**
- **bからのワンタッチショット**
- **bのワンコントロールからのショット**

ゴールディフェンス（ショットストップ）トレーニング❸

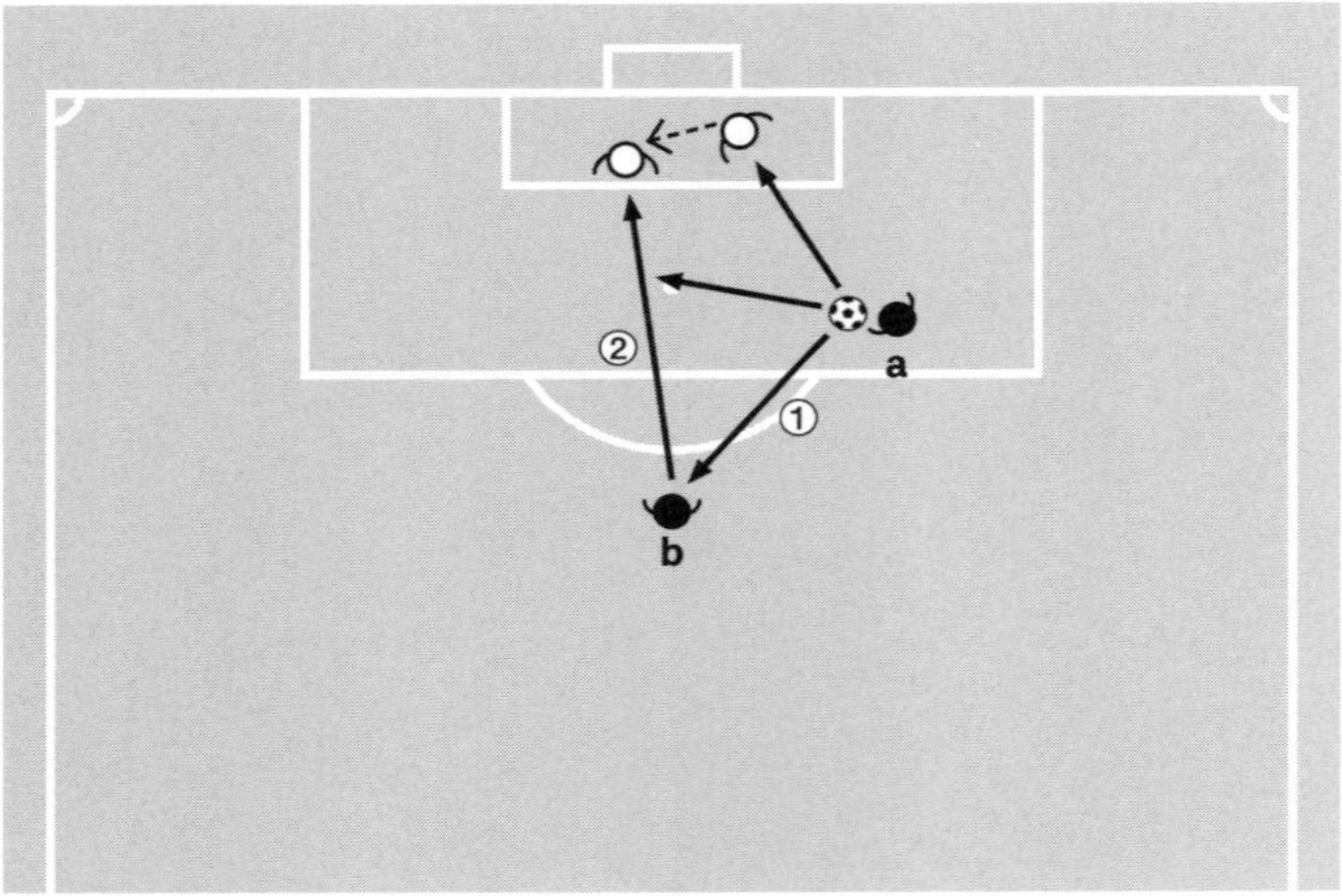

=GK　=攻撃側　=ボール　=ボールの動き　=人の動き

サイドに位置する**a**から中央**b**へパス。**b**からのショットを**GK**がセーブする。

【ポイント】

- 観る＝PKマーク
- スターティングポジション
- 移動手段
- ステップワーク
- プレーの方向
- キャッチ or ディフレクト
- リカバリー

【パターン】

- **a**からのショット
- **b**へのスルーパス
- **b**からのワンタッチショット
- **b**のワンコントロールからのショット

ゴールディフェンス（ショットストップ）トレーニング❹

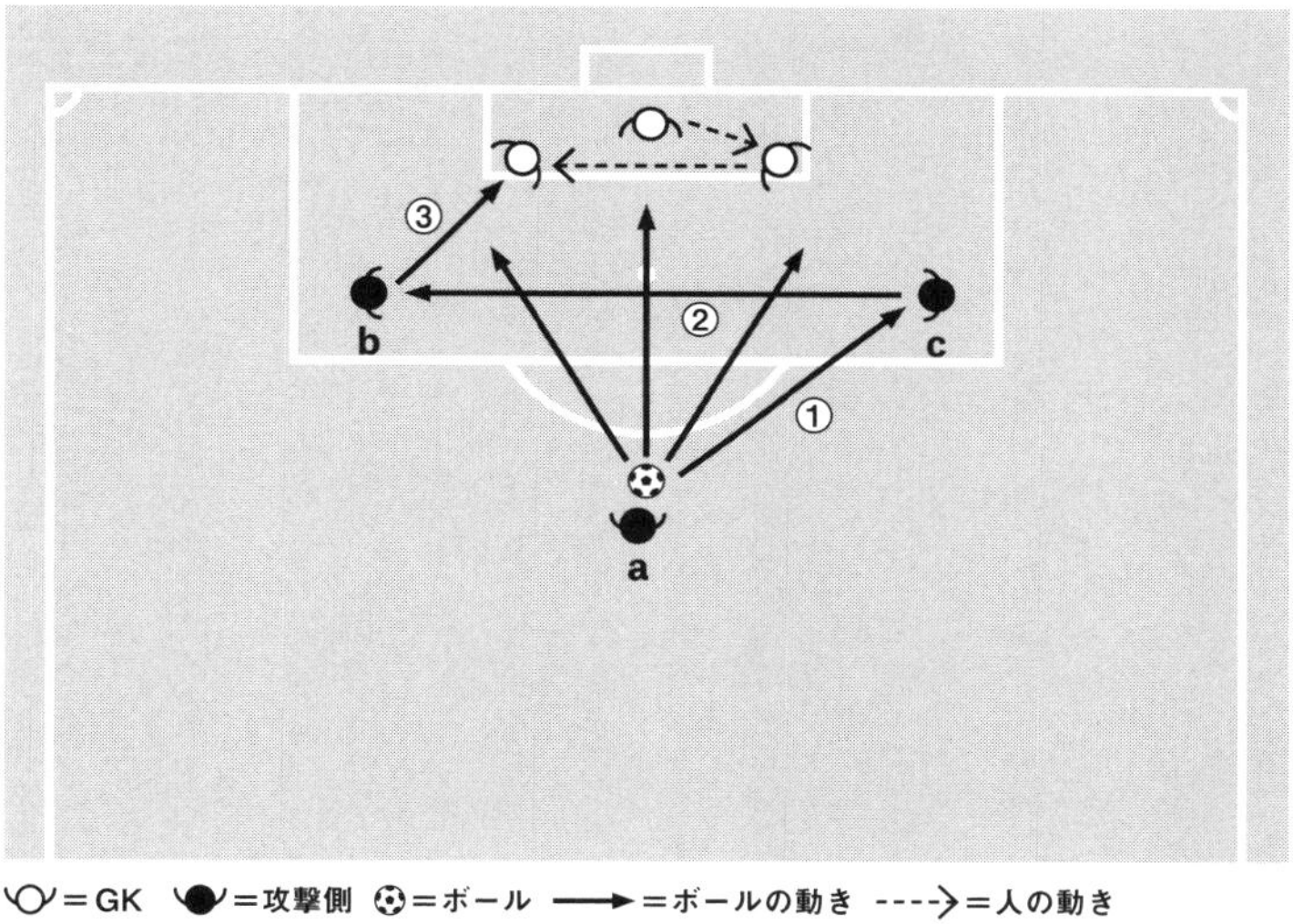

中央**a**、両サイド**b**・**c**がポジションをとる。**a**から**c**へのパス。**c**から**b**へのパス。**b**からのショットを**GK**がセーブする。

【ポイント】

- **観る＝ニアポスト、PKマークなど**
- **スターティングポジション**
- **移動手段**
- **ステップワーク**
- **プレーの方向**
- **キャッチ or ディフレクト**
- **リカバリー**

【パターン】

- **aからb・cへのスルーパス**
- **aからのショット**
- **bからのワンタッチショット、ワンコントロールからのショット、aへのリターン**
- **cからのワンタッチショット、ワンコントロールからのショット**
- **タッチ数を決める。時間設定をする（5～7秒）**

「スペースディフェンス（ブレイクアウェイ）」

ここでもスタートは観ることから始まります。「ブレイクアウェイ」＝パスの分断を狙う時にはパスを出そうとするボールホルダーと受け手のフォワードがいます。両者を見て状況を把握する必要があります。このタイミングでスターティングポジションは決まります。パスではなく、ボールホルダーからショットを放たれてもリカバリーできるスターティングポジション、なおかつフォワードにスルーパスが出てきたらインターセプトを狙えるスターティングポジションが決まります。

ボールが出された時にアタックするのか、ステイするのかというアクションの決断。ペナルティエリア外へアタックに出る時はここでもフットプレー、ヘディング、スライディングも含めたフィールドプレーヤーのスキルで対応します。ペナルティエリア内でボールを奪いにいく場面であれば、ボールを手で奪いにいくのでフロントダイビング、ケースバイケースでスライディングすることもあります。近距離からシュートを打たれた場合はコラプシング、フットセーブなどのスキルを駆使して対応します。面白いもので「スペースディフェンス」は瞬時に「１vsＧＫ」になる場面もあれば、ショットストップになる場面もあります。どちらの場面になっていくのか、かなりデリケートなテリトリーになります。

〈スペースディフェンス(ブレイクアウェイ)〉

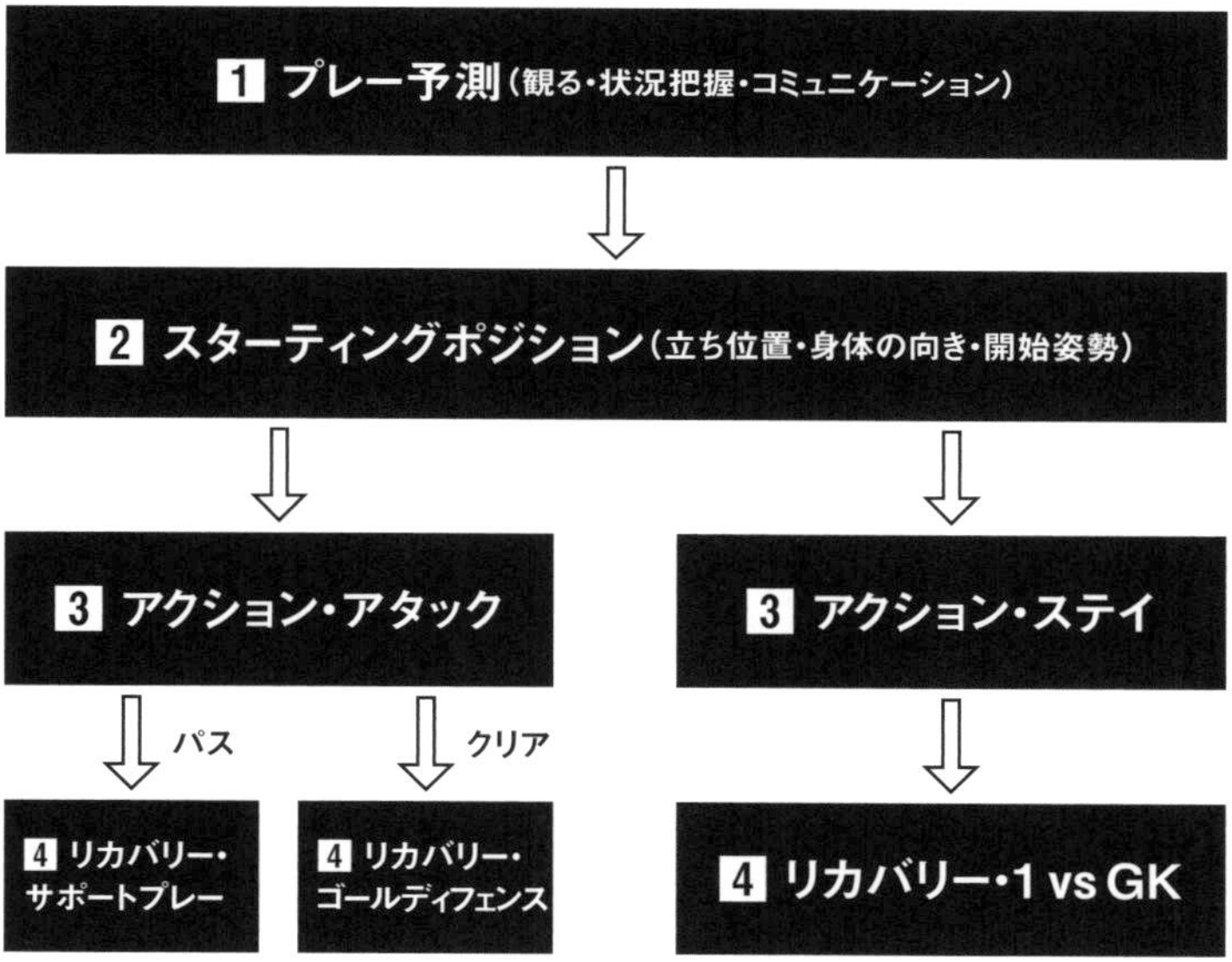

スペースディフェンス（ブレイクアウェイ）トレーニング❶

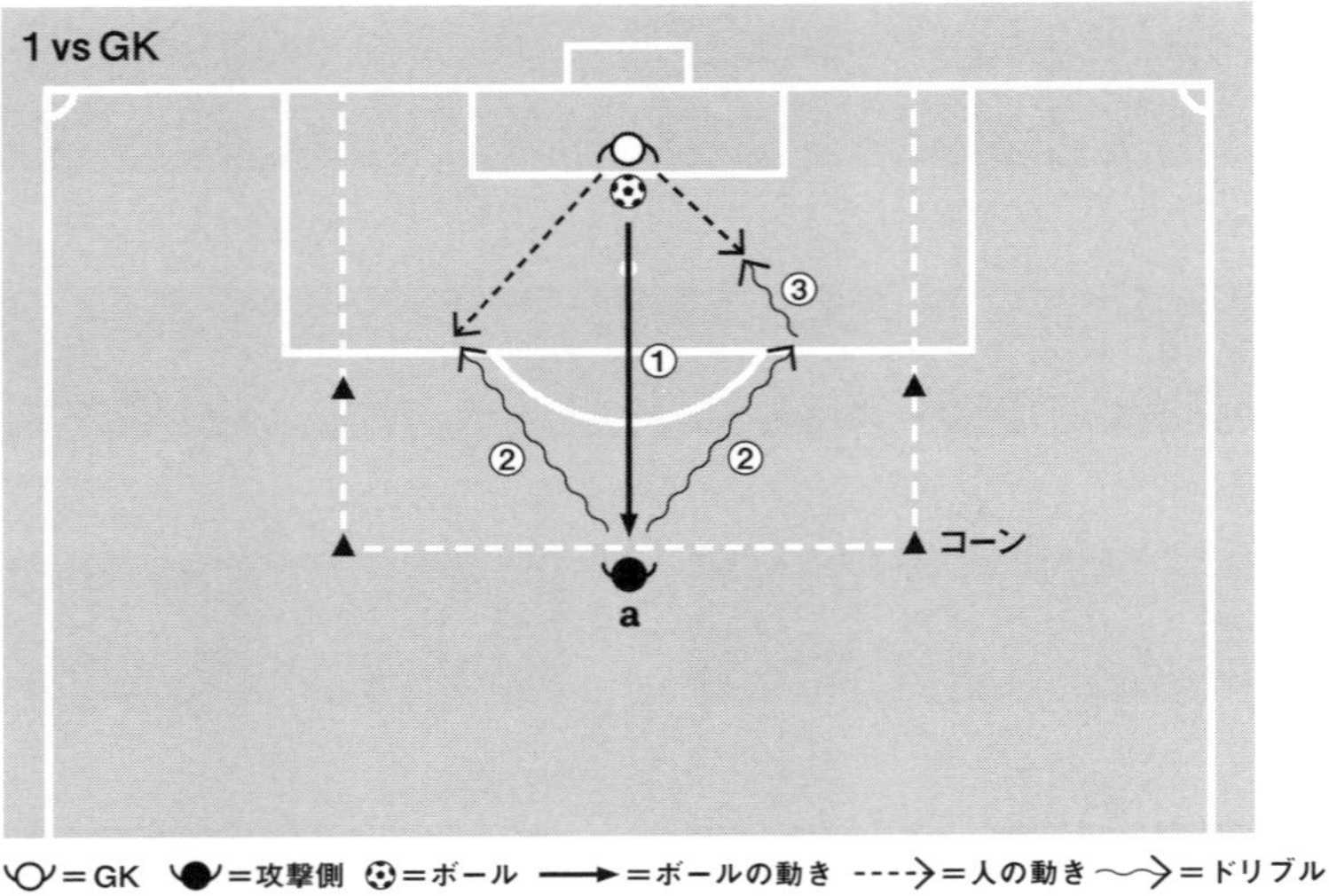

GKから**a**にアンダーハンドスローでパス。**a**はスタートラインでボールを受けてからスタート。必ずワンコントロールでBOX内に侵入してからアタックスタート。**GK**はボールを奪いにいき、セーブする。

【ポイント】

- スターティングポジション
- 移動手段
- ステップワーク
- ゼロコンタクト
- アタックorステイ
- プレーの方向

【パターン】

- aからのワンタッチショット
- aからのドリブル突破
- aからのドリブルからのショット
- タッチ数の設定をする。
  時間を設定する
  （aがタッチしてから5秒など）

スペースディフェンス（ブレイクアウェイ）トレーニング❷

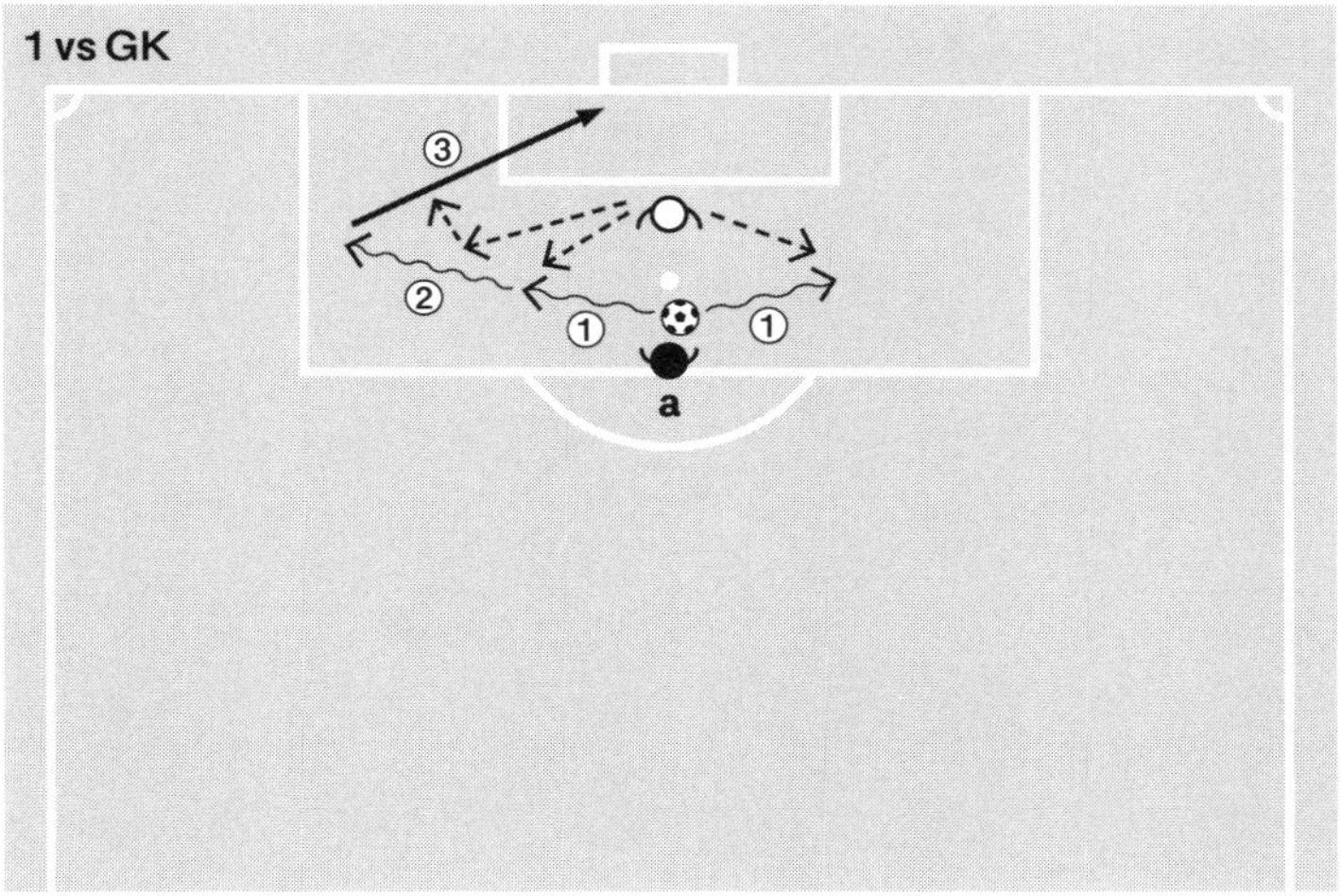

＝GK　＝攻撃側　＝ボール　＝ボールの動き　＝人の動き　＝ドリブル

aからスタート。ワンコントロール後はフリーで1 vs **GK**。**GK**はショットをさせないようにアプローチしてセーブする。

【ポイント】

- スターティングポジション
- アプローチ
- 移動手段
- アタックのタイミングを狙う
- 時間をかける（ディレイ）

【パターン】

- aからツータッチ目でショット
- aからのドリブル突破
- タッチ数を設定する。
  エリアを決める。時間設定をする

スペースディフェンス（ブレイクアウェイ）トレーニング❸

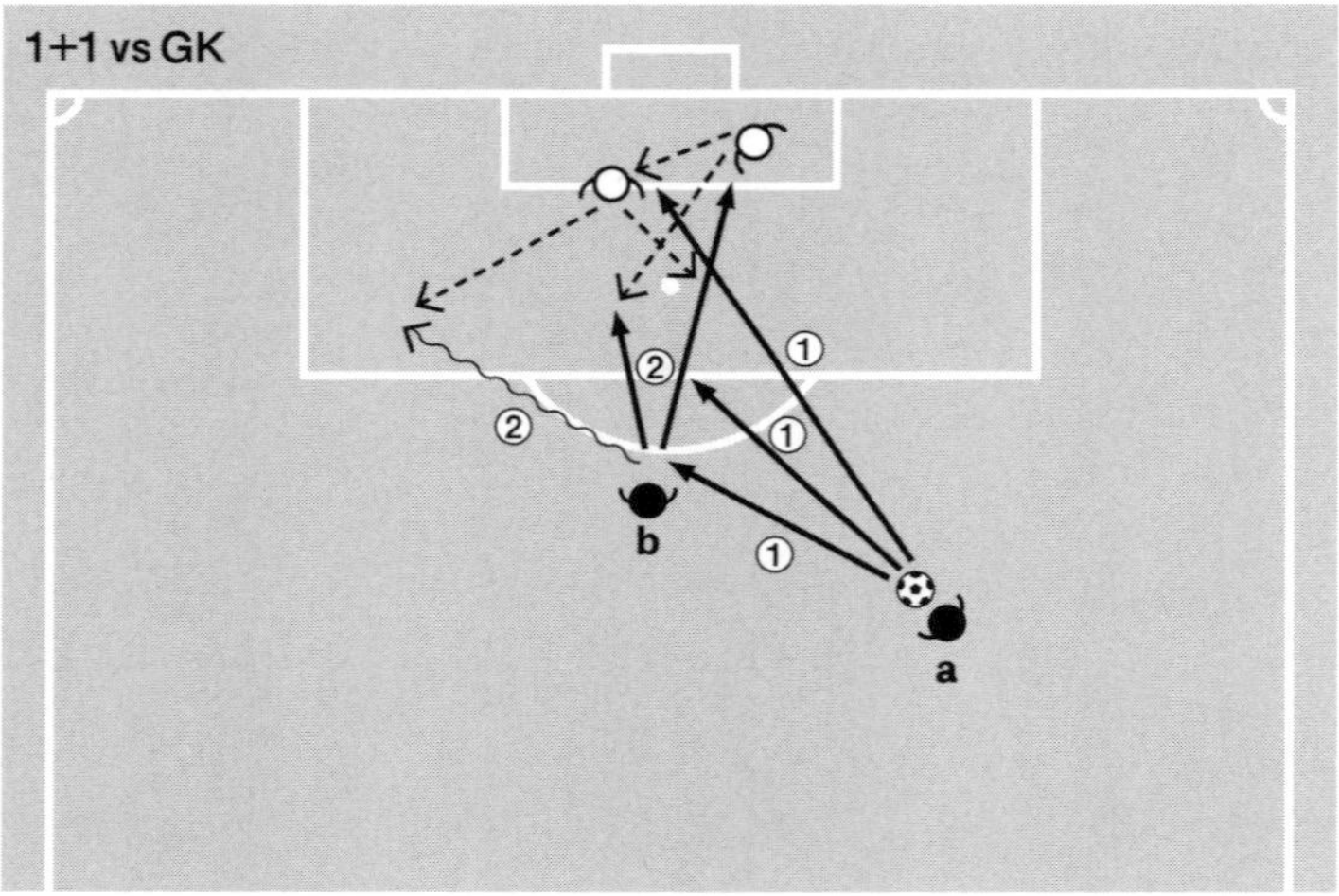

=GK　=攻撃側　=ボール　→=ボールの動き　--->=人の動き　〜>=ドリブル

aから**b**へパス。**b**はゴールを狙う。**GK**はそれをセーブする。

【ポイント】

- 観る
- スターティングポジション
- 移動手段
- ステップワーク
- ゼロコンタクト
- アタック or ステイ
- プレーの方向

【パターン】

- aからのショット
- aからbへのスルーパス
- aからbへのパス→
  bからのワンタッチショット
- bからのドリブルでの1 vs GK
- タッチ数の設定をする。
  時間設定をする。
  点線のようなエリアを決める

スペースディフェンス（ブレイクアウェイ）トレーニング❹

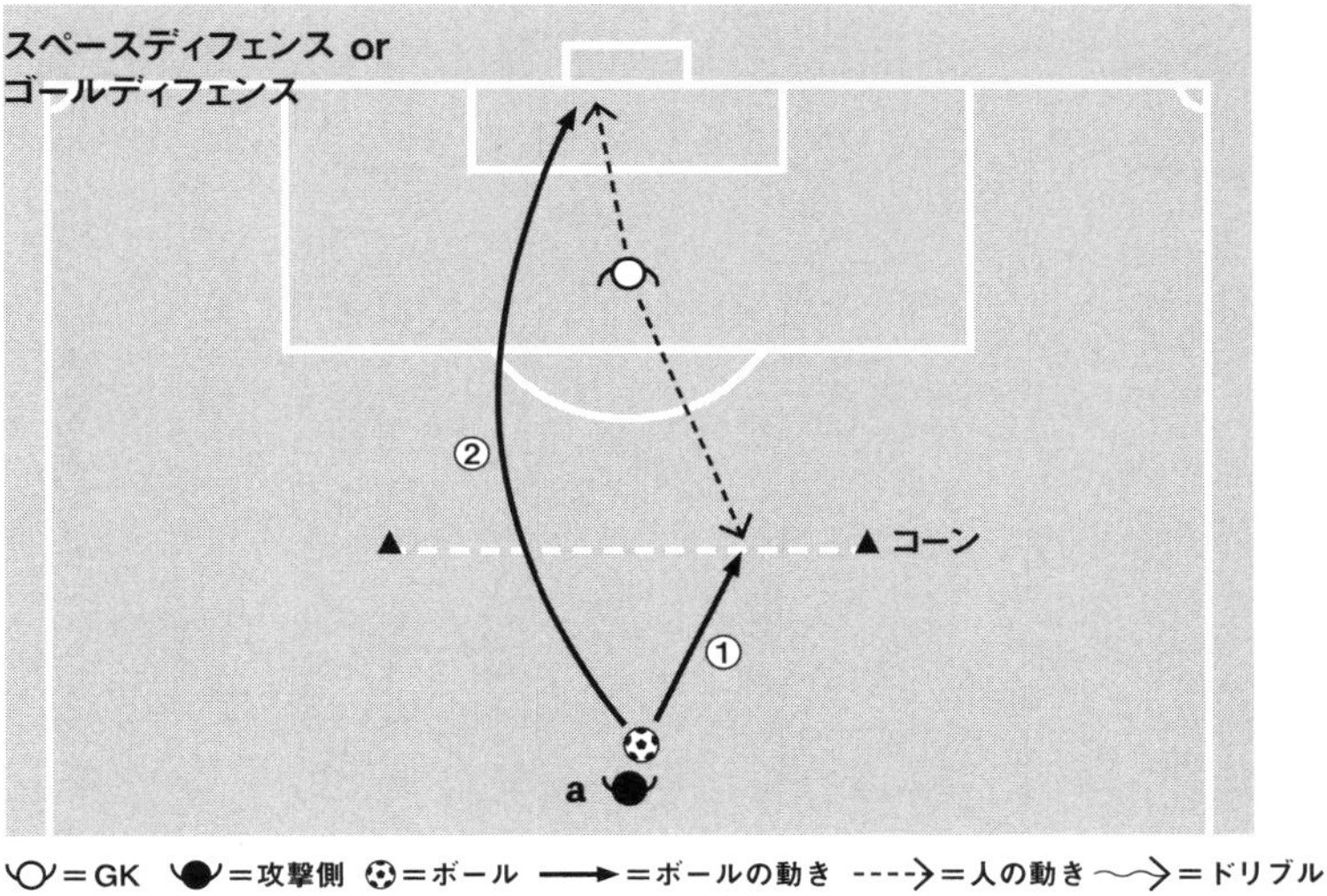

aはハーフェーライン付近からスタート。**a**はゴールにショット、またはコーンのラインにボールを出す（スルーパス）。**GK**は放たれたボールをセーブする。

【ポイント】

- **aのワンコントロールからのショットorスルーパス**
- **aからのスルーパスを浮き球でクリア**
- **観る（aの進入角度・進入速度・キックの種類）**
- **スターティングポジション**
- **ステップワーク**
- **プレーの方向**
- **リカバリー**

「スペースディフェンス（クロス）」

「ブレイクアウェイ」と「クロス」の違いは何かと言えば、「ブレイクアウェイ」はゴールに向かってくるボールのインターセプト、「クロス」はゴール前を横切る高低のボールが定義となっています。これをインターセプトしにいくのが、「スペースディフェンス」における「クロス」と覚えてください。

「ブレイクアウェイ」は縦からスペースに入ってくるボール、「クロス」は横からスペースに入ってくるボールに対してインターセプトを試みる守備なので、同じ「スペースディフェンス」となります。「1 vs GK」「ブレイクアウェイ」も瞬時にショットストップになるケースもあれば、「クロス」も前に出ない（ステイ）という判断をした場合にはそこからショットが来ることが予測できるので、「クロス」からのショットストップという形に、それぞれの状況下がミックスされる場合もあります。

「クロス」も「ブレイクアウェイ」と同じでプレー予測、スターティングポジションを取り、放たれたボールに対してプレーのアクションをします。自分が飛び出してアタックをするという判断、決断なのか、仲間にプレー（クリアなど）をさせる（ステイ）判断、決断となります。アタックするという決断を下した場合には、ボールへの到達速度、プレーディ

〈スペースディフェンス（クロス）〉

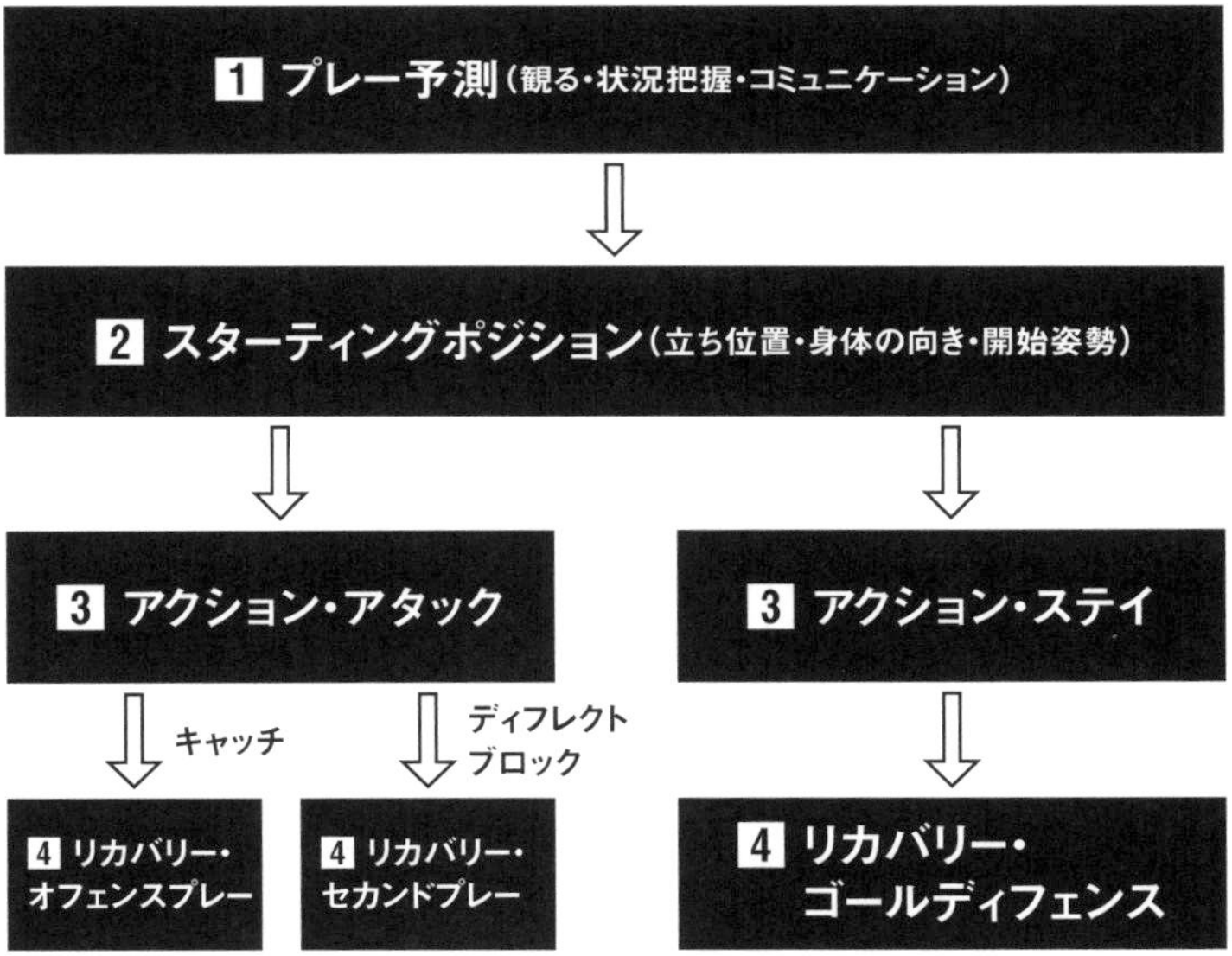

スタンスを見誤らないようにタイミングを見て実行に移しましょう。

クロスボールには高低あります。低いボールであればローリングダウンでいくのかダイビングでいくのか、またはフロントダイビングでいくのかを判断します。キャッチかディフレクトかを判断し、そのあとは当然、技術の発揮になります。

ステイの判断をした場合には仲間のクリアの状況下にもよりますが、相手フォワードが存在しているので、今度は「ゴールディフェンス（ショットストップ）」となります。「ブレイクアウェイ」からのショットストップ、「クロス」からのショットストップ、ショットストップになった時には「ゴールディフェンス（ショットストップ）」の流れに切り替わります。

観る

〈クロス〉

〈ニア〉

クロス①

〈ニア〉

▼

○ Good!

× Bad!

▼

▼

▼

クロス②

〈ファー〉

スペースディフェンス（クロス）トレーニング❶

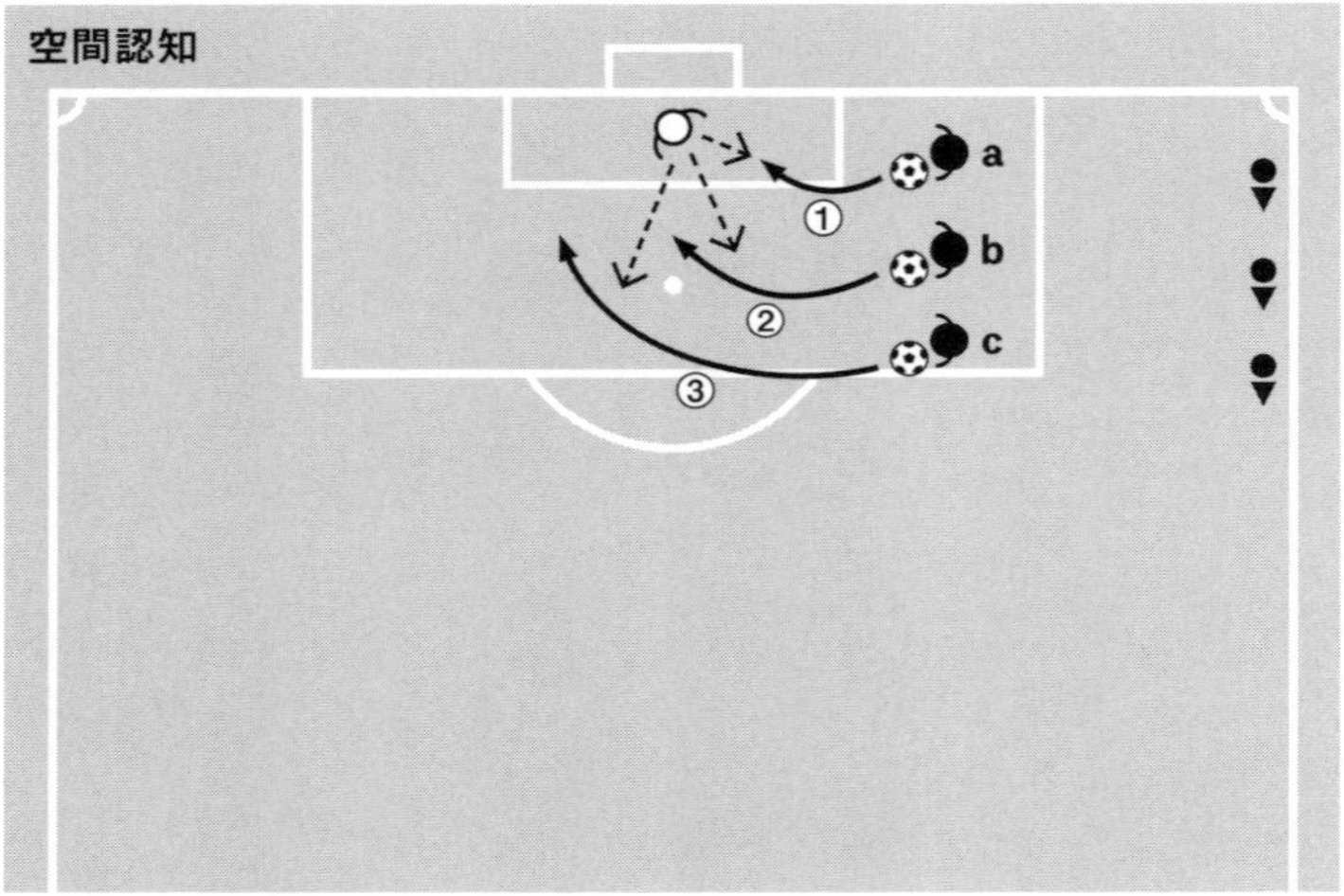

=GK　=攻撃側　=ボール　=ボールの動き　=人の動き

a・b・cからゴール前にボールを投げる。**GK**はジャンプキャッチをする。がクロスを上げるイメージでゴール中央付近でニア・中央・ファーエリアのトレーニングをする。

【ポイント】

- スターティングポジション
- スタートはゆっくりでプレーは速く
- アプローチ
- ジャンピングキャッチorパンチング

【パターン】

- ボールの球種を変化させる
- a・b・cの位置を移動させる

スペースディフェンス(クロス)トレーニング❷

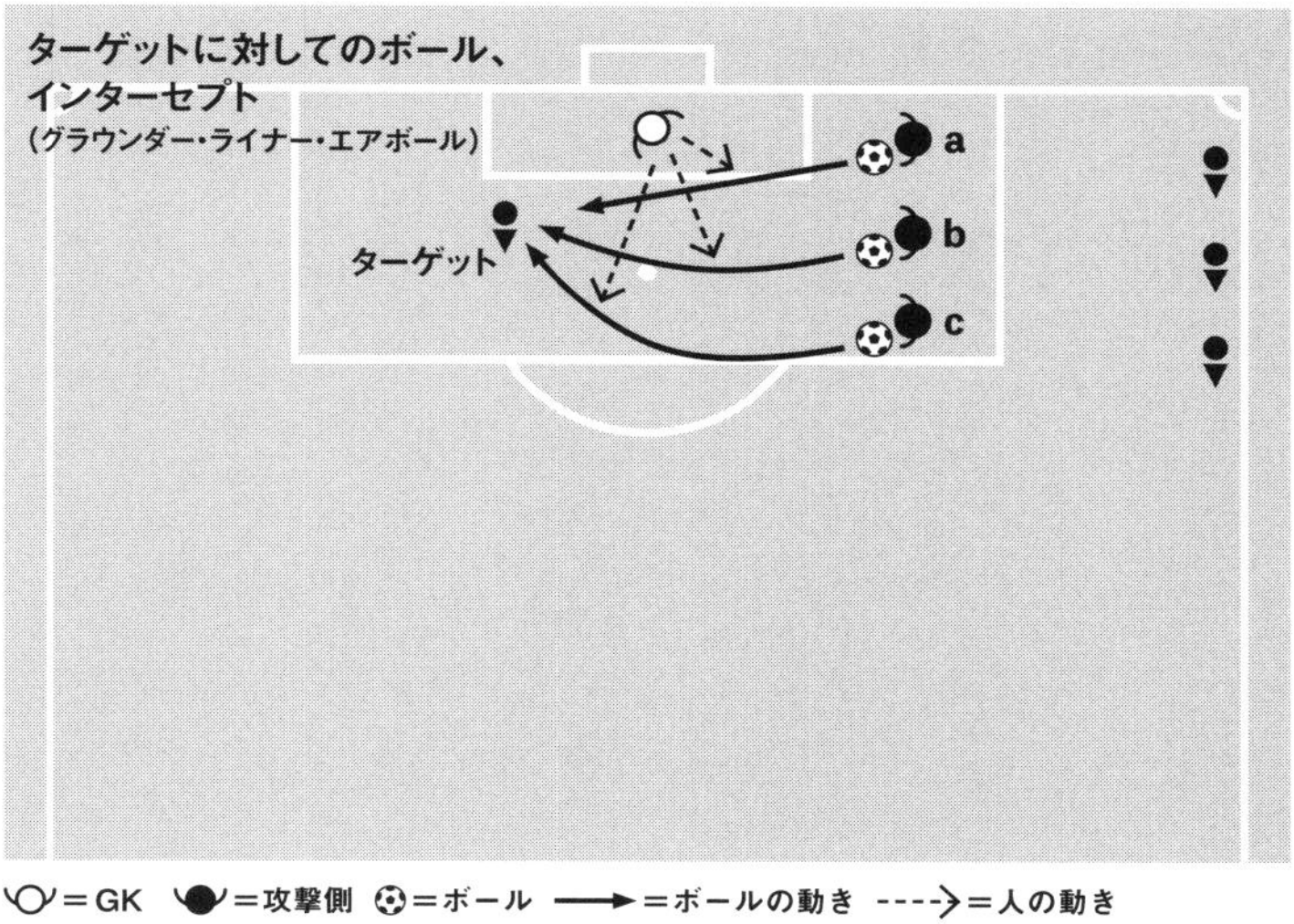

ゴール前にターゲットを置く。**a**・**b**・**c**からターゲットに向かってボールを投げる。**GK**はそのボールをインターセプトする。がクロスを上げるイメージでスターティングポジションを取る。

【ポイント】

- **観る**
- **スターティングポジション**
- **アプローチ**
- **ジャンピングキャッチ or パンチング**

【パターン】

- **ボールの球種を変化させる(グラウンダー・ライナー・エアボール)**
- **a・b・cの位置を移動させる**
- **ターゲットを移動させる**

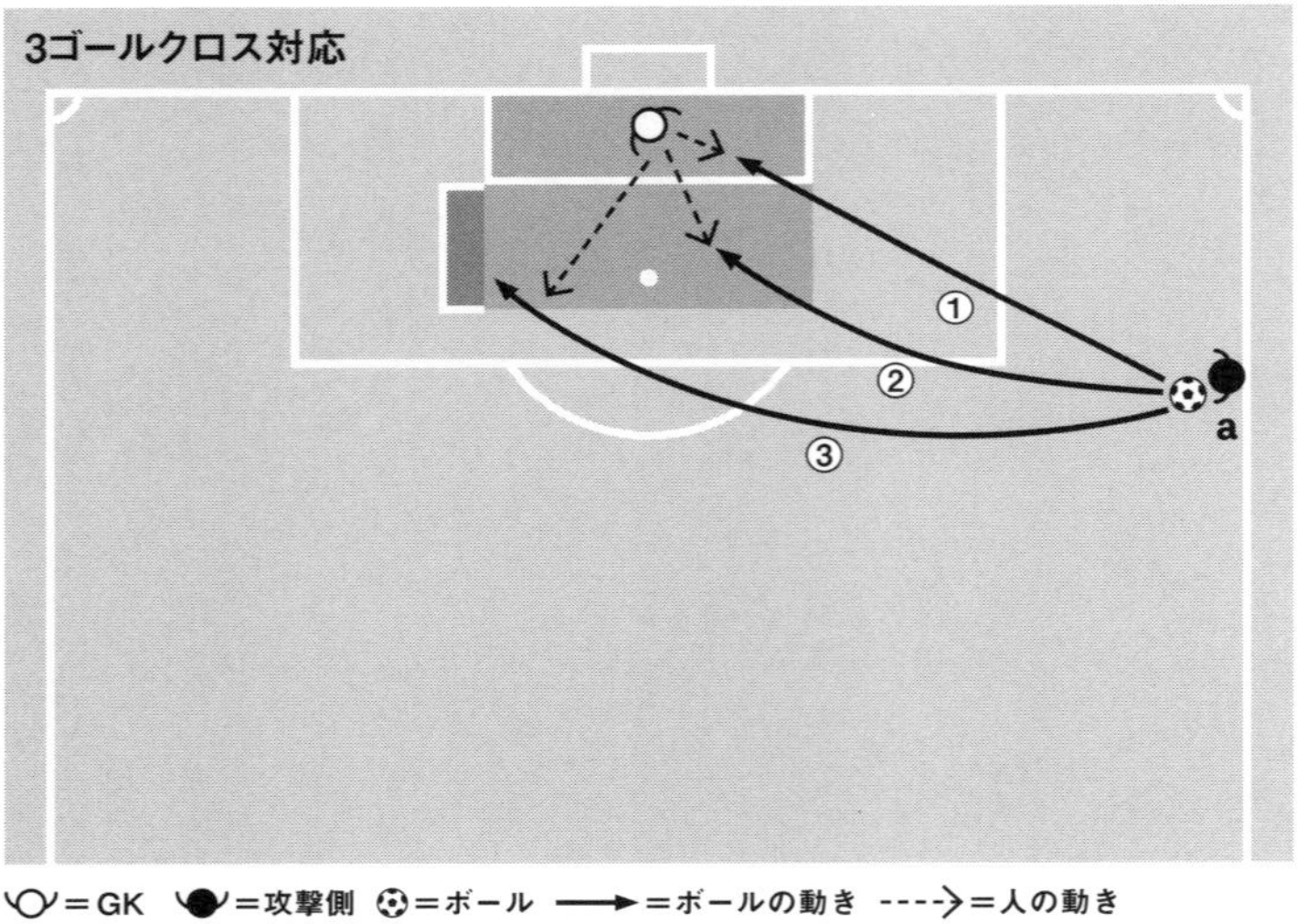

GKはメインゴール、逆ゴールエリア付近に置かれたゴール、そしてグレーのエリアでプレーする。**a**は両ゴール、グレーのエリアにボールを蹴る。**GK**はメインゴールを守りながら逆サイドのゴール、グレーのエリアにボールを落とされないようにプレーする。

【ポイント】

- **観る**
- **スターティングポジション**
- **アプローチ**
- **声「キーパー」コール**
- **キャッチorディフレクト**

【パターン】

- **aの位置を移動させる**
- **ゴール前にFWを入れる**

スペースディフェンス（クロス）トレーニング❹

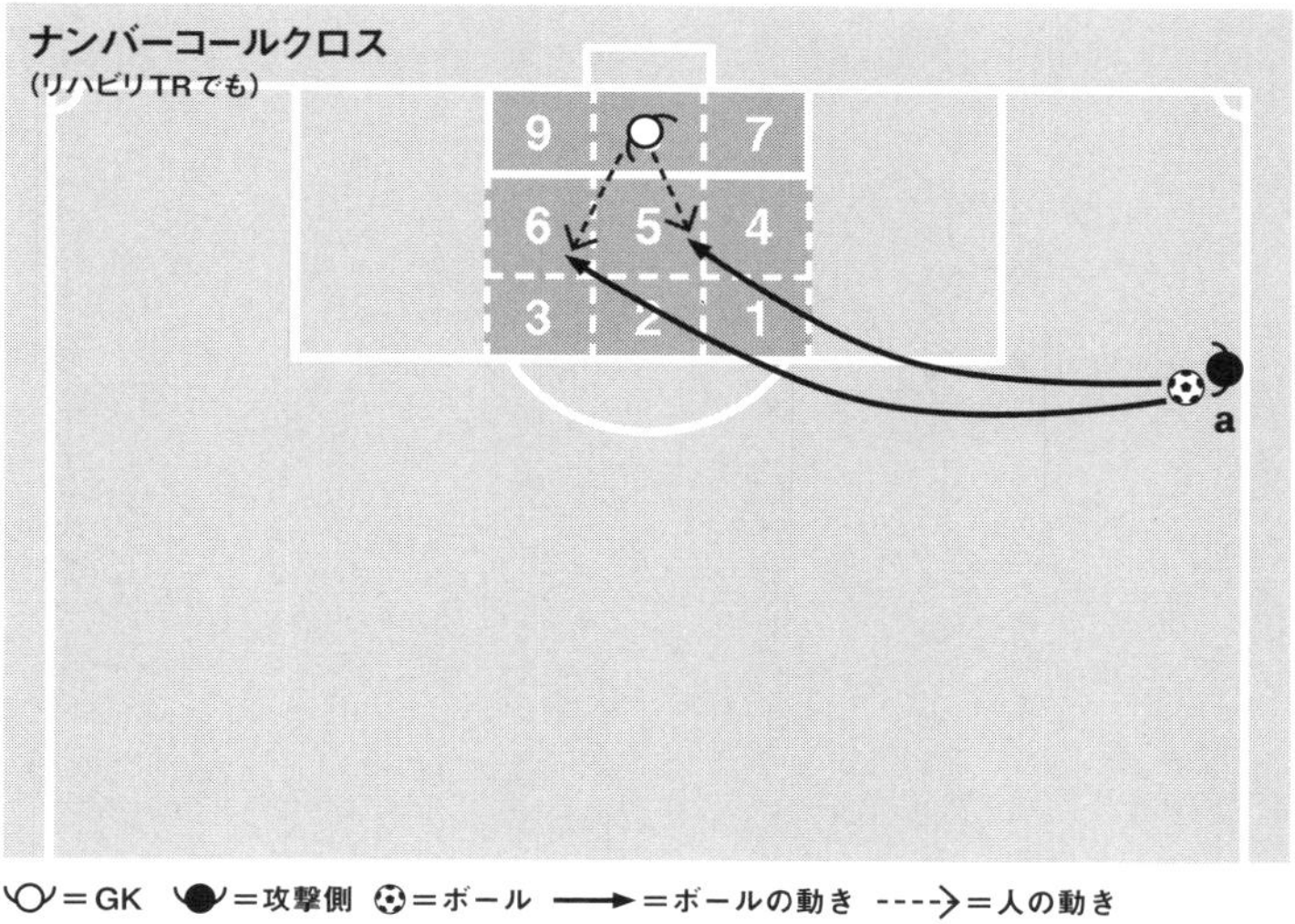

ゴール前を9マスにグリット化する。**a**からキックされたボールを**GK**が「キーパー」ではなくプレーするエリアのナンバーをコールする。

【ポイント】

- 観る
- スターティングポジション
- アプローチ
- 声「ナンバー」コール
- キャッチorディフレクト

【パターン】

- エリアを6分割、4分割などの区分けにする
- 手をケガしているGKのリハビリメニューとして

「オフェンスプレー・サポートプレー」

現代サッカーではフィールドプレーヤーからバックパスを受けるケースが多くなりました。「オフェンスプレー」はサポートポジションから始まると覚えてください。味方からパスを受ける時はサポートポジションから、ゲームの流れを考慮したプレー、ビルドアップの起点となる味方へのパス、流れを断ち切るためのクリア、ゲームスコア、ゲームの流れを考慮した時間稼ぎも含めたプレーになります。当然このアクションにはボールコントロールが必要になるので、トラップ、キックの種類、キックの精度、キックの飛距離が含まれます。

ゴールキーパーがボールを保持した時、ショットをキャッチ、クロスボールをキャッチしマイボールになった時は、6秒ルールを有効活用します。バックパスを受けたあとと同じで、ゲームの流れを考慮した「オフェンスプレー」が求められます。捕球後のキックの種類、精度、飛距離、スローイングに関しても種類、精度、飛距離と場面、展開に応じて判断、決断、実行していきます。

〈オフェンスプレー・サポートプレー〉

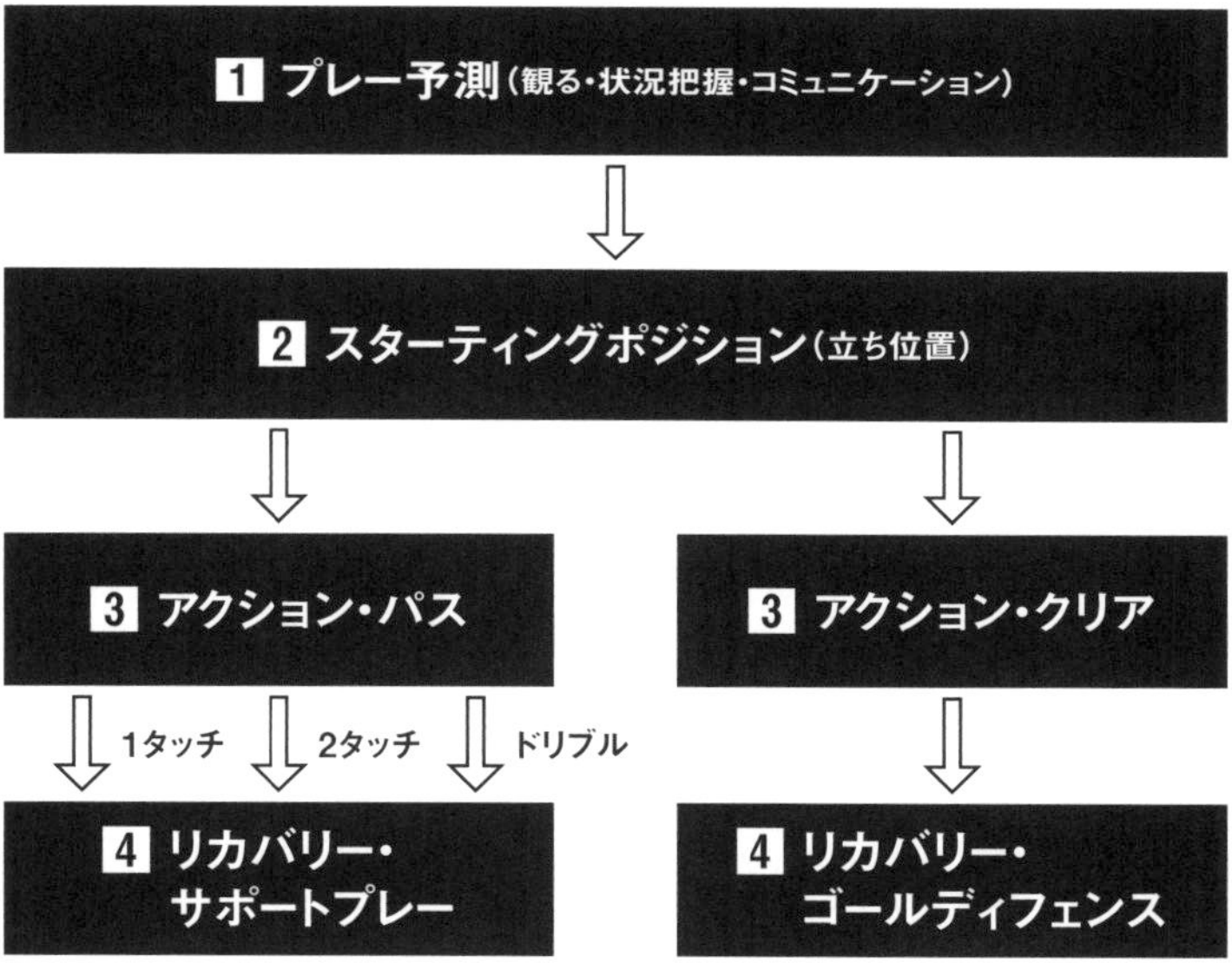

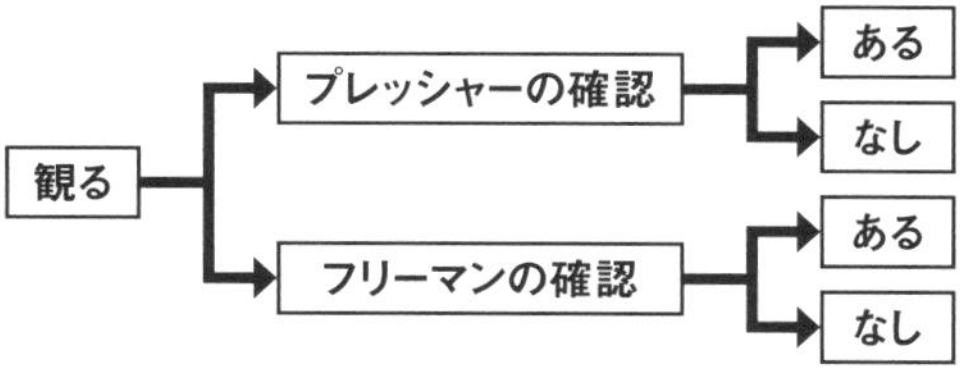

オフェンスプレー・サポートプレートレーニング❶

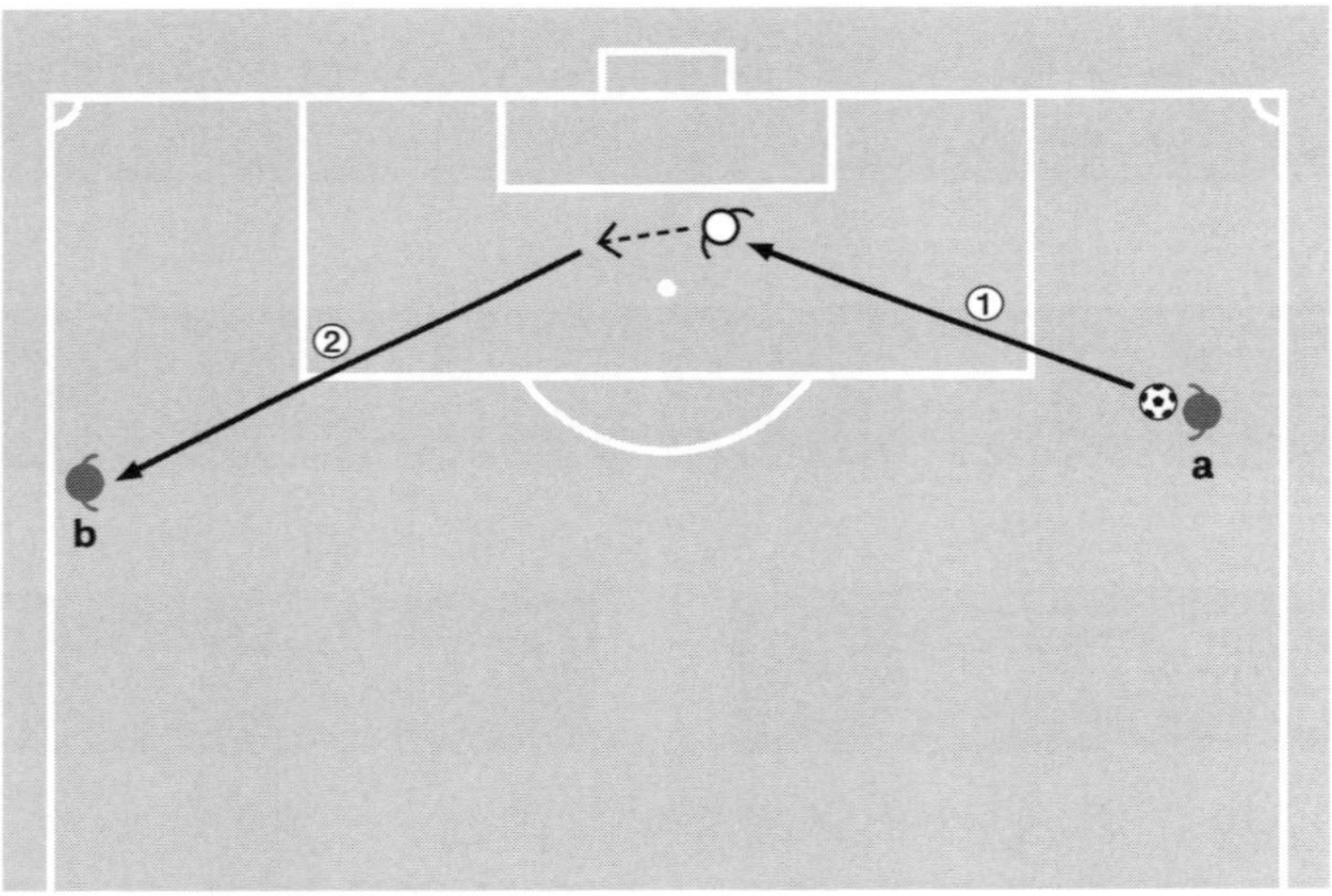

＝GK　＝守備側　＝ボール　→＝ボールの動き　- - - ->＝人の動き

GKは**a**からパスを受ける。コントロールして**b**にパス。

【ポイント】

- 観る
- ボディランゲージ
- 声
- コミュニケーション
- ボールコントロール
- キックの質

【パターン】

- a・bの位置を移動させる
- パスの質、キックの質を変える（グラウンダー・ライナー・ロブなど）
- 相手FWを入れる

オフェンスプレー・サポートプレートレーニング❷

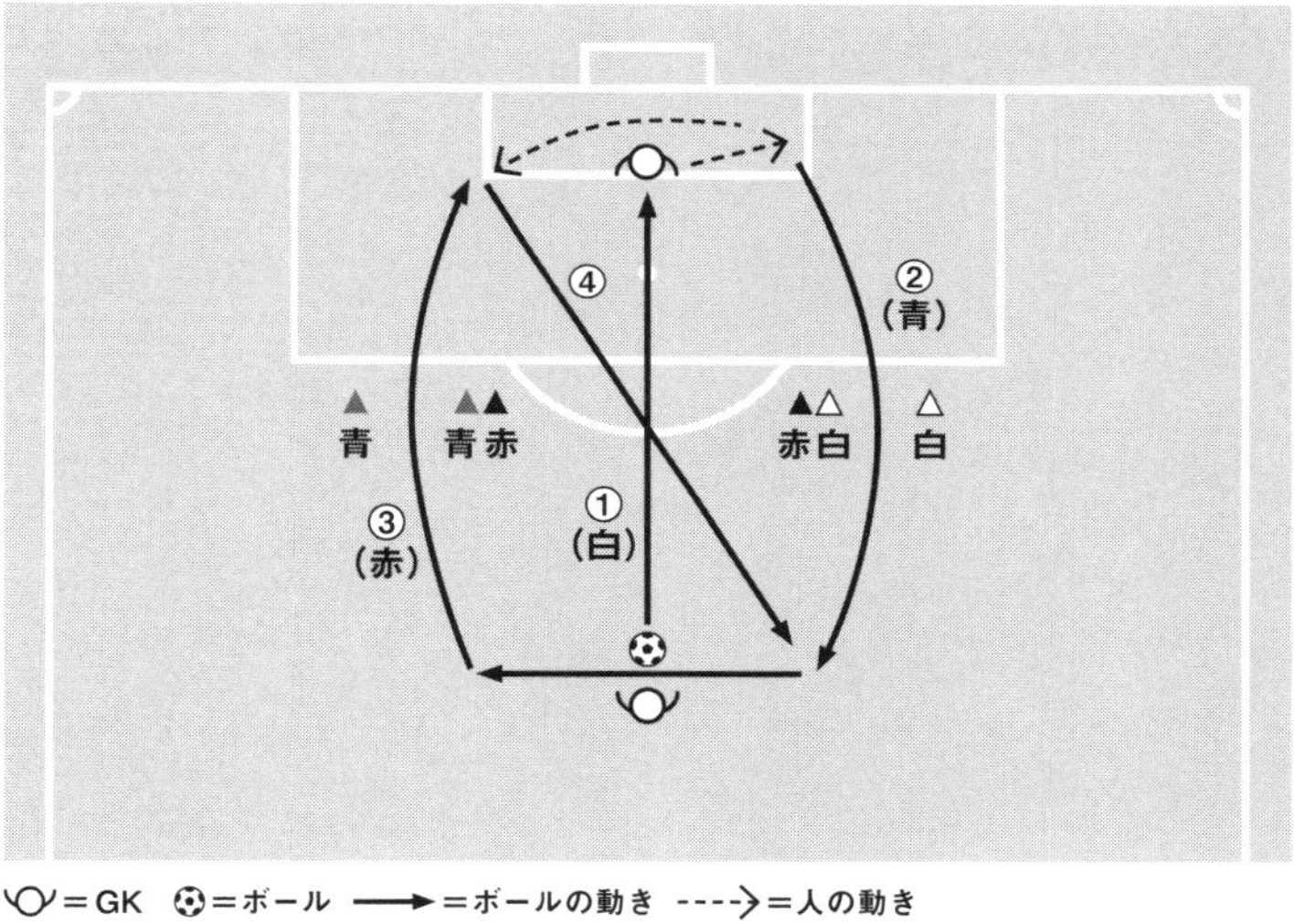

3カラーのゲートを設定する。パスをした**GK**がボールの移動中にゲートカラーを伝える。受ける**GK**は伝えられたゲートを通せるところにボールをコントロールしてキックで返す（パスをする）。

【ポイント】

- **観る**
- **コミュニケーション**
- **ボールコントロール**
- **キックの質**

【パターン】

- **声でリード**
- **カラーでリード**
- **ジェスチャーでリード**

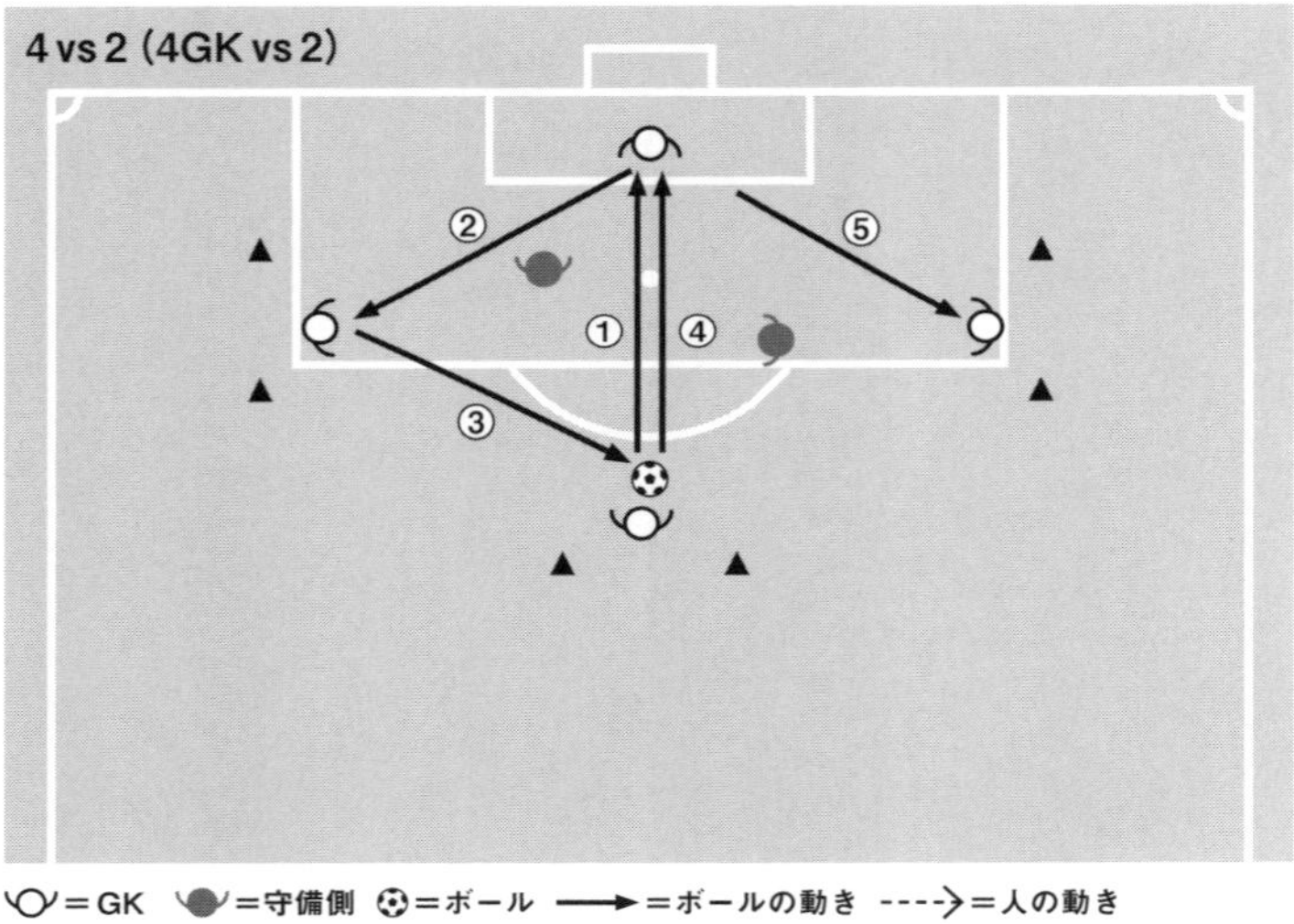

4人のGK、2人のディフェンスがプレー。GKは自分のゴールを守りながらパスを繋ぐ。

【ポイント】

- 観る
- スターティングポジション
- コミュニケーション
- ボールコントロール
- キックの質
- サポートポジション
- ゴールディフェンスへの切り替え

【パターン】

- 時間設定をする
- GKのタッチ数を設定する
- ディフェンスは奪ったら
  4ゴールのいずれかにショットする

オフェンスプレー・サポートプレートレーニング❹

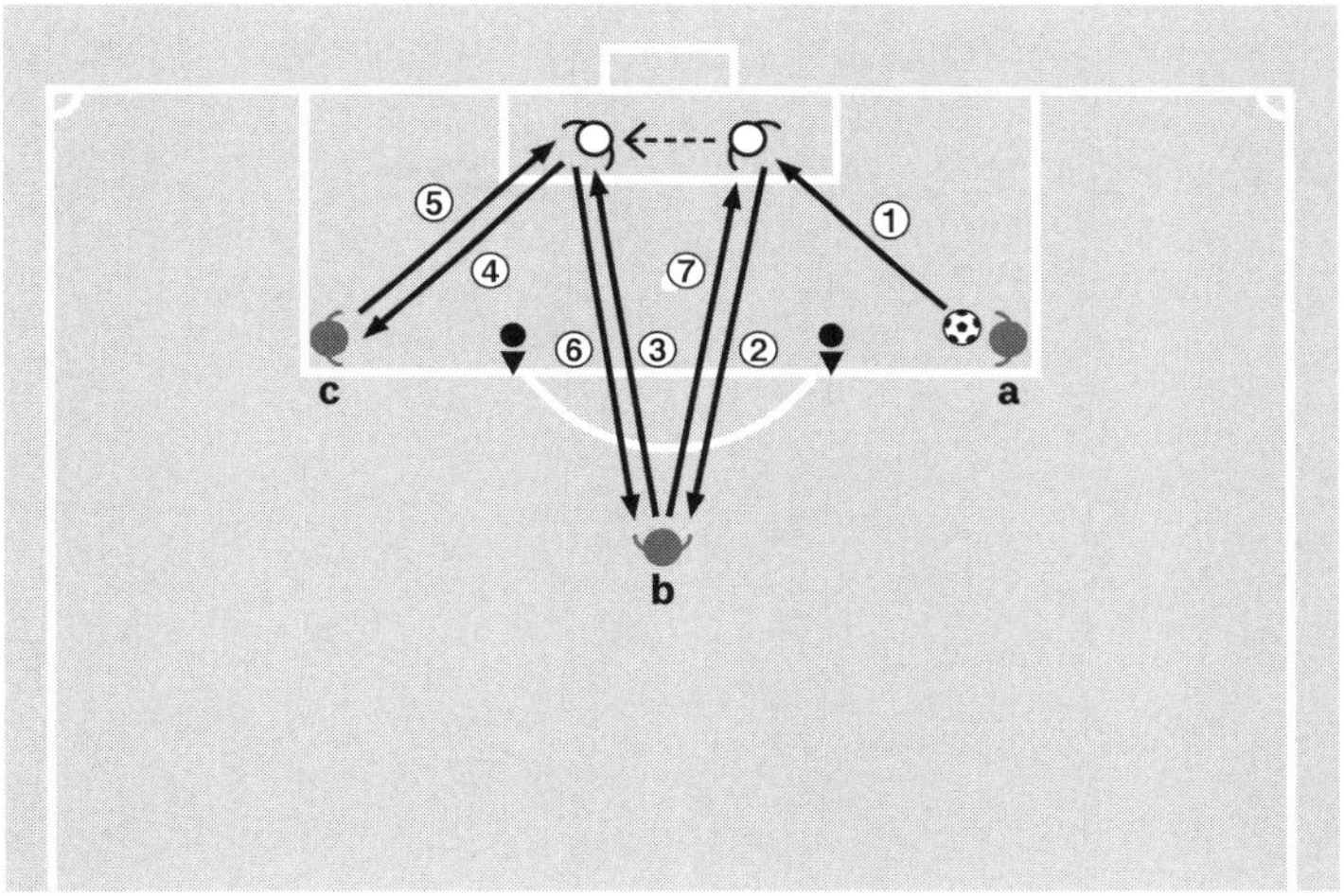

＝GK　＝守備側　＝ボール　──→＝ボールの動き　---->＝人の動き

GKは**a**からボールを受ける。**GK**は中央**b**へパス。リターンされたパスを**c**へとパスをする。

【ポイント】

- **観る**
- **コミュニケーション**
- **スターティングポジション**
- **ボールコントロール**
- **パスの質・キックの質**
- **サポートポジション**

【パターン】

- **に奪われないように a・b・cの位置を変える**
- **GKへのパスを浮き球にする**

ここまで4つの状況下について説明をしてきました。もちろん、それぞれの場面がミックスされた状況下が試合の中では何度も起こり、どの状況下からもショットを放たれれば、最後は「ゴールディフェンス（ショットストップ）」の場面に行き着きます。つまり、どの状況下でもゲームをよく観て絶えずプレーの予測をすることがゴールキーパーには求められるのです。

ゴールキーパーは試合経験が重要と言われるのは、ゲームの中で相手がどのようなプレーを選択し、ゴールに迫ってくるのか、何パターンも実践しているほうが予測と判断が養えるからです。「クロス」の場面ひとつをとっても、予測と判断を間違えると無意味な決断実行となり、無謀な決断実行となってしまいます。

スクールやクリニック、また、学生からもポジショニングについて質問されることがあります。ポジショニングにはセオリーこそ存在するものの正解などありません。ポジショニングに関してもゴールキーパーの経験値がやはり非常に重要になってくるのです。

11章
—

プレースタイル＆セットプレー

【プレースタイル】

日本は「ノイアーチック」なスタイルばかり求めている

日本ではW杯が終わるとW杯で活躍したゴールキーパーが、そのまま「日本が目指すゴールキーパーのモデル」になっている傾向にあります。例えばスペイン代表が優勝すると「スペインチックな」いわゆるポゼッションスタイル、戦術・戦略を一直線に目指すのと同じような現象です。確かに日本はいろいろな国をモデルにして物真似をするのはうまいとは思いますが……。

ゴールキーパーで言うと、2002年の日韓W杯でドイツ代表のオリヴァー・カーンが大活躍し、ゴールキーパーには「リーダーシップが重要」「シュートストップが大事」と、当時のW杯ではスタンダードだったプレースタイルが日本ではもてはやされました。逆に、今度は同じドイツ代表のマヌエル・ノイアーが出現し活躍すると、今度はスペースディフェンスに脚光が集まり「ゴールキーパーはスイーパーでなければならない」と言われるようになります。

このように日本は世界のサッカーに翻弄されてしまい物真似ばかりになってしまうので

す。日本代表の監督だったイビチャ・オシムさんは日本にオリジナルスタイルのサッカーがないことを危惧していましたが、僕も「日本オリジナルのゴールキーパースタイル」がないことに心配を抱いている1人です。

カーンが出てきたからノイアーが出てきたからではなく、当時の監督が求めるゴールキーパーがカーンでありノイアーだったことを、日本人、特にゴールキーパーコーチは理解するべきだと思います。2019年のJリーグでは横浜F・マリノスのアンジェ・ポステコグルー監督が超ハイラインのアタッキングフットボールを展開しました。ゴールディフェンスはもちろん、スペースディフェンスにも長けたゴールキーパーのパク・イルギュ選手が大活躍し、センセーショナルを巻き起こしたことは記憶に新しいところです。監督が代われば戦術・戦略が変わるように、日本のサッカーも監督が代われば求められるゴールキーパースタイルも変わる――ポステコグルー監督の登場は、いよいよゴールキーパーの新時代に入ると予感させてくれた出来事でした。

では、日本のゴールキーパーのスタンダードを作るためにはまずどうすればいいのでしょうか？　第一にしっかりゴールを守れる。そしてスペースディフェンスができる。さらにアタックができるというベースの部分をしっかり育成年代で獲得させ、その時その時のトレンドからスタートするのではなく、ベースが整ったゴールキーパーを世に出していくことが大事ではないかと思います。

オーソドックス型のカーンと現代型のノイアーという非常にわかりやすいタイプを例に出しましたが、現在は育成年代までトレンドの情報が落ちていて、ディフェンスラインの裏はゴールキーパーの領域とされ、まさに「ノイアーチック」なプレーが求められています。とはいえ、ノイアー一辺倒ではなく、例えばショットストップに強いゴールキーパーがいるなら、育成年代でもディフェンスラインを下げた戦術を取るような考えをして構わないと思います。ゴールキーパーコーチは戦術に合ったゴールキーパーを育てていくのか？　ゴールキーパーの持っている個性に合わせて育てていくのか？　後者のほうが理に適っているような気がします。

J1とJ2では求められるスタイルが違う

2021年の高校選手権ではロングスローが話題になりました。SNSを中心に大きく盛り上がったこともあって、選手権の一番の見せ場のようになった印象さえあります。ロングスローの良し悪しではなく、毎年ロングスローを多用する青森山田高校の歴代のロングスローワーがカテゴリーを上げた時、ロングスローで大活躍しているかというと、そこまでのレベルにはなっていません。その点を踏まえてロングスローからの得点シーンを見ると、日本の育成は「勝ち負けだけにこだわった」ことしかやっていないのかと思ってしまう自分もいたりします。

ロングスローを中心とした戦術が、大会を勝つ時のチョイスとして間違った戦術というわけではありません。なぜならロングスローを投げられた側のゴールキーパーにとって、その処理は相当厄介なものだからです。というのもキーパーチャージがなくなったことで、ゴール前のエアバトルでゴールキーパーが相手を倒してしまうリスクも増えました。つまり、勇気を持って前に出られなくなっており、ロングスロー戦術の繁栄に繋がっているわけです。とはいえ、スターティングポジションとゴールキーパーのプレーサイクルをしっかりと理解さえしていれば、ゴールキーパーが有利に、それも適切に処理できるプレーでもあります。

トップカテゴリーでゴールキーパーコーチを務めていた当時、セットプレーが強いチームが上位にいて、その代表格は松本山雅ＦＣでした。ロングスローに関して言えば、Ｊ２が最もロングスローを使っていて、逆にＪ１になるとロングスローはほとんど見られなくなります。２０２０年、スペイン人監督のミゲル・アンヘル・ロティーナが指揮を執ったセレッソ大阪はロングスローを戦術に取り入れていましたが、リーグ全体で見た時には少数派に入ります。

J2で必要とされるゴールキーパーは圧倒的にショットストップ、ハイボールが得意なゴールキーパーです。さらに、キックの精度はもちろん、ロングキックが蹴れるゴールキーパーが重宝されます。プレスキックを遠くに蹴って陣地をどれくらい挽回できるのかが、長丁場のタフなリーグを戦っていく上で重要な要素になるからです。ゴールキーパーのロングキックで相手のディフェンスを下げさせ、後ろを向かせることが今でも高い優先順位を持っています。

原裕太郎選手（昨年引退、現広島アカデミー普及コーチ兼ゴールキーパー普及コーチ）というゴールキーパーがいました。サンフレッチェ広島からロアッソ熊本に来て、最後は愛媛FCでプレーしました。ロアッソに移籍してきた時は小野剛さんが監督でスタメンに起用されていました。前所属のサンフレッチェがボールを繋ぐスタイルだったので、ゴールキック、ロングキックをほぼ蹴ることがなかったと言います。サンフレッチェ時代は試合に出るためにビルドアップのトレーニングばかりしていたのにもかかわらず、ロアッソではロングボールを数多く蹴ることが要求されたわけです。

当時のロアッソは巻誠一郎というターゲットマンがいたため、1試合で20本近いゴールキックを蹴らなければなりませんでした。後方から繋げないのでターゲットマンめがけてボールを蹴り、セカンドボールを拾うという戦術を取っていました。ロングキックを多用することで裕太郎は、トップカテゴリーのゴールキーパーが痛めやすい内転筋を痛めてしまいました。J1でロングキックを蹴ってこなかったことが負傷の理由でした。シュミット・ダニエル選手もロアッソに来て最初に負傷したのが内転筋です。失敗できないというプレッシャーのある中でロングキックを蹴ることは、ゴールキーパーにはかなりストレスがかかるプレーなのです。

「ゴールキーパーらしい能力」がないがしろにされている

現在はスタイルが多様化しています。このディヴィジョンであればどのようなゴールキーパーが必要とされているか？　監督がどんなプレースタイルを求めるのか？　によって求められるゴールキーパーのスタイルも変化していきます。多岐に渡っていると同時に偏りも出てきたという印象があります。近年のゴールキーパーはゴールキーパーという名前じゃなくてもよい、そう思うことさえあります。

あらゆるカテゴリーで足下の技術への優先順位が上がっています。日本サッカー協会が提唱する「ゴールキーパーも11分の1」という概念はもちろん理解はできます。ただ、少し思考が偏りすぎているように思えてなりません。シュートをどのくらいの反応速度で止められるのか？　ハイクロスにはどのくらい前に出ることができるのか？　リーダーシップを発揮できるのか？　といった「ゴールキーパーらしい能力」の評価が後回しにされているような気がします。

スタイルの変化でスペースディフェンスにおけるフットプレーが増え、フィールドプレーヤーのスキルが必要になっています。どのようなスタイルが日本人のゴールキーパーにマッチしているのかはわかりませんが、そろそろ「日本のスタイル」を持ったゴールキーパーが誕生してもらいたいとは思っています。

日本サッカー協会のゴールキーパープロジェクトに携わっていた時、「世界のゴールキーパーは」という話は出たものの、残念ながら「日本のゴールキーパーは」という言葉は出てきませんでした。日本代表は「ジャパンズウェイ」というコンセプトを掲げていて、日本人の骨格、サイズ、特性を最大限に活かしていこうという考えがあるようです。逆にラージサイズのゴールキーパーを集めたプロジェクトもあります。今、台頭しているハーフのゴールキーパーも含めて、日本のゴールキーパーの具体的な将来像を作っていくことは重要なことではないでしょうか。

【セットプレー】

ペナルティキックはキッカーが有利ではない

セットプレーには7つあって、キックオフ、ゴールキック、コーナーキック、フリーキック（直接、間接）、スローイン、ペナルティキックとなります。それぞれチーム戦術・戦略に関係していますが、唯一ペナルティキックだけはゴールキーパーが主導権を持って進められるプレーとなるので、ここではペナルティキックをクローズアップすることにします。

ペナルティキックは守備者のゴールキーパーがゴールラインに立たない限りリスタートされない唯一のセットプレーで、ゴールキーパーの個人戦術が結果に大きく関係します。ゴールキーパーのプレーによっても結果は左右されますが、キッカーが蹴る前に自分のタイミング、呼吸といった準備がスタートできるように、優位性、主導権を持つことができます。ゴールキーパーが一番トレーニングしやすいセットプレーともいえるでしょう。

常に状況が1対1で11メートルと必ず決まった位置からスタートするという設定が整っており、通常のプレーよりもシチュエーションもバラエティに富んでいません。極々稀にキッカーが前方へ蹴り、ペナルティエリアの外から走り込んでゴールを狙うプレーもあるとはいえ、基本的にはキッカーと1対1の状況からのセットプレーと考えてもらって構いません。

ペナルティキック以外のセットプレートレーニングは守備者、攻撃者がいないとできないのに対し、ペナルティキックは1対1なので積極的に練習するべきだと思います。なぜならペナルティキックはキッカーが有利と言われがちですが、実際は必ずしもそうではないからです。キッカーは絶対に決めなくてはならないという心理状態にあります。逆に、ゴールキーパーは試合全体を通して、すべてのショットを100%止めることはできません。絶対に決めなくてはという心理とすべてを止められるはずがないという心理の比較からも、大きなプレッシャーとストレスを感じるのはキッカーのほうなのです。ペナルティキックは心理戦でもあるので、日々のトレーニングからこのようなメンタルを先読みする力を養うことは重要です。もちろん、相手が100%で来るのであれば、こちらも100%で止めるという気構えは必要です。

ペナルティキック戦においてゴールキーパーは最低5回チャンスがあるのに、キッカーは1回しかチャンスがないと考えてください。チャレンジの回数では圧倒的にゴールキーパーが有利と言ってもよく、つまり不利になりようがないとも言えます。このようなマインドを知るだけで、ゴールキーパーへの先入観も変わってくるかもしれません。

ＦＩＦＡはゴールを増やしたいという傾向があります。ルールも以前であればペナルティキックが蹴られる少し前に、多少ゴールラインから前方に離れてもストップと認めてくれた時代がありました。現在では片足のどちらかの足がゴールラインにかかっていなければならず、それが守られていなければ、どんなに良いセーブをしてもストップと認められなくなっています。この部分はルール上、まずはしっかりと理解しておく必要があります。

ペナルティキックは決められるものではなくチーム一丸で阻止するもの

ストップするためには欠かせないものがいくつかあります。まず、ゴールキーパーコーチは試合中のペナルティキックではゴールキーパーに「ペナルティキックを止めたあと」のことを考えてプレーさせなければいけません。具体的にはショットストップしたあとのセカンドボールの対応をチーム全体で準備する必要があります。ペナルティエリア付近に両チームともポジションを取りますが、味方のチームの選手とは誰が誰をマークするといった共有を日々のトレーニングからしておく必要があります。

唯一、ペナルティキックの時にゴールキーパーが不利と感じるのは、キッカーがフリーな状態ということです。つまり、蹴ったあとのキッカーマークは重要になります。せっかくペナルティキックを止めても、リバウンドボールを押し込まれては意味がありません。ボールを蹴った瞬間にエリアに侵入できるので、俊敏かつスピードのある選手がチェックに行かなければなりません。

この時もテクニックがあります。ライン上にとどまらせておくのではなく、キックのタイミングに合わせて助走をつけてエリアに侵入できるようにします。世界はこの部分を大切にしていて、ペナルティキックは決められるものではなく、チーム一丸で阻止するという意識を持っています。もちろん、そのオーガナイズはゴールキーパーが主導権を取る必要があります。また、味方にプレーの特徴を知ってもらうこともリバウンド対応にリンクするので、その観点からもペナルティキックは積極的にトレーニングをすべきセットプレーと言えるでしょう。

2020年の富士ゼロックススーパーカップの横浜F・マリノス対ヴィッセル神戸戦では、トップカテゴリーのキッカーにもかかわらず、9人連続でペナルティキックを失敗してしまいました。これがペナルティキック戦の現実です。ペナルティキック戦は選手が疲弊した状況下で行われるため、身体的にも精神的にもタフさが問われます。

ここでもキッカーが有利と思われがちですが、ゴールキーパーが諸条件を整えないとペナルティキック戦は始まりません。つまり、ゴールキーパーがキッカーより先に主導権を持てるわけです。これを踏まえると、やはりペナルティキック戦はフィフティーフィフティーの勝負ではありません。ゴールキーパーが有利なセットプレーだということをチーム全員で共有しておくべきでしょう。

【PK守備チェックリスト】

1 止めたあと(セカンドボールへ)の準備
2 マークの確認
3 キッカーマークの確認

ポイント：PKはセットプレー時の守備において、唯一GKのタイミングでスタートできる

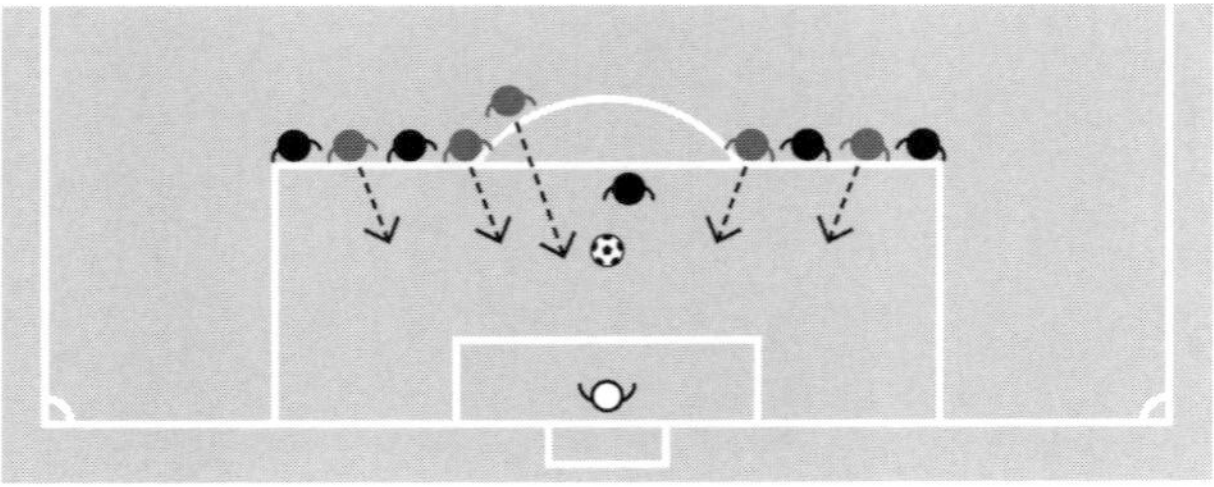

【スローイン守備チェックリスト】

1 守備セオリーの徹底
2 ボールを受ける選手へのマーク
3 ロングスローへの対応
4 セカンドボールへの対応

ポイント：スローワーマークはタッチラインから2m離れる

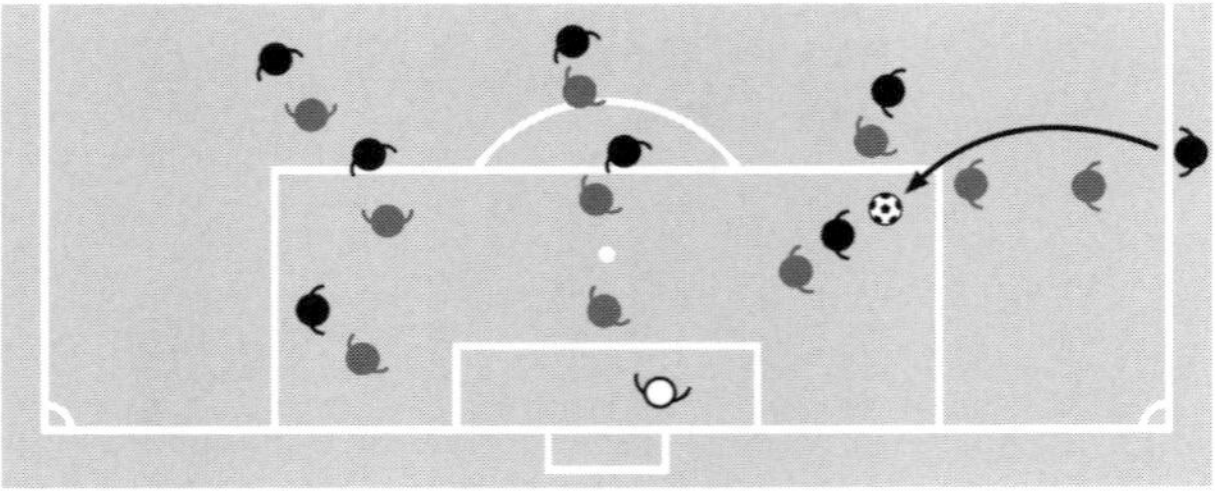

【セットプレー（CK・FK）における攻撃側の優位性】

1. 主導権（自分たちのペース）を取れる
2. ボールが止まっている
3. キック時のプレッシャーがない
4. 前もって計画的にポジションに入れる
5. 多くのプレーヤーを前線に送り込める

【セットプレー（CK・FK）における守備側の劣位性】

1. 主導権（自分たちのペース）が取りづらい
2. プレッシャーがかけられない
3. ファーストDFという概念が作れない
4. 適切に組織化できない
5. 集中力が切れやすい

【CK守備チェックリスト】

1. グッドオーガナイズの徹底
2. 守備エリアごとの役割
3. ショートコーナーへの対応
4. セカンドボールへの対応

ポイント：ボールにアタックするメンタリティ

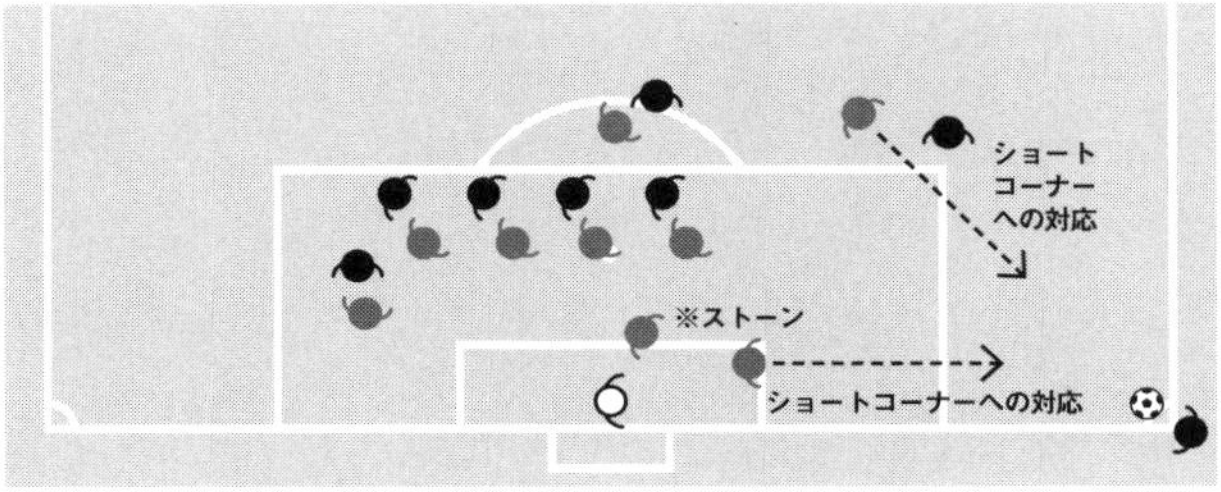

マンツーマン・1ストーンスタイル

【FK（ゴール前）守備チェックリスト】

1. 壁のオーガナイズの徹底
2. キッカーへのプレッシャー（視覚的）
3. スペースを埋める
4. 予測
5. 集中

ポイント：ボールにアタックするメンタリティ

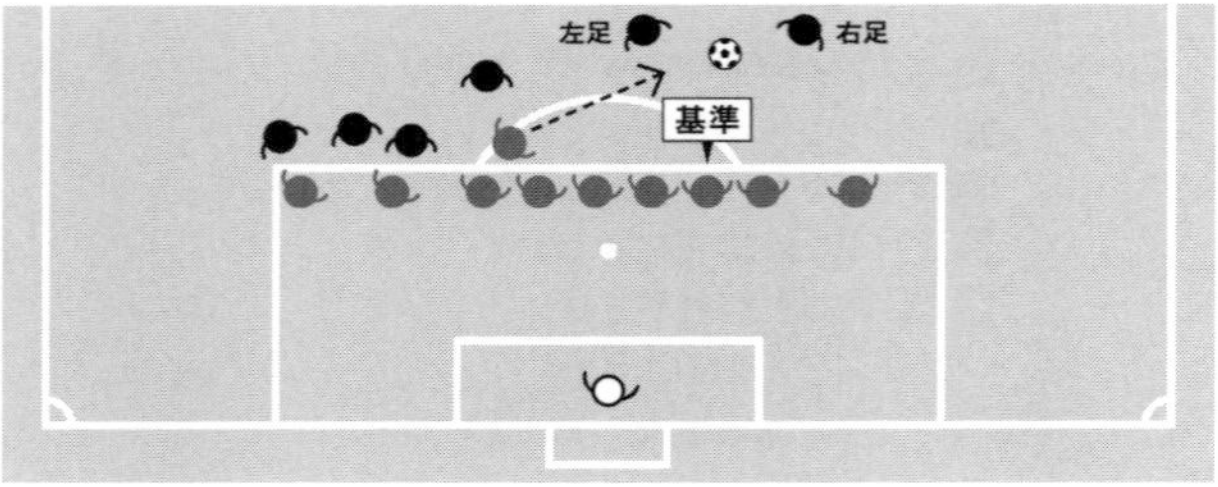

【FK（サイド）守備チェックリスト】

1. 壁のオーガナイズの徹底
2. キッカーへのプレッシャー（視覚的）
3. ラインダウンのタイミング
4. スペースを埋める
5. セカンドボールへの対応
6. 予測
7. 集中

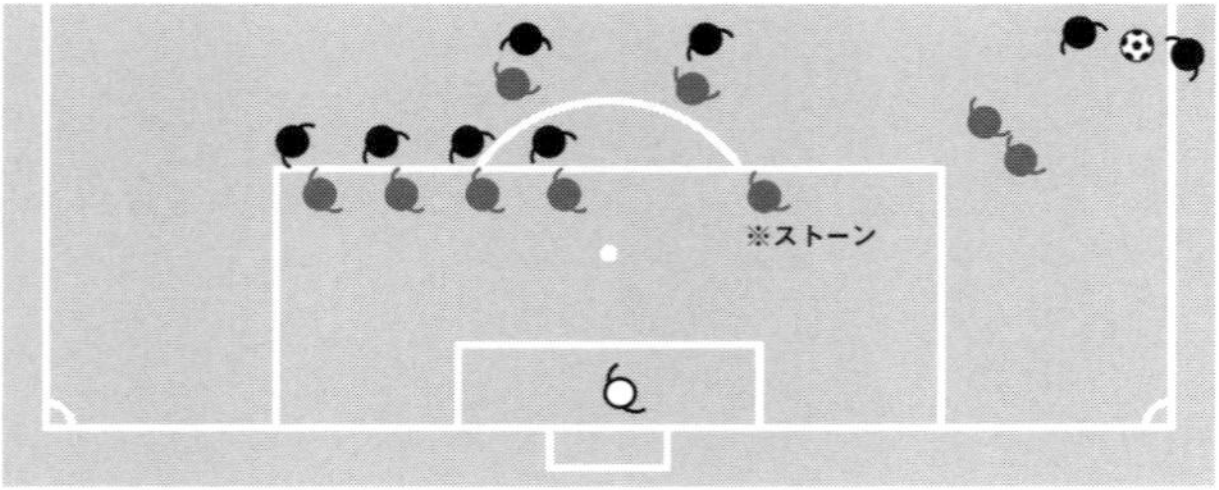

マンツーマン・1ストーンスタイル

12
章

戦術&戦略

ゴールキーパーは「ボールを奪う」リーダー

サッカーの本質は「得点を奪う」「得点をさせない」という2局面で成り立っています。つまり、それぞれのチームがボールを持つ側とボールを奪う側に分かれ、ボールを持っているチームが概念的には攻撃、ボールを持っていないチームが守備となります。ただ、それは一般的な概念であって実際には様々な状況が複雑に絡み合います。そういった意味でサッカーは、少ないルールとシンプルなゲーム性でありながら、世界中を熱狂させる面白さを持っています。

ここでは戦術の基本を「2対2」と考えることにします。ゴールキーパーの戦術も「2対2」をベースにして考えます。そして、守備という言葉は使わずに「ボールを奪うプレー」とします。この「ボールを奪うプレー」のリーダーとなるのがゴールキーパーです。

では、なぜ、相手からボールを奪うのかといえば、サッカーは対戦する両チームがお互いにゴールを目指すことを目的としているからです。つまり、ボールを奪う行為はゴールを割らせないという考えではなく、ゴールを入れるという攻撃的な考えがその根本にあり、その意思を持ったプレーとなります。ゴールキーパーの仕事は相手から「ボールを奪う」「時間を奪う（プレー、考える時間を奪う）」ことに集約されます。

ボールを奪う「2対2」の戦術のベースとなるのが、「チャレンジ&カバーマーク」です。「チャレンジ」をする選手はボールを持っている相手に対して実際にボールを奪う行為をする選手のことを指し、「カバーマーク」をする選手は「チャレンジ」した選手が抜かれたあとのカバーができ、なおかつマークした相手選手に対してインターセプトを狙えるようにします。そして、これがゴール前になるとゴールキーパーがカバーマンになるので、「チャレンジ&チャレンジ」と変化をしていきます。

ゴールキーパーのプレーサイクル

それでは、次にゴールキーパーのプレーを実行するまでのサイクルを説明します。ゴールキーパーのプレーは「観る」「予測」「判断」「決断」「実行」の5つのサイクルを経て、プレーが常に実行されていきます。この5つのサイクルを的確に行えば、その状況に合ったプレーを選択することができると考えてもらって構いません。試合の展開を「観る」ことによってその状況が把握でき、次に起こるプレーの「予測」ができます。状況を予測することができると、次にどのようなプレーが起こるのかが「判断」しやすくなります。そして、その判断を元にゴールキーパーは「決断」してプレーの「実行」をします。これら

「2 vs 2」（チャレンジ&カバーマーク）

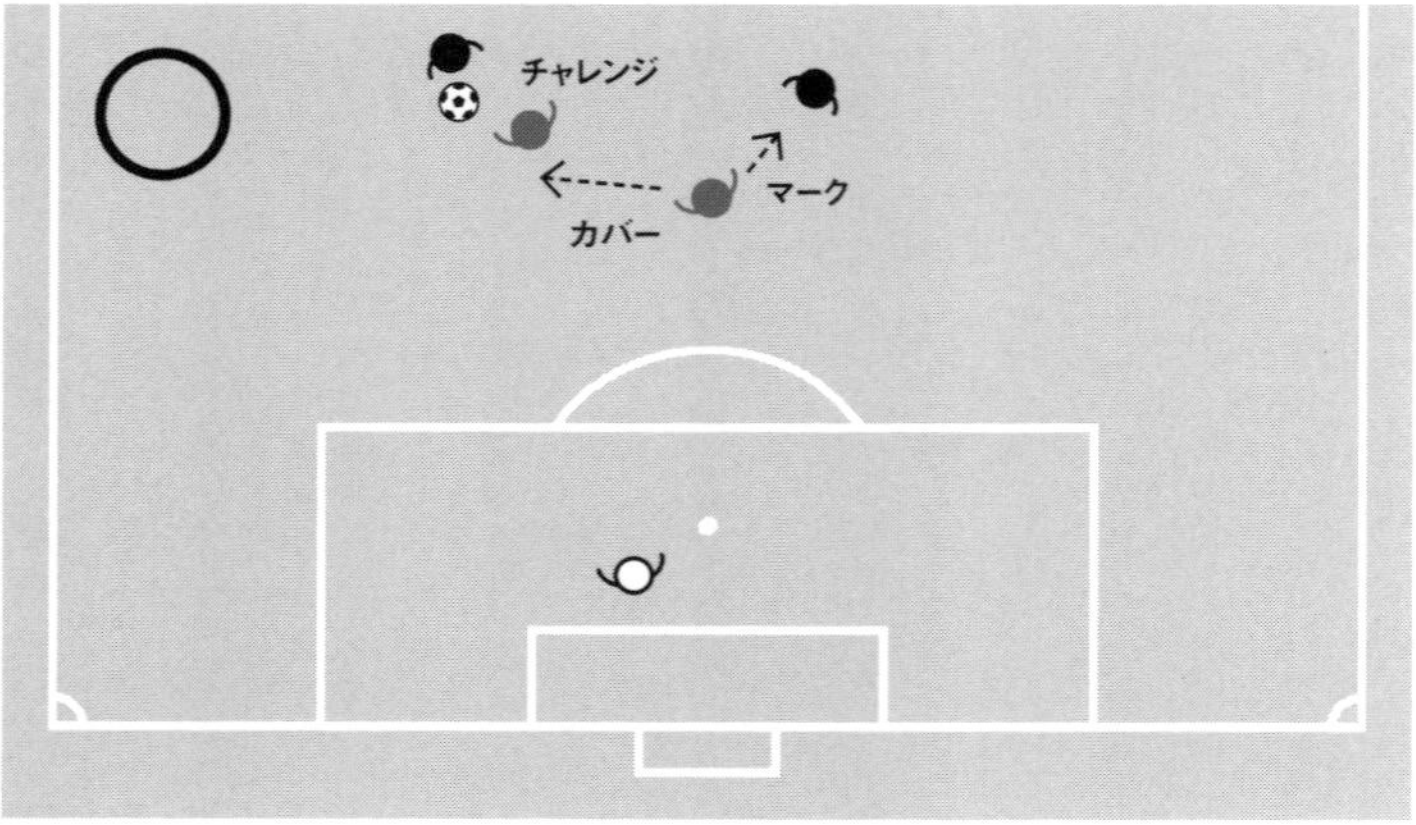

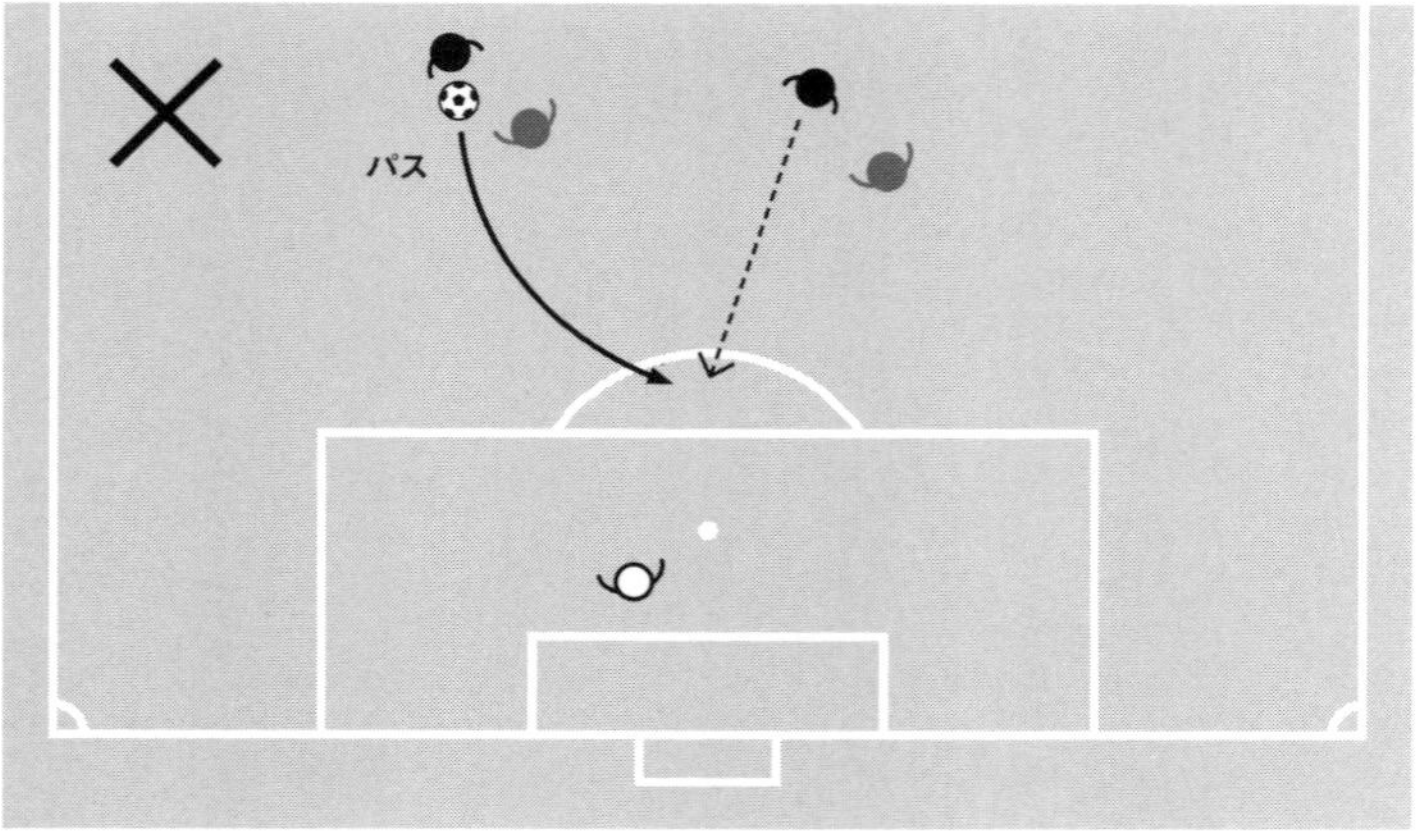

＝GK　＝守備側　＝攻撃側　＝ボール　＝ボールの動き　＝人の動き

「2 vs 2」(チャレンジ&チャレンジ)

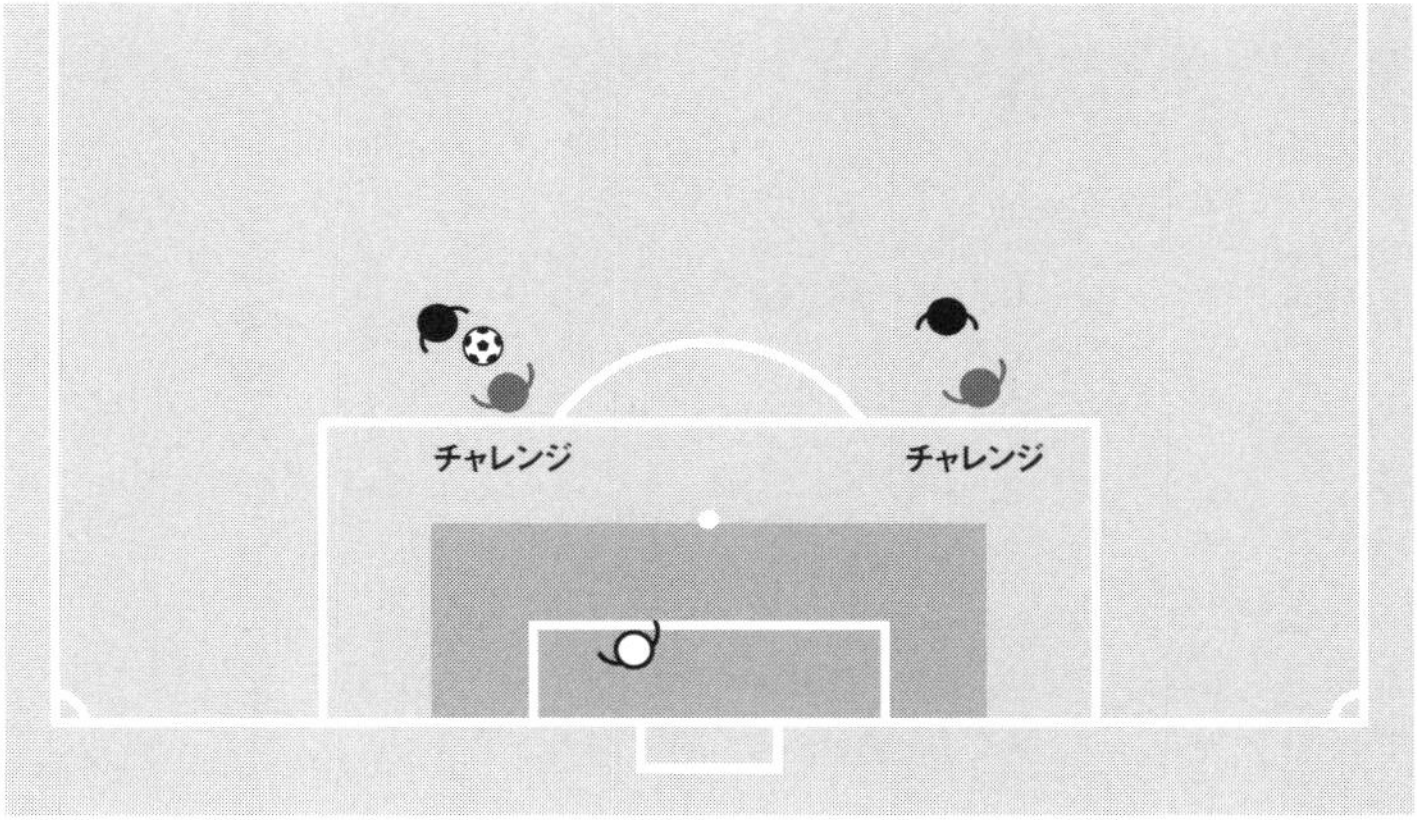

=GK　=守備側　=攻撃側　=ボール

をスムーズに行うことによって、味方との連携やプレーを素早く行うことができます。

最優先はボールを蹴らせないこと

最優先されるのはパスを出させない、ボールを蹴らせないことです。ゴールキーパーが相手チームの攻撃を防ぐため、最初に考えることは相手からショットを放たれることです。次にディフェンスの裏にできるスペースをケアすることを考えます。相手がロングボール、スルーパスでディフェンスの背後を狙ってくると仮定した場合、ゴールキーパーの判断はチームにとって重要になります。なぜなら様々なケースが想定されるからです。ディフェンスラインをどうオーガナイズするのか？　自らがペナルティエリアを出てボールを処理するのか？　ディフェンス陣とコミュニケーションを取るのは必要不可欠となります。

特に現代サッカーではゴールキーパーが前に出て、ディフェンスの裏へ出るボールに対応する場面が増えています。このようなプレーが増えていることから、以前は有効だったスペース狙いのロングボールを蹴る戦術は減少傾向にあります。それでもゴールキーパーはディフェンスの裏のスペースにボールを蹴らせないことを念頭にプレーをしなければなりません。

GKのプレーサイクル

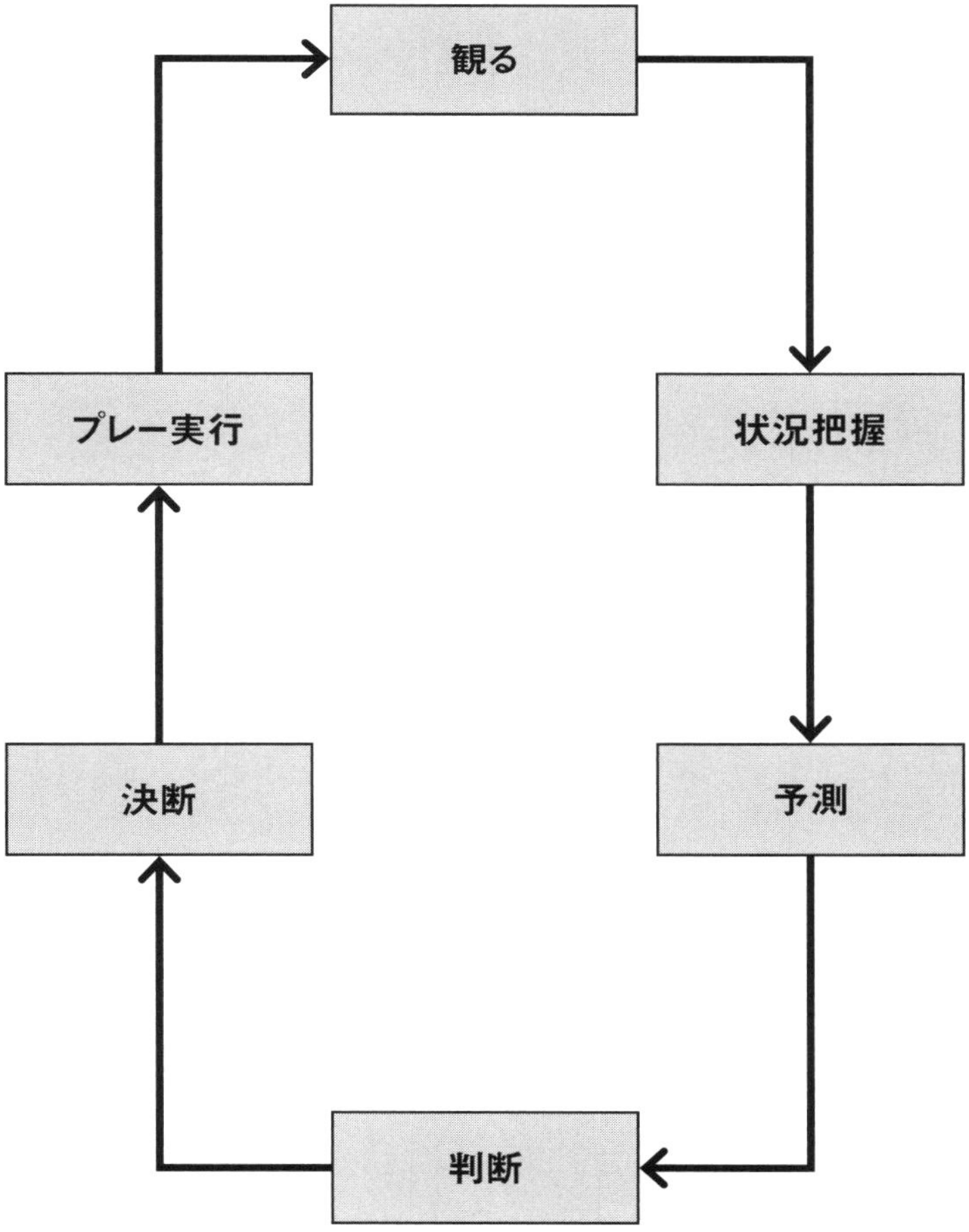

自陣のディフェンスの背後にロングボールやスルーパスのような縦に動くボールが入った時に、その処理を誰がするのか判断に困ることは少なくありません。究極的には誰が処理をしてもいいのですが、問題なのは責任の所在がはっきりしない中途半端なプレーとなってしまう時です。ゴールキーパーはこのような場面を常に想定したリスクマネジメントをしておく必要があります。

ゴールキーパーの素早い状況判断と周囲への指示によって、チームを落ち着かせることができます。また、素早い判断から正しい決断を実行できれば、ゴールキーパーとディフェンスが交錯するようなアクシデントを未然に防ぐことができます。さらにゴールキーパーが直接ボールを処理することを周囲に伝えれば、相手選手のアプローチを味方にプロテクトしてもらえる時間も作れます。

相手が縦へのロングボールを使ってディフェンスの背後を狙ってくる時、ゴールキーパーはボールホルダーの動きの他に、1列目とともに2列目の選手の動きを観てください。相手の動きからスペースを狙うと予測、判断ができれば、ディフェンスに対して的確な指示を出して相手選手の動きを制限したり、ディフェンスラインを調整して背後にできるスペースのケアを指示します。ゴールキーパーが高いポジションを取り、ディフェンスの背後を狙うボールを処理できるように準備することも大切です。

ロングボールの「観方」

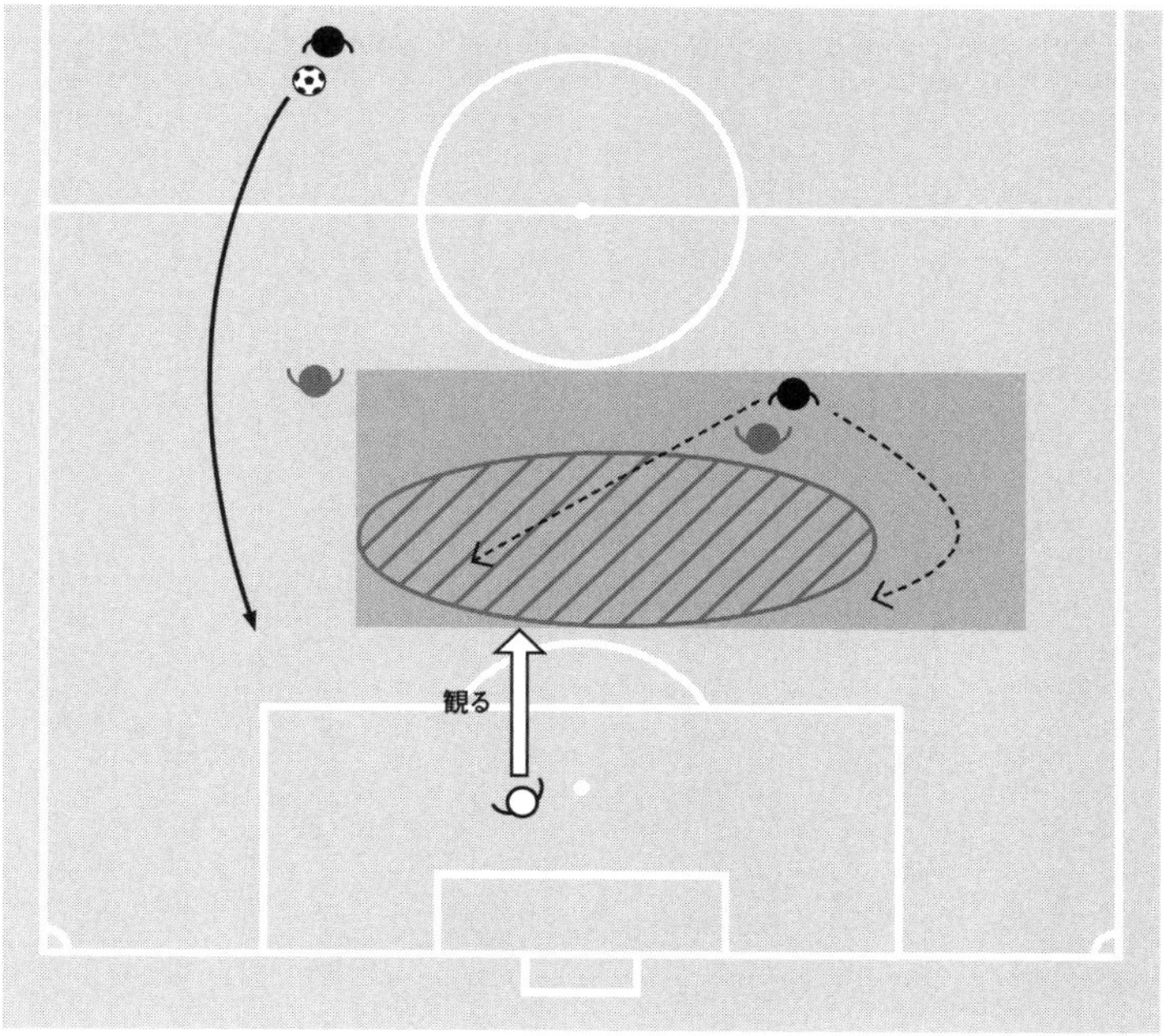

＝GK　＝守備側　＝攻撃側　＝ボール　＝ボールの動き　＝人の動き

絶対に避けなければならない「中央突破」

相手チームの攻撃でもっとも厄介なのは、最短距離でゴールに迫ってくる「中央突破」です。文字通り最短距離なので絶対に避けなければならない攻撃です。パス、ショット、ドリブルすべてにおいて有効的なギャップを作られると、一瞬にしてチームはピンチに陥ってしまいます。このため、ディフェンスはギャップにボールを通されないようにギャップを狭める必要があります。これは「スクイーズ（日本語で中央に絞ること）」と、ゴールキーパーは大きな声で指示を出す必要があります。「チャレンジ&チャレンジ」で相手チームからボールを奪いにいきましょう。

ディフェンスの間（ギャップ）にボールを通されると、ショットも「中央突破」となってしまいます。守備側からするとショットは打たれないほうが失点の危険性が減ります。そこで、ショットをさせないためにディフェンスが相手に対して、身体を寄せて視覚的なプレッシャーをかけることは有効な手段になります。ディフェンスがショットに対して適切に準備ができた時、ゴールキーパーが正しいスターティングポジションを取っていれば、「二重鍵」をかけるのと同様にショットに対しての用心に繋がります。こうしたディフェンスとの連携はゴールキーパーのファインプレーのひとつと考えます。

「中央突破」(チャレンジ&チャレンジ)

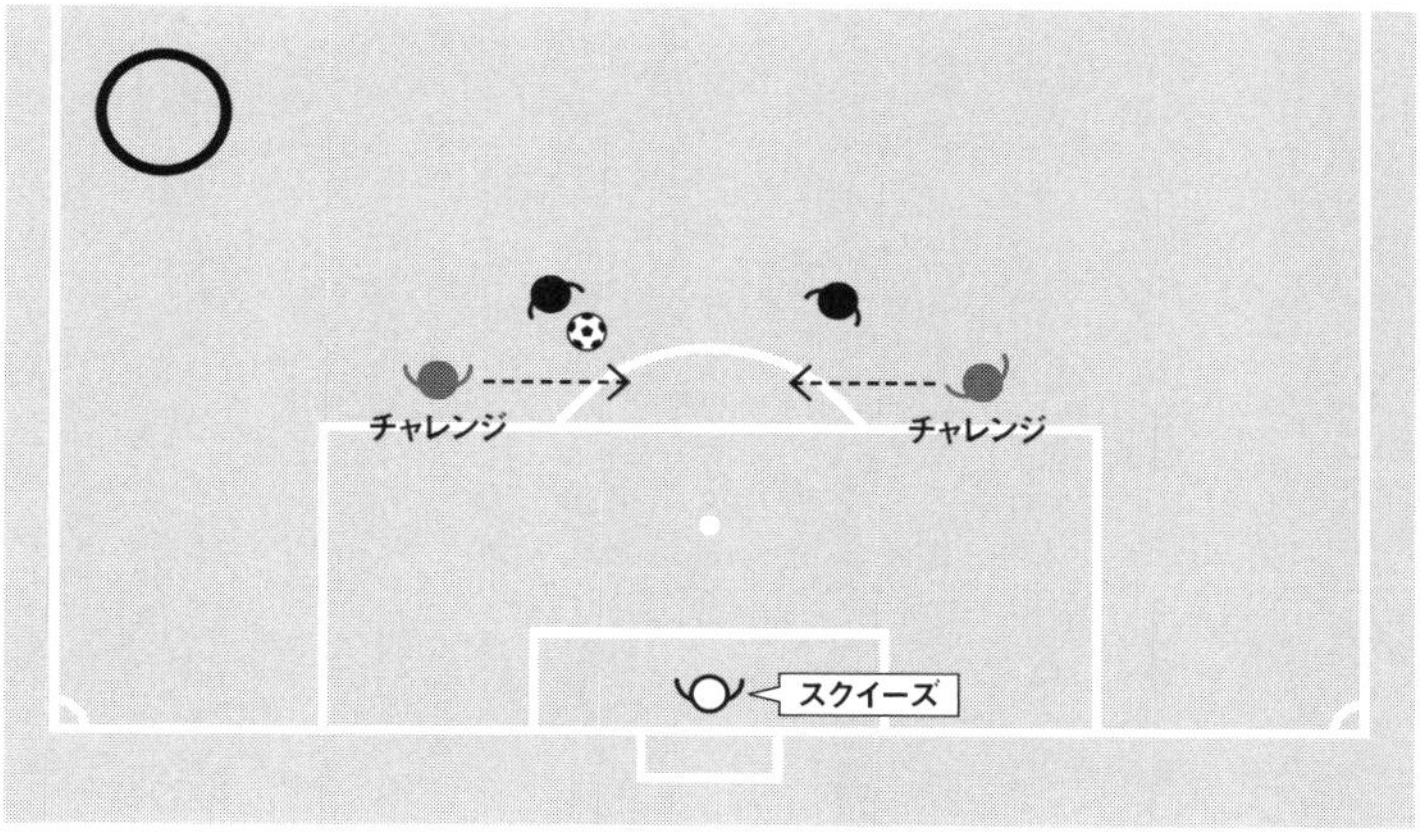

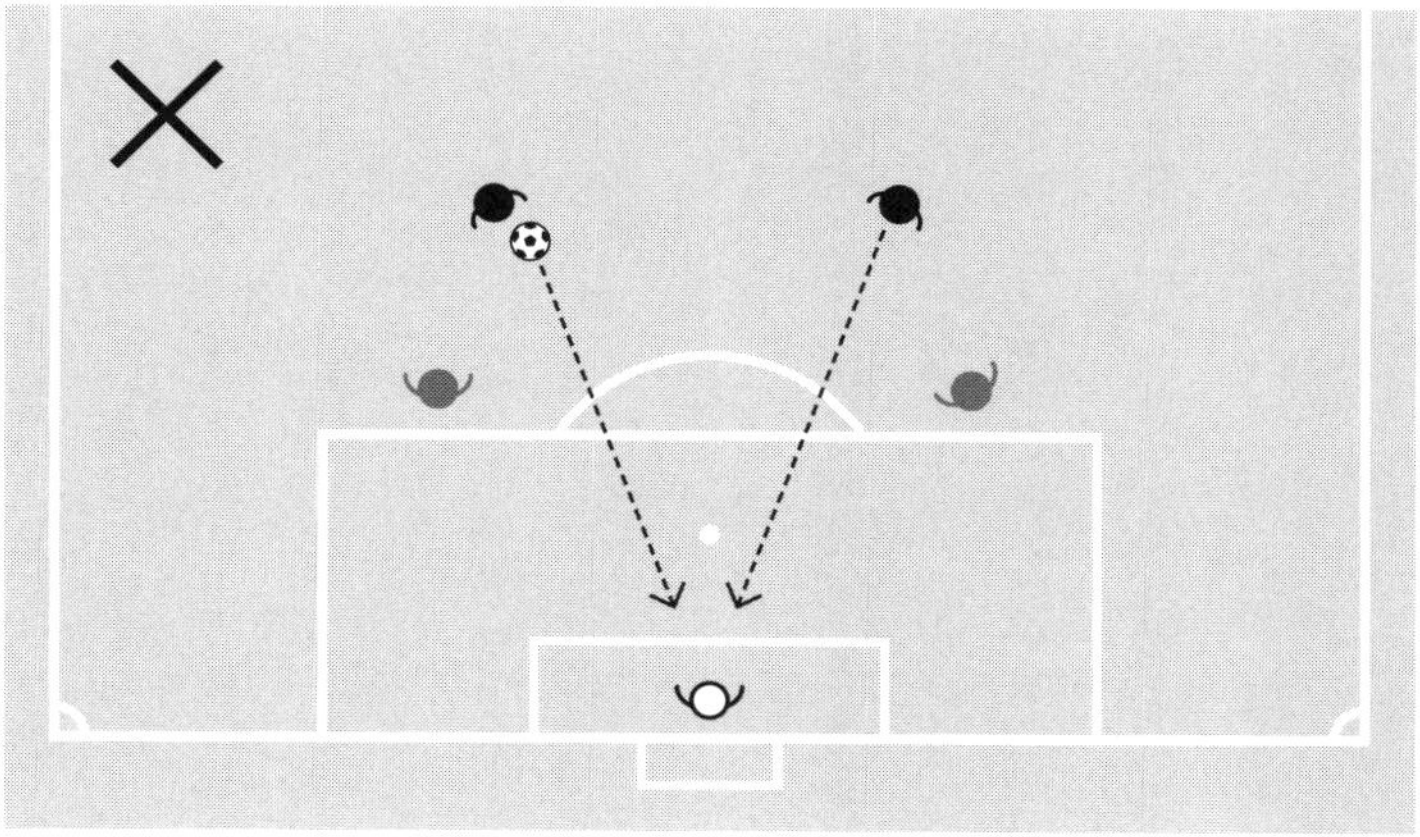

＝GK　＝守備側　＝攻撃側　＝ボール　---->＝人の動き

味方のボールロストから相手の攻撃を考えて、ゴールキーパーの思考を整理します。「ボールを奪われる」と相手の攻撃が始まります。最初に気を付けなければいけないのは相手のショットです。次にディフェンスの背後のスペースを狙われないこと。サッカーはゴールゲームなので、相手はボール奪取をすれば基本的にはゴールに向かって攻撃を仕掛けてきます。また、ゴールキーパーと1対1の場面になる可能性があるディフェンスラインの裏への配球もさせてはいけません。中央が締まってディフェンスラインの背後も取れないとなると、サイド攻撃でくるか、1度ボールを下げて新たにビルドアップして挑んでくることになるでしょう。

ここまでくれば時間的にもディスタンス的にもピンチは回避しています。攻撃のセオリーはショット、ディフェンスラインの背後にボールを配球する、サイド攻撃、やり直しという大まかなサイクルを覚えておく必要があります。そして、攻撃のセオリーから相手の攻撃を予測して試合展開に合わせた「予め」の適切なプレーや指示を出していくことがゴールキーパーの仕事となります。

「サイド攻撃」「リスクマネジメント」への意識

試合の状況、展開によって誰に指示を出すのか？　その方法も考えます。中盤で試合が進んでいる時に一生懸命ボールホルダーに指示を送るゴールキーパーを見たことがないでしょうか？　ボールがゴールキーパーから遠くにある状況の時に、遠くの選手に指示を送る必要はないと考えています。物理的にもゴールキーパーの指示は中盤にはなかなか届きません。トップカテゴリーならば観衆の声にその声はかき消されてしまいます。

ゴールキーパーがコミュニケーションを取らなければならないのは、自分の近くにいるディフェンスです。味方ディフェンスにはゴールに近い相手選手へのマークの確認を指示して、相手の攻撃に備えておきましょう。ボールを奪取され中盤の守備を破られても、ディフェンスと連携が取れていればカバーリングもスムーズに行えます。ゴールキーパーは指示を出す時に以下の３つのことを意識してください。

1　タイミング＝いつ声をかけるのか
2　ボリューム＝声の大きさ
3　クオリティ＝正しい内容

どのような指示を出せばいいのか迷った時は、この３つを思いだせるように頭の中に書き留めておいてください。

例えば「サイド攻撃」の際には意識がサイドに集中してしまいそうになりますが、サッカーの原理を思いだしてもらえばボールは必ずゴールがある中央に戻ってきます。攻撃のセオリーから「中央突破」ができないと判断した場合、相手はサイドからの攻撃に移るのが常套手段です。ボールがサイドに展開されている間に、ゴールキーパーはゴール前の状況把握に務めてください。マークがずれていないか？　ディフェンスの背後を狙っている選手がいないか？　などです。

また、ゴールキーパーは味方に適切な指示を送ることに気配りをしなければなりません。さらに、自らのポジション移動も意識する必要があります。クロスに対するスターティングポジションを取り、次に起こり得る状況に対応できる準備をしましょう。

ゴールキーパーはチームの「最終守備者」であり、「最高守備者」である自覚が必要です。そして、常に相手の攻撃を予測してプレーすることを心がけなければいけません。味方が攻めている時にはチームの意識が攻撃に偏ります。そのような時でもゴールキーパーは相手の逆襲やカウンターなど、どのような場面に切り替わったとしても対応ができるように、味方ディフェンスとのコミュニケーションを取っておく必要があります。それがまさにリスクマネジメントです。いつでもチームのセキュリティを意識するのがゴールキーパーです。それぞれのチーム戦術にもよりますが、相手攻撃陣の人数よりも常に１人余らせるのが守備のリスクマネジメント、セオリーです。

また、ゴールキーパーがディフェンスに的確な指示を出すためには、マークの優先順位を理解しておく必要があります。

１　パスを出させない
２　インターセプトを狙う
３　ボールコントロールしたあとのタックリングを狙う
４　前を向かせない
５　ワンサイドカット

これがディフェンスの優先順位です。ゴールキーパーはこの優先順位を理解して、自らも意識をしてディフェンスに指示を出す必要があります。状況変化に応じてマークの仕方の指示も臨機応変に変えるようにしましょう。

サイド攻撃への意識

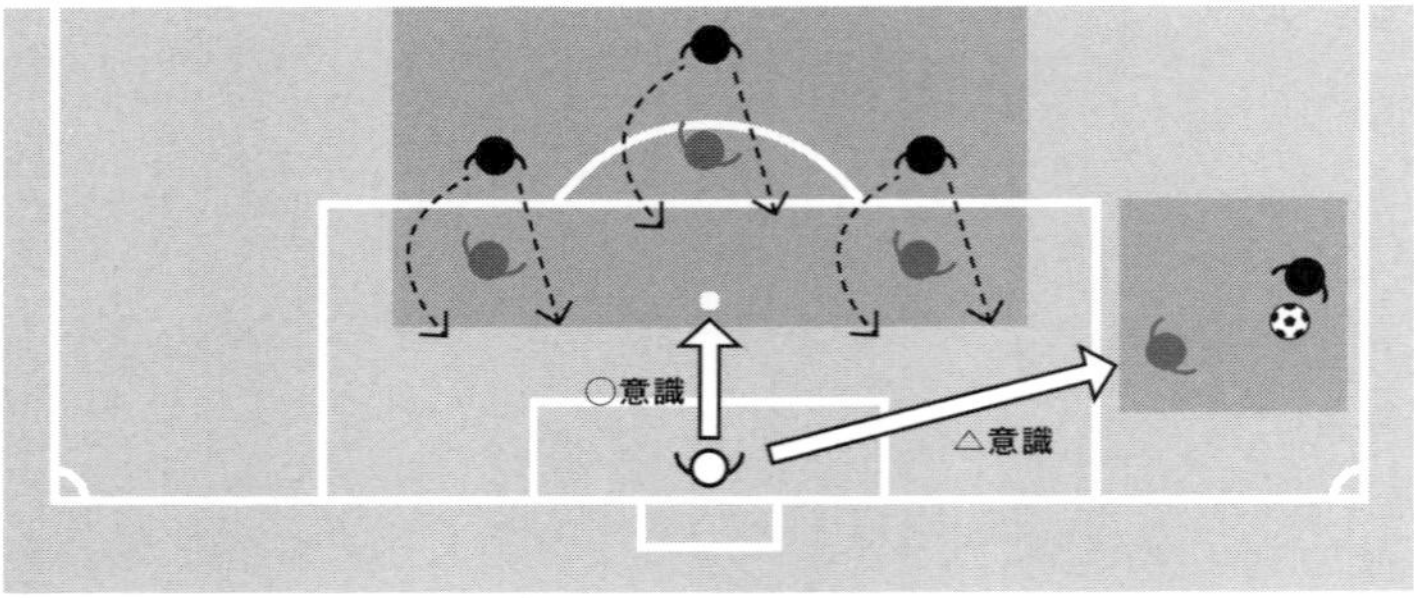

1人を余らせるリスクマネジメント

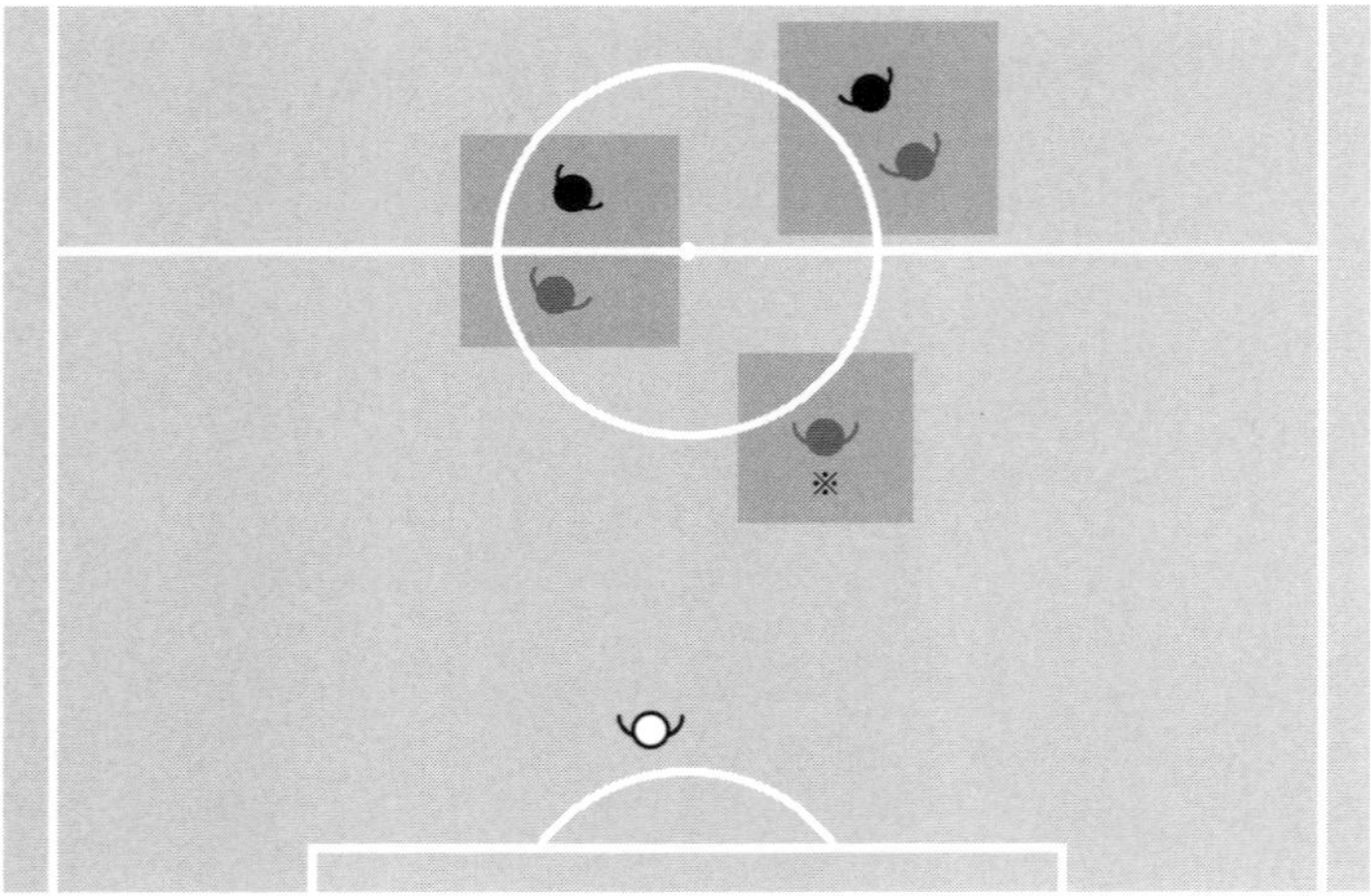

＝GK　＝守備側　＝攻撃側　＝ボール　---->＝人の動き

終章 ―― フィジカル＆メディカル

細分化しすぎの現代のフィジカルトレーニング

W杯をはじめとした大きな大会が終わると日本サッカー協会がレポートを提出し、日本は世界に比べてフィジカルが足りなかった、ゴールキーパー、フィールドプレーヤーともにフィジカルの差があった、とよく目にします。では、そもそもフィジカルとは何なのでしょうか？ 現状、具体的な答えは見つけられていないのですが、突き詰めていくと、身体的な強さ、身体の大きさ、筋力の強さ、瞬発力、バランス感覚などが含まれると理解しています。まずはいわゆる身体の強さの総称がフィジカル、と考えてください。

フィジカルは後天的に作り上げられるものもあれば、先天的に備わって生まれてくるものでもあります。こうした先天的、後天的な潜在能力をいかに引き出していけるかが大事になってくると考えています。トップカテゴリーに辿り着くゴールキーパー、生き抜くゴールキーパーたちはフィジカルの部分が総合的に備わっていると見受けられます。ゴールキーパーはとにかくケガの多いポジションですが、ケガをしない身体であったり、ケガをしても早期に復帰できるゴールキーパーのことを、フィジカルが強いと呼ぶべきだと思います。中には痛みに強いゴールキーパーも多くいて、反対に痛みに強くなければトップカテゴリーでは活躍し続けられないとも言えます。

僕は物事を対義語で考える癖があります。フィジカルの対義語としてはマインド、メンタルとなり、いずれもゴールキーパーの大事な要素に含まれています。トレーニング風景を見てもらえばわかるように、ゴールキーパーの毎日のトレーニングそのものがフィジカルトレーニング級の負荷がかかっていると認識してもらって構いません。それなのに、オフが明けた直後にさらに追い込んでフィジカルトレーニングをやっているチームがあるとよく聞きます。僕自身はゴールキーパーにとってそれは必要なのだろうか？　と考えている一人です。

フィジカルトレーニングと聞いてまず思い浮かべるのはベンチプレス、スクワットあたりでしょうか。実際、ベンチプレスは単体の筋群にしか刺激を与えられません。スクワットにも同じことが言えます。それよりもゴールキーパーはプレー中に負荷をかけて鍛えていくことが大事です。ゴールキーパーが試合で80キロのプレートを持ち上げることはありません。筋肉の一部分を鍛えるのではなく、身体全体の筋肉を鍛えなければいけません。

例えばゴムチューブ、ソフトメディシンボールなどを使うトレーニングです。以前はサッカーボールよりも重いバスケットボールを使い、身体全体に負荷がかかるようなトレーニングを高校年代くらいからやっていました。僕よりもかなり上の世代の指導者はこのような身体全体に負荷をかけるトレーニングをすでにやっていたわけです。

現代はトレーニングが細分化されすぎていて、単体で筋肉を鍛えるものばかりになってきています。筋肉がつけば力が上がるのでしょうか？　スピードが上がればうまくなるのでしょうか？　答えはそうではありません。育成年代でもトレーニングの間違った細分化が原因で、パフォーマンスを崩していくゴールキーパーをよく見ます。

ケガをしたあとに行うリハビリがトレーニングを細分化し、間違った方向に誘導している原因とも言われています。日本のリハビリは筋力と可動域だけを前提とした話をすることが多く、サッカーのパフォーマンスそのものを上げていくといった大事な観点がスッポリと抜け落ちているケースがあるとも聞きます。その結果、強度を上げたトレーニングになっていくと、選手に間違った解釈が生まれ、トレーニングの細分化が起きてしまうわけです。

オフ明けのゴール前はまるで「サーカス劇場」

ゴールキーパーがきついポジションと認識されて敬遠される理由には以下のようなものがあります。ハードル、つまりゴール前に存在しないものを置き、飛び跳ねる動作の最後にゴールキーパーのテクニックを入れるというトレーニングです。これはＪクラブでもよく見かける光景です。このようなトレーニングをやっているとゴールキーパー、ゴールキーパーコーチはともに達成感に満たされます。ところが、このトレーニングには判断材料が存在しません。ほかにもよく見かけるトレーニングとして、ボールをすり抜けてからキャッチングというものがあります。3回も4回もボールをスラロームするような動きを、試合中のゴールキーパーのプレーで僕は1度も見たことがありません。つまり、実践の判断を伴わないトレーニング、それもきついように映るトレーニングがメイントレーニングになってしまっている印象があります。認知、判断、決断、実行という部分からかけ離れて、ゴールキーパーのトレーニングが「細分化されたフィジカルトレーニング」に行き着いてしまっているとも言えます。特にオフ明けのゴール前はまるで「サーカス劇場」のようです。

実を言えば、僕自身もこのようなトレーニングに目が行ってしまっていた時期がありました。では、なぜ今になって否定するのでしょうか？　それはこのようなトレーニングを課してもゴールキーパーのパフォーマンスが上がってこなかったからです。唯一わかったことは「トレーニングが上達する」ということだけ。僕が目を覚ましたのは大津高校3〜4年目に「僕たちはJリーガーじゃないっす」とあるゴールキーパーに言われたことがきっかけでした。当時はかなりショックを受けたものの、今思えばそのようにズバっと言ってもらって感謝しています。これは意外に感じるかもしれませんが、ゴールキーパーコーチが「今日のトレーニングはどうだった?」と聞くのは大事なことです。「キツかった」と言われてゴールキーパーコーチがご満悦という現場をよく見かけます。本来であれば何がどうキツかったのか、どのような能力が身に付いてきているのかを具体的にフィードバックすることのほうがよっぽど大事なことなのですが……。

フィジカルの強さを考えた時、自分の身体がどこを向いているのか、身体の正面がどこなのか、などフィジカルの大前提になる解剖学的な部分がわかっていないうちに、技術的なトレーニングだけをやってしまうと必然的にケガは多くなってしまいます。また、ゴールキーパーに欠かすことのできない要素である「声を出せる」「声を出せない」という部分も、単純に思考の問題だけではなく、フォームの問題から本来見えるはずのヴィジョンが違って見えているせいで、声が出せないという可能性があります。正しいフォームを維持することもフィジカルのひとつだと考えています。日本人の立ち姿勢を考えると視野は広がらず、認知も上がっていかないと言うメディカルの専門家もいます。

フィジカルには先天性と後天性のものがある

ゴールキーパーのプレーは行き着くところ、ボールと相手との接触、衝突、コンタクトとなります。それだけにゴールキーパーは若い年代からコンタクトプレーをトレーニングの中に積極的に取り入れていくべきだと思います。ハイボールのトレーニングでゴールキーパーコーチが手投げをして、どちらかの足を立てて自分の身を守り動作獲得をするというものがあります。このトレーニングに最初からぶつかり合いを入れれば自然と身を守るために足が上がっていきます。サッカーはコンタクトスポーツなのに、このようにコンタクトがないトレーニングがあまりにも多いのが現実です。

ゴールキーパーの先進国ではタックルダミーにボールを投げるなどして、タックルダミーにぶつかりにいきながらボールを奪いにいくトレーニングを取り入れています。ほかにも格闘技やアメリカンフットボールで使うコンタクトバッグを利用して、ゴールキーパーがエリアを飛び出してボールを取りにいった際にぶつからせたりしています。身の守り方を実践から学ばせていくのか？　フォームから学ばせていくのか？　ぶつかり合いが身の守り方、ひいてはボールの奪い方に繋がると考えれば、どちらが正解かは言わずもがなでしょう。

では、ゴールキーパーをコンタクトプレーから守るためにはどうすればいいのでしょうか？　多くのフィールドプレーヤーがゴールキーパーを経験していない実状にそのヒントが隠されています。小学生年代で1度フィールドプレーヤーにゴールキーパーを体験させてみるのはどうでしょうか。もしくはアジリティトレーニングの一環として、週1回ゴールキーパーの基本動作を取り入れるのも有効でしょう。フォワードが対峙するのはゴールキーパーで、ディフェンダーの後ろには必ずゴールキーパーがいます。サッカーではゴールキーパーがいないというシチュエーションは絶対にありません。日本のゴールキーパーを守り、かつレベルアップさせるためには、トレーニングからフィールドプレーヤー全体がゴールキーパーを理解していくことに、ウエートを置く必要があると思います。

フィジカルの場合、鍛えられるものと鍛えられないものがあることを理解する必要もあります。先天的に備え持っているものと後天的に備えていけるものがあるからです。先天的なものには身長、骨格部分のサイズが挙げられ、後天的なものには姿勢、身体操作が挙げられます。後天的なその2つを理解しなければ、どんなに良いトレーニングをしても身体に負担がかかるだけです。日本の現状で言うと、この先天性、後天性の違いを理解していないゴールキーパー、ゴールキーパーコーチが多いような気がします。

そのように日本ではひと言でフィジカルと括ってしまいがちです。それによってフィジカルトレーニングがサッカーから離れた単なる負荷が強いトレーニングになり、選手が痛んでしまう現状があります。2006年のドイツW杯が終わったあとに日本代表監督のジーコが吐き捨てるように言っていた「世界とのフィジカルの差」とは、実はフィジカルの理解度不足のことだと感じています。

ゴールキーパートレーニングは「リアリティ」を重視せよ

世に出ているゴールキーパーのフィジカルトレーニングは「対人競技」のトレーニングになっていません。つまり、リアリティがないのです。体幹トレーニングにも疑問を感じています。1分間も体幹を固めるシーンはサッカーでは見ることがないからです。むしろ、瞬間、瞬間に筋力を発揮する動作がサッカーには必要です。では、リアリティを追求したフィジカルトレーニングをするためにはどうすればいいのでしょうか？　突き詰めていくとゴールキーパーの場合、普段から激しくプレーすることが一番のフィジカルトレーニング、となります。競り合いがないゴール前はサッカーではないのと同じです。

そして、これは育成年代でも同じことが言えます。僕は身の守り方を含めたものがフィジカルトレーニングだと思います。適切な負荷をかけるためには競技的な要素が必要で、実際にボディコンタクトをすることで部分的な筋力がつくと同時に耐性も育ちます。もちろん、世の中に出ているフィジカルトレーニングを全否定しているわけではありません。それを補強として行うのはよいことであって、ただ、メイントレーニングにはなり得ないということです。

では、キャッチング能力を上げるためにはどのようなフィジカルトレーニングがあるのでしょうか？　パワーグリップや軟式テニスボールを握るのはそれこそ補強でしかありません。やはり、ボールを掴むことが一番効果的なトレーニングとなります。全世代で空気圧の緩いボールやバスケットボールでのキャッチング、高校生、大学生、大人であればメディシンボールでのキャッチングなど、工夫を凝らして行えばいいのです。これがいわゆるリアリティのあるフィジカルトレーニングです。ハードルをジャンプしてからシュートを打ってもらってセービング。実際のゴール前でそのような場面はありません。それならば、ジャンプはジャンプで別メニューの補強として行ったほうが効果的です。

サッカーという競技自体がフィジカルに負荷がかかるものなので、あえてそれを細分化していく必要はありません。結局、ゴールキーパーにとって一番いいフィジカルトレーニングは何かと問われたら、それはゴールキーパーをやることだと僕は答えます。リハビリにも同じことが言え、それは強度の問題だけ。リハビリの段階でもいち早く競技に復帰しようと思う場合は、早い段階からボールを使って競技的な動きを入れリハビリを進めるのが最も効果的で、ある段階からはトレーニングをメインにさせるほうが圧倒的に復帰が早くなります。

“ほぼ”一人でできるGKフィジカルトレーニング① 縄跳び

※47種類の筋肉を使う全身運動

〈ノーマル〉

〈八の字〉

“ほぼ”一人でできるGKフィジカルトレーニング② しこ

※身体の軸作り・股関節の柔軟性アップ・筋力アップ・集中力アップ

〈ノーマル〉

◀

〈ジャンプ〉

◀

〈一歩〉

◀

“ほぼ”一人でできるGKフィジカルトレーニング③　ボクシング

※全身の筋力アップ・筋肉バランスの調整・呼吸作りと脂肪燃焼

▼

“ほぼ”一人でできるGKフィジカルトレーニング④ メディシンボール

※身体の軸作り・瞬発力アップ・スプリントパフォーマンスアップ

〈“バボちゃん”〉

〈ノーマル〉

〈ダイビング〉

〈横投げ〉

〈バック〉

“ほぼ”一人でできるGKフィジカルトレーニング⑤ ジャンプ

※瞬発力アップ・筋肉の伸張反射スピード＆パワーアップ

〈片足〉

▼

▼

〈両足〉

▼

▼

ゴールキーパー用具一覧

【ボール】

ラグビーボール

バレーボール

サッカーボール

ミニボール

テニスボール

リフレックスボール

【ゴールキーパー用具】

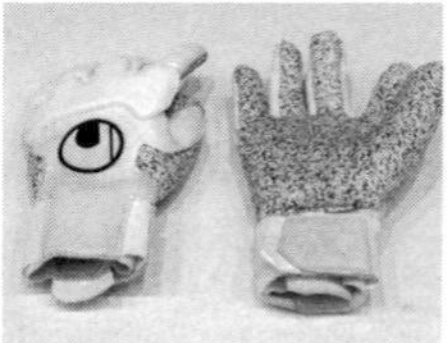
グローブ3

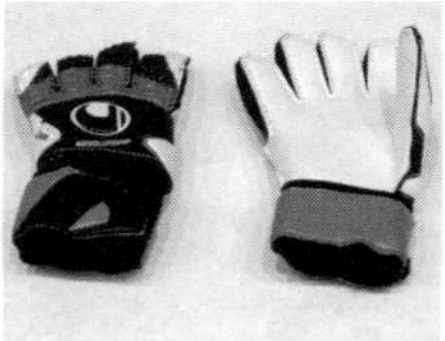
グローブ2

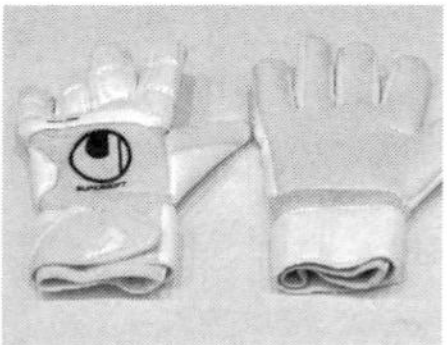
グローブ1

シンガード

ニーパッド&エルボーパッド

腰パッド入りスパッツ

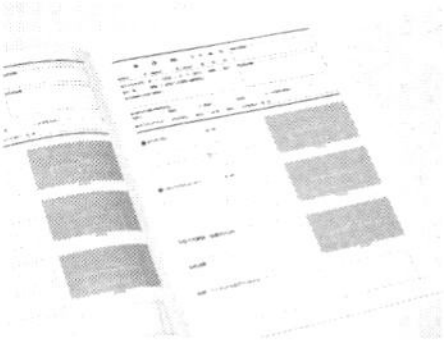

GK ノート

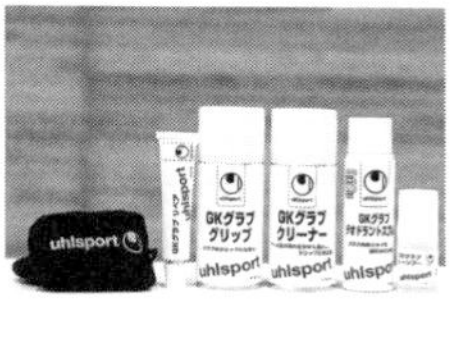

グローブケア用品

【トレーニング用具】

縄跳び

ボクシングミット

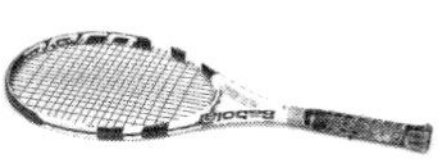

テニスラケット

リバウンドネット

トランポリン

バランスクッション

Gunner

オートシューティングマシン

タックルダミー

マインドチェックシート

カテゴリー	項目	採点
メンタル	ファイティングスピリッツ	
	自己発信・要求	
	リーダーシップ	
	ミスをしたあとのリアクション	
	ミスをしたあとのパフォーマンス	
	勝負強さ(ビッグセーブ)	
パーソナリティー	コミュニケーション	
	コーチング	
	自己コントロール	
	冷静さ・したたかさ	
	リアクション・相互理解力	
人間力	主張力	
	傾聴力	
	自己啓発力	
	忍耐力	
	決断力	

◎=2ポイント、○=1ポイント、×=0ポイント

合計
ポイント

フィジカルチェックシート

カテゴリー	項目	採点
フィジカル	反応速度(動き出しの速さ)	
	爆発的なパワー	
	アジリティ(身体操作)	
	連続プレー速度	
	ボディコンタクト	
	スプリント	

◎=2ポイント、○=1ポイント、×=0ポイント

合計
ポイント

シチュエーション別チェックシート

シチュエーション	カテゴリー	項目	採点
ゴール ディフェンス	ショットストップ	プレー予測	
		スターティングポジション・ゼロコンタクト（タイミング）	
		ステップワーク（移動速度）	
		キャッチング（オーバーハンド・アンダーハンド）	
		ローリングダウン・ダイビング	
		ディフレクティング	
		リカバリー能力	
スペース ディフェンス	ブレイクアウェイ 1 vs GK	プレー予測	
		スターティングポジション	
		プレー判断	
		フィールドプレー（スライディングも含む）	
		フロントダイビング・コラプシング	
		フットセーブ	
		ブロッキング	
	クロス	プレー予測	
		スターティングポジション	
		プレー判断・決断　アタック or ステイ	
		ボールへの到達速度と守備範囲	
		パンチング・ディフレクティング	
		ジャンピング	
オフェンス プレー	サポートプレー	プレー予測・ボールへの関与	
		スターティングポジション	
		流れを考慮したプレー（パス・クリア・時間稼ぎ）	
		ボールコントロール	
		キックの質（種類・精度・飛距離）	
	ディストリビューション	守から攻の切り替え（6秒ルールの有効活用）	
		試合の流れを考慮したプレー	
		キックの質（種類・精度・飛距離）	
		スローの質（種類・精度・飛距離）	
		プレースキックの質（種類・精度・飛距離）	

◎＝2ポイント、◯＝1ポイント、×＝0ポイント

合計

ポイント

おわりに

２０１９年9月25日、午前10時40分頃。

これまでの人生で経験したことがない「バチッ」という大きな音と、後ろからバットで殴られたような大きな衝撃が僕の全身を襲いました。その瞬間、アキレス腱を切ったことを自覚しました。ほんの何秒か前まで僕のキックを受けていた大男たちが集まって、グラウンドにうずくまる僕を覗き込んで心配してくれました。

「澤さん、大丈夫ですか?」

アキレス腱断裂――長期離脱を覚悟する初めての大ケガ。

アキレス腱には痛覚神経がほとんど通っていないので痛みはまったく感じませんでした。そんなことより、ただただ選手たち、監督に申し訳なくて、心がひどく痛みました。ようやく辿り着いた憧れのＪ１のステージは、アキレス腱が切れてあっけない幕切れとなりました。

緊急手術のあと、僕は力不足を痛感し、病室の天井を見つめながら人生を振り返っていました。人生、山あり、谷あり、出会いも別れもいろいろあった僕の人生。術後の僕の気持ちは前向きな時もあれば、ひどく落ち込んでしまう時もあり、なかなか平常心を保てない日々が続きました。

「人生我以外皆師也」

落ち込んでいる僕を救ってくれたのは、恩師・平岡和徳先生が教えてくれた言葉でした。思い起こせば多くの人が僕の人生に関わってくれていました。

「おい澤村」「澤村くん」「澤村さん」「澤」「澤さん」「先生」「サワT」「コーチ」

僕は大好きなゴールキーパーたちに囲まれながら、それこそ数え切れない監督、コーチ、上司、先輩、選手、保護者、同僚、後輩、生徒、教え子、地域の方々、メーカーの方々に、たくさんのことを教えていただきました。そして現在も学ばせていただいている最中でもあります。

「日本一恵まれたゴールキーパーコーチ」

僕は自分のことをそんな風に思っています。そして、ゴールキーパーはもちろん、教員時代、拙い40歳の新米教師の僕についてきてくれた生徒たち。彼らはサッカー界にいるだけでは知ることのできなかった大切なことを教えてくれました。本当に感謝してもし切れないほどで、ふさわしいお礼の言葉が見つからない中、まずは「ありがとうございます」のひと言を届けることができればと思っています。

「日本をゴールキーパー大国に」

ゴールキーパーはゴールキーパーコーチの言葉でポジティブにもネガティブにもなります。

言葉がプレーを、いやゴールキーパーそのものをデザインします。50歳を目前にしたゴールキーパーコーチは今、ようやくその境地に辿り着き、自分の半生を振り返りながら、培ってきた知識を伝えられればと思い、本書を出版させていただくことになりました。

人生に無意味なことなどありません。その時、その場、その瞬間に起こる出来事はすべてが必然です。そして、今でも僕の目の前にいるゴールキーパーたちが、僕の一番の参考書であり先生でもあります。

アキレス腱は切れてしまいましたが、そこから繋がった人たちがいます。そもそもアキレス腱が切れていなければ、この書籍を出版することはできませんでした。

張外龍さん、鈴木伸介さん、平岡和徳先生、松澤隆司先生、加藤好男さん、ＧＫプロジェクトメンバー、森孝慈さん、落合弘さん、土田尚史さん、名取篤さん、福家三男さん、岩渕弘幹さん、宮崎純一さん、松永成立さん、和田武倫さん、青嶋文明さん、髙林一文理事長、横原忍先生、小野剛さん、池谷友良さん、池田誠剛さん、城福浩さん、足立修さん、南省吾さん、雨野裕介さん、露口勇輔さん、政信博之さん、鈴木友規さん、齋藤駿也さんが僕をサッカーの世界に繋いでくれ、さらにアキレス腱を繋いでくれました。

そして、本書を出版するにあたって、株式会社カンゼンの石沢鉄平さん、ライターの吉沢康一さん、カメラマンの三原充史さん、カンゼンのインターン生・片山実紀さん、進藤正幸先生、大森裕也先生、アシカラ改善院の染谷学先生、野田恭平さん、「ジャイアントカズキ」こと若田和樹さんには、多大なるお力添えをいただきました。

また、始終、家を留守にするゴールキーパーコーチの僕の後ろには、妻の成世と、みさき、まなみ、めぐみの3人の娘たちがハウスキーパーとなって常に家を守ってくれています。すべての人たちに感謝いたします。ありがとうございました。

最後にもう一度。

「日本をゴールキーパー大国に」

ゴールキーパーコーチ　澤村公康

ブックデザイン＆DTP	今田賢志
写真	三原充史
編集協力	片山実紀
編集	石沢鉄平（株式会社カンゼン）
取材協力	アシカラ改善院 株式会社Confidance 専修大学体育会サッカー部 大森裕也 進藤正幸 野田恭平
撮影協力	高島康四郎 苫田玲央 立木敦
用具協力	ウールシュポルト 株式会社ミカサ サッカージャンキー ダービースタージャパン プーマ

GKコーチ原本

〝先手を取るGKマインド〟の育て方

発行日 2021年3月22日 初版

著者 澤村公康

構成 吉沢康一

発行人 坪井義哉

発行所 株式会社カンゼン
〒101-0021
東京都千代田区外神田2-7-1 開花ビル
TEL 03（5295）7723
FAX 03（5295）7725
http://www.kanzen.jp/
郵便為替 00150-7-130339

印刷・製本 株式会社シナノ

ISBN 978-4-86255-589-2 Printed in Japan
定価はカバーに表示してあります。
ご意見、ご感想に関しましては、kanso@kanzen.jpまで
Eメールにてお寄せ下さい。お待ちしております。